Schule und Forschung
Schriftenreihe für Studium und Praxis

Neusprachliche Abteilung

Dramen des 20. Jahrhunderts für den Englischunterricht in der Sekundarstufe II

Interpretationen
herausgegeben von
HANS WEBER

VERLAG MORITZ DIESTERWEG
Frankfurt am Main · Berlin · München

CIP-Kurztitelaufnahme der Deutschen Bibliothek

Dramen des 20. [zwanzigsten] Jahrhunderts für den Englischunterricht in der Sekundarstufe II [zwei]: Interpretationen
hrsg. von Hans Weber. – 1. Aufl.
Frankfurt am Main; Berlin; München: Diesterweg, 1982.
  (Schule und Forschung: Neusprachl. Abt.)
  ISBN 3-425-04209-2
NE: Weber, Hans [Hrsg.]

ISBN 3-425-04209-2

1. Auflage 1982

© 1982 Verlag Moritz Diesterweg GmbH & Co., Frankfurt am Main
Alle Rechte vorbehalten. Die Vervielfältigung auch einzelner Teile, Texte oder Bilder – mit Ausnahme der in §§ 53, 54 URG ausdrücklich genannten Sonderfälle – gestattet das Urheberrecht nur, wenn sie mit dem Verlag vorher vereinbart wurde.

Satz und Druck: Hugo Haßmüller, Frankfurt
Bindearbeiten: A. Hiort, Wiesbaden

Inhaltsverzeichnis

Vorbemerkungen   5

Heinz Kosok
Sean O'Casey, *Juno and the Paycock*   8

Wilhelm Hortmann
T. S. Eliot, *Murder in the Cathedral*   25

Bernfried Nugel
Eugene O'Neill, *A Touch of the Poet*   41

Horst Prießnitz
Hamlet-Bearbeitungen als Interpretationshilfen bei der *Hamlet*-Lektüre (Herbert Read, *Thieves of Mercy* / G.W. Stonier, *Ophelia* / Michael Innes, *The Hawk and the Handsaw*)   62

Rudolf Nissen
Samuel Beckett, *Krapp's Last Tape*   82

Hans Weber
Arthur Miller, *Incident at Vichy*   96

Michael Bludau
Roy Minton, *Bovver*   125

Albert-Reiner Glaap
Brian Clark, *Can you hear me at the back?*   141

Verzeichnis der Mitarbeiter   157

Vorbemerkungen

Der vorliegende Band enthält die überarbeiteten Fassungen von Vorträgen, die im Sommer 1980 im Rahmen einer literaturdidaktischen Vorlesungsreihe an der Bergischen Universität – Gesamthochschule – Wuppertal gehalten wurden. Die Vorlesungen waren gleichermaßen an Studenten und Lehrer, also an zukünftige wie an bereits praktizierende Sek II-Lehrer gerichtet. Unter den Vortragenden waren Literaturwissenschaftler (Hortmann, Kosok, Nugel, Prießnitz) und Literaturdidaktiker (Bludau, Glaap, Nissen, Weber) gleich stark vertreten. Besonderer Wert wurde auf die Mitwirkung erfahrener Schulpraktiker gelegt. In den jeweils anschließenden Diskussionen ging es erwartungsgemäß um eben die Probleme, mit denen sich schon die Referenten auseinanderzusetzen hatten: um Begründungen der Werkauswahl, um Zielvorstellungen und nicht zuletzt um die Frage, ob und wie sich die Textvorschläge und Verfahrensentwürfe im durchschnittlichen Unterricht würden verwirklichen lassen.

Bei der Planung des Unternehmens war lediglich ein allgemeiner Leitgedanke vereinbart worden: es sollten Anregungen gegeben werden, die der Monotonie der Stoffe und Prozeduren und damit auch der häufig beklagten Gleichgültigkeit der Schüler entgegenwirken konnten. Positiver gewendet: es sollte überlegt werden, wie der englische Literaturunterricht inhaltlich und methodisch abwechslungsreicher und ansprechender und dadurch am Ende vielleicht ertragreicher gemacht werden könnte. Verglichen mit manchen anderwärts verkündeten Programmen und Projekten, waren das eher bescheidene Vorsätze.

Schon die Wahl „seines" Stücks stand jedem Vortragenden frei, die Ableitung von Lernzielen und Verfahren natürlich erst recht. So sahen sich denn die Zuhörer, wie jetzt die Benutzer dieses Sammelbandes, breitgefächerten und unterschiedlich motivierten Empfehlungen von englischsprachigen Dramen aus über fünf Jahrzehnten unseres Jahrhunderts gegenüber. Der Leser findet darunter neben ausgesprochenen Neuentdeckungen wie Roy Mintons *Bovver* (Bludau) und Brian Clarks *Can you hear me at the back?* (Glaap) die Wiederentdeckung von T.S. Eliots *Murder in the Cathedral* (Hortmann) und curriculare „Einbürgerungsversuche" von Sean O'Caseys *Juno and the Paycock* (Kosok), Eugene O'Neills *A Touch of the Poet* (Nugel) and Arthur Millers *Incident at Vichy* (Weber). Bei Samuel Becketts *Krapp's Last Tape* (Nissen) steht der methodische Einfall, es dem Protagonisten gleichzutun und ein Tonband abzuhören und zu befragen, im Mittelpunkt des didaktischen Konzepts, bei den *Hamlet*-Adaptationen (Prießnitz) der Gedanke, mit Hilfe solcher kreativen Antworten auf Shakespeare die bekanntlich nicht immer besonders inspiriert vor sich gehende Lektüre des Klassikers zu beleben, wenn nicht überhaupt zu „retten".

Obwohl also die Stücke thematisch, formal und nach ihrem literarischen Rang denkbar verschieden sind, und obwohl auch die didaktischen Zugänge ihr individuelles Gepräge haben, herrscht doch in einem Punkt weitgehende Übereinstimmung. Der überwiegenden Zahl der Beiträge liegt die Prämisse zugrunde, daß junge Leser literarische Werke ernst nehmen, wenn sie darin auf Probleme, Konflikte, gedankliche Konzepte etc. stoßen, die von ihnen als persönlich belangvoll, als „relevant", als lebenspraktisch bedeutsam empfunden werden können. An sich ist diese Auffassung nicht sonderlich bemerkenswert. Soweit einer nicht professionell liest, richtet er sich vermutlich immer schon nach solchen Kriterien. Schüler sind da jedoch im Literaturunterricht weniger frei. Die Lektüre wird für sie oft zum verdrossen absolvierten Pensum, und das auch in Fällen, wo sie über die Mobilisierung ihrer Kenntnisse, Erfahrungen, Wertvorstellungen, Interessen durchaus in die Lage gebracht werden könnten, die fiktive Wirklichkeit eines literarischen Textes in geordneter Weise für sich zu erschließen.

Den *Inhalten* wird hier also durchweg besonderes Gewicht beigemessen. In *Bovver* (1976) begegnen die Schüler beispielsweise dem beängstigenden Phänomen des Terrors und des Durchbruchs atavistischer Instinkte. Dort wie auch in *Can you hear me at the back?* (1978) werden aktuelle Ereignisse und Entwicklungen in Großbritannien literarisch verarbeitet – in Mintons Stück das Verhalten jugendlicher Gewalttäter auf dem Hintergrund rassistisch gefärbter gesellschaftlicher Konflikte, bei Clark die Misere der modernen Wohnsilos, gespiegelt in der beruflichen und familiären Krise eines an der Errichtung der *New Towns* beteiligten Architekten. Daß es sich hier dennoch nicht um spezifisch englische Erscheinungen handelt, liegt auf der Hand. Millers *Incident at Vichy* (1964) muß dagegen wohl auf den besonderen Erfahrungshorizont *deutscher* Jugendlicher projiziert werden. Das Stück ist unter dem Eindruck der Frankfurter Auschwitzprozesse entstanden als ein Versuch, die nationalsozialistische „Endlösung" der Judenfrage in umfassendere geschichtliche und anthropologische Zusammenhänge zu stellen. Eine ähnliche Ausweitung der Perspektive liegt auch in *Juno and the Paycock* (1924) vor. O'Caseys Stück spielt zwar im Dubliner Slum-Milieu in den Wirren des irischen Bürgerkrieges und spiegelt, wie *Incident at Vichy* das für die Zeit der deutschen Besatzung in Frankreich tut, Aspekte der politischen und sozialen Wirklichkeit. Es eröffnet aber doch wesentlich allgemeinere und von jugendlichen Lesern auch durchaus nachvollziehbare Einsichten, etwa psychologischer oder moralischer Art. Die unmittelbarste Identifizierungsmöglichkeit mit einer fiktiven Figur bietet sich vielleicht bei Becketts *Krapp's Last Tape* (1958), zumal dann, wenn die Schüler über den Höreindruck statt über den Lesetext in die ihnen nur zu vertraute Situation radikaler Selbstbefragung und Sinnsuche einbezogen werden. Mit *Murder in the Cathedral* (1935), einer Standardlektüre der 50er Jahre, dürften Heranwachsende dagegen heutzutage beträchtliche Verständnisschwierigkeiten haben – eine nüchtern zu registrierende Ausgangslage, die sich aber vielleicht gerade wegen der vorauszusetzenden Distanz didaktisch nutzen ließe, indem Erkenntnisse hier eben nicht über die Identifikation, sondern aufgrund des Kontrastes gewonnen werden.

Die didaktischen Entwürfe in diesem Band unterscheiden sich schließlich auch danach, bis zu welcher Nähe zum realen Unterrichtsgeschehen sie durchkonstruiert sind. Für *A Touch of the Poet* (1942) wird ein „werkinhärentes" Erschließungsverfahren aufgezeigt, das den von O'Neill eingesetzten Mitteln der Leserlenkung systematisch zu folgen versucht und das sich auch in den „freieren" Phasen an dramentheoretischen Kategorien orientiert, um dann abschließend unter Einbezug von Sekundärtexten auch die Erörterung der beherrschenden Themen freizugeben. Die Konzepte für die Behandlung der Stücke von O'Casey, Eliot, Miller und Clark stellen sich als Versuche der Fixierung von Lernzielen, „Erfahrungen", Erkenntnissen, Diskussionsgegenständen dar. Die relativ konkretesten Vorschläge finden sich in den Kapiteln zu Beckett und Minton, was insofern nicht überraschen kann, als dort unterrichtspraktische Vorstellungen entwickelt werden, die ihre Erprobung bereits bestanden haben.

Natürlich ist damit ihre Übertragbarkeit auf andere Kurse so wenig garantiert, wie abzusehen ist, ob und wie weit auch die übrigen Anregungen, etwa zum Einsatz von *Hamlet*-Bearbeitungen aus den 40er Jahren, sich im schulischen Alltag bewähren werden. Daß das jedoch der Fall sein möge und daß darüber vielleicht sogar eines Tages positive „Rückmeldungen" vorliegen, war immerhin die Hoffnung der Mitwirkenden an der eingangs erwähnten Vorlesungsreihe. Und darin liegt auch das Motiv, die Druckfassungen der Vorträge nun einer breiteren Fachöffentlichkeit zugänglich zu machen.

H.W.

Heinz Kosok

Sean O'Casey: *Juno and the Paycock*

I

In der Literaturdidaktik lassen sich prinzipiell drei Ansätze oder Fragestellungen unterscheiden, die Frage nach dem *Was*, dem *Wie* und dem *Warum*, d.h. die Frage nach dem Gegenstand der literaturdidaktischen Vermittlung, nach den Methoden und Verfahren der Vermittlung und nach den Begründungszusammenhängen der Vermittlung. Sicherlich kann man diese drei Ansätze nicht vollständig voneinander trennen, aber der Akzent kann unterschiedlich gesetzt werden. Die folgende Untersuchung wählt schwerpunktmäßig diejenige Fragestellung, die am stärksten der Zulieferung durch die Literaturwissenschaft bedarf: sie stellt die Frage nach dem *Was*, dem Gegenstand der Vermittlung, in den Mittelpunkt. Für die detaillierte Erörterung der Auswahlproblematik sei auf eine gesonderte Veröffentlichung verwiesen.[1]
Einer der Gründe für die Auswahl eines literarischen Werkes könnte — sollte — die Vielzahl der „Erfahrungen" sein, die latent in diesem Werk enthalten sind. Dies ist ja eine der besonderen, und unersetzlichen, Leistungen von Literatur: gleichzeitig und nebeneinander transportiert sie die verschiedensten Erfahrungen und erweitert deshalb — wenn wir nur zur Aufnahme dieser Erfahrungen bereit sind — unseren Gesichtskreis in die verschiedensten Richtungen in einem Maße, wie das kein Zeitungskommentar, kein Fernsehmagazin vermöchte, wie es aber auch die persönliche Anschauung nicht leisten kann. Einige der „Erfahrungen", die sich aus der Behandlung eines Dramas im Englischunterricht ableiten lassen, sollen im folgenden zusammengestellt werden. Der Begriff der — aus dem literarischen Werk gewonnenen — „Erfahrungen" ist hier als die literaturwissenschaftliche Entsprechung zu den — von der Unterrichtssituation her definierten — „Lernzielen" gewählt. Welche „Erfahrungen" in welcher Rangordnung und Reihenfolge zu „Lernzielen" werden, ist von zahlreichen didaktisch-theoretischen, methodischen und auch ganz pragmatischen Erwägungen abhängig, für die letzten Endes der einzelne Lehrer verantwortlich ist.
Die Entscheidung für Sean O'Caseys *Juno and the Paycock*[2], ein Werk, das 1924 im Dubliner Abbey Theatre uraufgeführt wurde, 1925 den Ruhm O'Caseys in England begründete und seitdem nicht mehr von den Bühnen der Welt — von Asien bis Amerika, vom Nationaltheater bis zur kleinsten Laienbühne — verschwunden ist, wird dabei nicht so sehr mit dessen internationaler Popularität begründet als vielmehr mit der Beobachtung, daß sich an diesem Werk bestimmte „Erfahrungen" in besonderer Deutlichkeit herausarbeiten und voneinander abgrenzen lassen.
Juno and the Paycock spielt in den *slums* von Dublin im Jahre 1922. Es

behandelt das Schicksal einer Familie aus dem unteren sozialen Milieu, die von einer Folge schwerer Schicksalsschläge getroffen wird. Der Vater, den man ironischerweise „Captain" Boyle nennt, ist arbeitslos und leidet an einer unheilbaren Allergie gegen Arbeit; aufgrund seiner ganzen Charakterdisposition ist er gar nicht mehr in der Lage, die Familie zusammenzuhalten – sobald ihm ein *job* angeboten wird, verspürt er geistesgegenwärtig unerträgliche Schmerzen im Bein, die es ihm unmöglich machen, auch nur einen Schritt zu tun; zielbewußt handeln kann er nur noch, wenn sein Weg ihn in die Kneipe führt. Johnny, der Sohn der Familie, hat sich sowohl im irischen Unabhängigkeitskampf wie im anschließenden Bürgerkrieg engagiert und dabei Verwundungen erlitten; schließlich wird er verdächtigt, einen Kameraden an die Gegenseite verraten zu haben, der aufgrund dieser Information getötet wird. Johnny wird daraufhin von seinen eigenen Mitkämpfern abgeholt und in einer Vergeltungsaktion für den Tod des anderen exekutiert. Die Tochter Mary ist ebenfalls arbeitslos; sie beteiligt sich an einem Proteststreik gegen eine zu Unrecht entlassene Kollegin. Mary hat sich an einen hergelaufenen englischen Lehrer mit theoretischen Überzeugungen gehängt (also einen vierfachen Außenseiter in diesem Milieu: als Engländer, als Bürgerlicher, als Akademiker und als Nicht-Katholik). Dieser Lehrer – Bentham – entdeckt ein Testament, das der Familie Boyle eine beträchtliche Geldsumme zuspricht, er verursacht jedoch bei der Ausfertigung des Testaments einen Fehler, so daß die Hoffnung auf eine finanzielle Rettung sich zerschlägt. Als Mary von ihm ein Kind erwartet, macht Bentham sich stillschweigend aus dem Staube. Mary wird daraufhin auch von ihrem Vater verstoßen. Die einzige integrative Kraft in dieser auf Selbstzerstörung angelegten Familie ist die Mutter, die Juno genannt wird. Sie nimmt sich nach dem Tode Johnnys und dem Verschwinden Benthams der verstoßenen Mary an. Auf Marys Klage, ihr Kind werde keinen Vater haben, antwortet Juno: "It'll have what's far betther – it'll have two mothers" (86).[3]

In dieser Kurzbeschreibung von *Juno and the Paycock* sind bereits einige Stichworte gefallen, die einen Anlaß bieten können, verschiedene zur Vermittlung im Unterricht geeignete Erfahrungsbereiche zu unterscheiden. Wenn diese Erfahrungsbereiche im folgenden nacheinander behandelt werden, dann sollte bedacht (und auch mit den Schülern besprochen) werden, daß sie sich im Werk selbst nicht sukzessive, sondern gleichzeitig darbieten und daß sie nur für eine systematische Analyse voneinander getrennt werden müssen. Insgesamt lassen sich sechs solcher Kreise von Erfahrungen unterscheiden, nämlich der *literaturtheoretische*, der *literaturhistorische*, der *sozialgeschichtliche*, der *politische*, der *psychologische* und der *ethische* – all dies an sich viel zu gewichtige Begriffe für relativ simple Erfahrungen, die in *Juno and the Paycock* angelegt sind. Diese sechs Punkte kennzeichnen die Gliederung der folgenden Darstellung. Wenn die Erfahrungsbereiche in der genannten Reihenfolge behandelt werden, so soll dies übrigens keine Empfehlung für die Vorgehensweise im Unterricht sein; hier wurde lediglich versucht, eine Stufung vom (relativ) Unwichtigsten zum (relativ) Wichtigsten aufzustellen.[4]

II

1. Der *literaturtheoretische* Erfahrungsbereich ist in diesem Zusammenhang also der relativ unwichtigste, allerdings keineswegs so unwichtig, daß man ihn ganz ausklammern sollte. *Juno and the Paycock* ist nämlich O'Caseys am konventionellsten gebautes Drama – so konventionell, daß der leidenschaftliche Experimentator O'Casey sich später davon polemisch distanzierte und damit seine größten Bewunderer verschreckte.[5] Dieser konventionelle, durchsichtige Aufbau ermöglicht es, aus *Juno and the Paycock* Einsichten in die Struktur eines Dramas abzuleiten, die sich auf andere Werke übertragen lassen.[6] Gerade die Abweichungen des zeitgenössischen Dramas von solchen überlieferten Baumustern lassen sich erst abschätzen, wenn man das abgelehnte Vorbild kennt. Man begegnet ja bei Studenten und Schülern immer wieder pauschal abwertenden Äußerungen über das „ältere" Drama, ohne daß sie zu sagen wüßten, worin dessen strukturelle Merkmale denn im einzelnen bestehen. O'Casey also verwendet in *Juno and the Paycock* bewußt solche bewährten Baumuster. Sein Drama besitzt eine konsequent konzipierte, an Einzelereignissen reiche Fabel, die von der Exposition über das erste erregende Moment, Andeutungen einer Bedrohung, den Schein-Höhepunkt des II. Aktes mit der anschließenden Enthüllung der Illusion, die Möglichkeit einer glücklichen Wende und ihre Vereitelung bis zur anschließenden Katastrophe abläuft. Dieser geradezu exemplarische Verlauf der Fabel, wie er für die klassische Tragödie bezeichnend ist, läßt sich deutlich beobachten; seine einzelnen Stufen kann man an bestimmten Textstellen erläutern.

Ganz im Sinne überkommener Techniken sind in dieser Fabel drei Handlungsstränge miteinander verflochten, wobei „Handlung" jeweils als Abfolge logisch auseinander hervorgehender Einzelereignisse zu verstehen ist. Diese drei Handlungsstränge kann man als die Johnny-, die Mary- und die Familien-Handlung bezeichnen, wobei sich an *Juno and the Paycock* in besonders deutlicher Weise sowohl die Individualität dieser Handlungsstränge wie ihre ständige geschickte Verknüpfung miteinander zeigen läßt. Jeder dieser Handlungsstränge wird von einem zentralen Handlungsmotiv vorangetrieben, und zwar von einem traditionellen, in der Dramengeschichte vielfach bewährten Motiv.[7] Die Johnny-Handlung basiert auf dem Motiv der den Mörder verfolgenden Schuld, die ihm Erscheinungen seines Opfers vorspiegelt und ihn damit wiederholt bis an die Grenze zum Verrat seiner Verfehlung treibt – ein von *Macbeth* bis zum *melodrama* des 19. Jahrhunderts bewährtes Mittel des Dramatikers, die Gewissenskonflikte eines Täters dramatisch wirksam und optisch sichtbar darzustellen. Die Mary-Handlung wird von dem Motiv der Verführung eines Mädchens durch den treulosen Geliebten vorangetrieben, bis weit ins 20. Jahrhundert hinein einem der Standardmotive des Dramas. Die Familien-Handlung basiert auf dem Motiv der Erbschaft, das bekanntlich je nach der Anlage des Dramas sowohl zu einem glücklichen Ausgang wie zur Katastrophe führen kann. In *Juno and the Paycock* wird es zu *beiden* Zwecken verwandt, zunächst zu der Hoffnung auf Lösung aller Probleme der Familie, dann, durch das Ausbleiben der Erbschaft, zur Intensivierung der Katastrophe. Insofern lassen sich also mit den Schülern an *Juno and the Paycock* bestimmte bewährte Strukturmerkmale des Dramas beobachten, deren Kenntnis es in Zukunft auch ermöglichen wird, Abweichungen von dieser Bauform zu erkennen und in ihrer Funktion einzuschätzen.

In dreierlei Hinsicht unterscheidet sich *Juno and the Paycock* allerdings von dem konventionellen Aufbau eines Dramas, und auch die Beobachtung solcher Abweichungen kann zu einer kritischen Distanz gegenüber Literatur insgesamt beitragen. Erstens ist die Johnny-Handlung grundsätzlich anders als die beiden anderen Handlungsstränge konzipiert. Während diese progressiv aufgebaut sind — die ganze Fülle der Ereignisse wird in logischer Reihung dargeboten —, ist die Johnny-Handlung analytisch konstruiert: Sie zeigt mit Johnnys Verhaftung und Tod nur noch den Abschluß einer Ereignisfolge und enthüllt das Vorausgegangene in einer über das gesamte Drama ausgedehnten Exposition. Zweitens ist zwischen die drei Handlungsstränge eine Folge von statischen Szenen eingelagert, die keine Entwicklung erkennen lassen. Sie betreffen „Captain" Boyle und seinen Freund Joxer, die aufgrund ihrer Charakteranlage unfähig zu einer Entwicklung sind und deshalb auch keinen logischen Handlungsablauf tragen können. Die Boyle-Joxer-Szenen schieben sich also wie statische Blöcke in den Ablauf der Handlungsstränge hinein — was aber natürlich nicht etwa heißt, daß sie im Dramenganzen keine Funktion hätten. Drittens ist die Handlung in *Juno and the Paycock* nicht auf den individuellen Bereich beschränkt, sondern auf ein umfassenderes historisches Hintergrundgeschehen projiziert, das an entscheidenden Stellen in die Vordergrundhandlung eingreift. Auch diese Abweichungen von einer konventionellen Dramenkonzeption sind in *Juno and the Paycock* offensichtlich und lassen sich bei entsprechender Textkenntnis beobachten.[8]

Es geht selbstverständlich nicht darum, den Schülern literaturwissenschaftliche Termini wie „Exposition", „analytischer Handlungsverlauf", „Handlungsmotiv" oder „Situation" einzutrichtern. Diese Begriffe wurden hier nur zur Abkürzung der Argumentation herangezogen. Es geht vielmehr um die Sachverhalte, die sich dahinter verbergen, um Einsichten in das Funktionieren eines literarischen Werkes, und solche Einsichten sollten wir bei jeder Gelegenheit zu vermitteln versuchen, damit die Schüler als Leser nicht hilflos dem auktorialen Bombardement mit aufregenden Ereignissen, verwirrenden Gefühlen und brillanter Rhetorik ausgeliefert sind, sondern dem literarischen Werk selbstbewußt, sozusagen als gleichberechtigte Partner gegenübertreten können.

2. Diesem Ziel kann auch die Einbeziehung des zweiten, des literatur*historischen* Bereiches von Erfahrungen dienen, die sich aus *Juno and the Paycock* ableiten lassen. Allerdings wird zu diesem Erfahrungsbereich der Lehrer einige Informationen beisteuern müssen. O'Caseys Drama steht nämlich in zweierlei Hinsicht an wichtigen Schnittpunkten literarischer Entwicklungen.

Zum einen gehört es in die Geschichte der Tragikomödie, und zwar in den Zusammenhang der modernen Form der *dark comedy*, die sich deutlich vom früheren Konzept der Tragikomödie unterscheidet. Bekanntlich hatte bis ins 18. Jahrhundert die Einfügung eines bestimmten Elementes in eine Tragödie zur Kennzeichnung eines solchen Werkes als Tragikomödie genügt: wenn es komische Gestalten, komische Ereignisse, umgangssprachliche Dialogteile oder einen glücklichen Ausgang enthielt, wurde es als Tragikomödie klassifiziert. Im Gegensatz zu dieser additiven Mischung von Zügen der Komödie und Tragödie gilt für die moderne Tragikomödie die Gleichzeitigkeit der komischen und der erschütternden Wirkung als konstitutives Merkmal. Dies läßt sich an zahlreichen Stellen von *Juno and the Paycock* demonstrieren. Als Beispiel wird hier die Schlußszene gewählt, in der der betrunkene „Captain" Boyle mit seinem *crony* Joxer nach Hause kommt und die Wohnung, als Symbol der endgültigen Desintegration seiner Familie, leergeräumt vorfindet.

> *Boyle.* I'm able to go no farther... (...) *[Taking a sixpence from his pocket and looking at it]* Wan single, solithary tanner left out of all I borreyed... *[He lets it fall]*. The last o' the Mohicans... The blinds is down, Joxer, the blinds is down!
>
> *Joxer. [walking unsteadily across the room, and anchoring at the bed]* Put all... your throubles... in your oul' kit-bag... an' smile... smile... smile!
>
> *Boyle.* The counthry'll have to steady itself... it's goin'... to hell... Where'r all... the chairs... gone to... steady itself, Joxer.... Chairs'll... have to... steady themselves.... No matter... what any one may... say... Irelan' sober... is Irelan'... free.
>
> *Joxer. [stretching himself on the bed]*. Chains... an'... slaveree... that's a darlin' motto... a daaarlin'... motto!
>
> *Boyle.* If th' worst comes... to th' worse... I can join a... flyin'... column... I done... me bit... in Easther Week... had no business... to... be... there... but Captain Boyle's Captain Boyle! (...)
>
> *Joxer.* D' jever rade Willie... Reilly... an' his own... Colleen... Bawn? It's a darlin' story, a daarlin' story!
>
> *Boyle.* I'm telling you... Joxer... th' whole worl's... in a terr... ible state o'... chassis! (87–89).

Die Komik dieser Szene beruht nicht nur auf der physischen und psychischen Hilflosigkeit zweier Betrunkener, die dem Zuschauer/Leser ein Gefühl der Überlegenheit vermittelt; sie beruht vor allem auf der Diskrepanz zwischen dem Einsichtsvermögen der beiden Akteure und dem, was der Beobachter dahinter erkennen kann, also der Diskrepanz zwischen Schein und Sein. Boyles erste Worte: "I'm able to go no farther" bezeichnen nicht nur den Erschöpfungszustand eines Betrunkenen, sondern das Ende seiner Existenz als Schmarotzer seiner Familie, nachdem Juno ihn endgültig verlassen hat. Wenn er weiterprahlt: "Captain Boyle's Captain Boyle!", dann ist damit seine fortdauernde Unfähigkeit zur Einsicht und Anpassung erfaßt, die, ganz im Gegensatz zu seinem heroischen Selbstverständnis, zur Desintegration seiner Familie beigetragen hat. Komisch wirkt – aus dem Munde eines Volltrunkenen – auch der *slogan* "Ireland sober is Ireland free", der, dem Sprecher unbewußt, eine der Ursachen für die Katastrophe bezeichnet. In allen diesen Fällen ist bereits der Bereich der „reinen" Komik verlassen, denn die überlegene Einsicht des Zuschauers resultiert aus der Erschütterung über den Untergang einer Familie. Noch deutlicher im Sinne der Tragikomödie wirken drei Aussprüche Boyles, die – unbeabsichtigt – das Fazit des Dramas ziehen. Der „Captain", dem die Zerstörung seiner Familie nicht ins Bewußtsein dringt, ruft beim Betreten der Wohnung: "The blinds is down, Joxer, the blinds is down!", dann: "The counthry'll have to steady itself ... it's goin' ... to hell" und schließlich: "I'm telling you ... Joxer ... th' whole worl's ... in a terr ... ible state o' ... chassis!" Die Jalousien sind tatsächlich heruntergelassen, seit die nicht bezahlten Möbel wieder abgeholt wurden, aber über dieser Familie sind in einem viel weitergehenden Sinne die Lichter verlöscht. Das ganze Land geht der Vernichtung entgegen, wenn sich die gegenseitige Vernichtung seiner Menschen fortsetzt, wie das Drama sie gezeigt hat. Und die ganze Welt ist dem Chaos verfallen, wenn die Menschen nicht endlich beginnen, etwas Besseres daraus zu machen. Es gibt kaum ein schöneres Beispiel, um die besondere Leistung der modernen Tragikomödie, die Gleichzeitigkeit der komischen und der erschütternden Wirkung, zu verdeutlichen.

Der zweite Ansatz aus dem literaturhistorischen Themenbereich ist ebenfalls gattungsgeschichtlicher Art. *Juno and the Paycock* bezeichnet genau den Punkt, an dem das bürgerliche Trauerspiel umschlägt zum Familiendrama aus dem *slum*-Milieu. Als im 18. Jahrhundert auf breiter Front das bürgerliche Trauerspiel entstand, geschah dies u.a. durch die Zurückweisung der Standesklausel, die es allein dem Aristokraten erlaubte, eine tragische Hauptrolle zu übernehmen. Die Standesklausel wurde damit allerdings nicht völlig abgeschafft, sondern sie wurde nur auf den breiten Bereich des Bürgertums ausgedehnt. Bei der Entwicklung des bürgerlichen Trauerspiels über solche Zwischenstufen wie Lillo, Lessing, Schiller, Hebbel und Hauptmann blieben bestimmte Handlungsstrukturen, Zentralmotive und Figurenkonstellationen erstaunlich stabil erhalten, und diese finden sich in *Juno and the Paycock* fast unverändert wieder. Man kann z.B. geradezu verblüffende Gemeinsamkeiten zwischen Hebbels *Maria Magdalena* und *Juno and the Paycock* feststellen (die nicht etwa auf einen direkten Einfluß, sondern auf die generelle gattungsmäßige Übereinstimmung zurückzuführen sind), nur daß in O'Caseys Drama das soziale Milieu von der bürgerlichen Ebene auf den Bereich von arbeitslosen *slum*-Bewohnern am Rande der Asozialität heruntertransformiert ist. So wie in traditionellen bürgerlichen Trauerspielen der Aristokrat in eine stabile bürgerliche Ordnung eindringt und sie zum Einsturz bringt, wird die proletarische Lebenswelt von *Juno and the Paycock* durch das Eindringen des Bürgerlichen Bentham zerstört. *Nach* O'Caseys Drama ist diese Veränderung beibehalten; es gibt eine beträchtliche Zahl von Dramen, die man im Gefolge von *Juno and the Paycock* als „proletarisches Trauerspiel" bezeichnen könnte. Hierzu gehören im englischsprachigen Bereich etwa das berühmte Arbeitslosen-Drama *Love on the Dole* von Ronald Gow und Walter Greenwood,

Clifford Odets' *Awake and Sing!*, Arnold Weskers *Chicken Soup with Barley*, Errol Johns *Moon on a Rainbow Shawl*, Walter Mackens *Mungo's Mansion*, Paul Vincent Carrolls *Green Cars Go East* und Joseph Tomeltys *The End House*. Schauplatz sind in diesen Werken die *slums* von Salford, New York, London, Port of Spain, Galway, Glasgow und Belfast, aber O'Caseys Figurenkonstellation, Problemstellung und Handlungsstruktur sind so deutlich beibehalten, daß die Gemeinsamkeiten unverkennbar bleiben.

Es ist natürlich mehr als fraglich, ob man bei den Schülern die Kenntnis auch nur des einen oder anderen der genannten Dramen voraussetzen kann. Trotzdem dürfte es sich lohnen, ihnen die Erfahrung zu vermitteln, daß hier ein literarisches Werk an einer wichtigen Umschlagstelle einer literarischen Tradition steht, wobei die Schüler den Umschlag vom bürgerlichen zum proletarischen Literaturmilieu mit sozialgeschichtlichen Vorgängen korrelieren können, die ihnen sicherlich eher vertraut sind. Auf diese Weise kann ein Eindruck eines historischen Ablaufs veranschaulicht werden, und dies ist sicherlich eine der wichtigsten Erfahrungen, die Literatur vermitteln kann.

3. Der dritte Erfahrungsbereich, der sich anhand von *Juno and the Paycock* beobachten läßt, der *sozialgeschichtliche* Bereich, schließt sich hier direkt an. *Juno and the Paycock* spielt in einem konkreten, sozialgeschichtlich genau definierbaren Milieu, den *slums* von Dublin im Jahre 1922. Diese *slums* bestanden vor allem in den sogenannten *tenements*, ehemals hochherrschaftlichen Häusern der Dubliner Innenstadt nördlich des Liffey, die im Verlaufe des späten 18. und des 19. Jahrhunderts von ihren vornehmen Bewohnern aufgegeben worden waren und in die dann die in die Stadt drängenden Landbewohner nachgerückt waren. O'Casey benutzt dieses Milieu als Schauplatz für einige seiner bedeutendsten Dramen, und er gibt es bis ins Detail zuverlässig wieder, wobei er sogar die besondere Dialektform dieses Milieus bis zu einem gewissen Grade nachbildet: der Begriff des „Paycock" aus dem Titel ist damit zu erklären, daß im Dubliner Stadtdialekt das lange [i:] zum Diphthong [ei] wird – auf diese Weise wird, mit der Veränderung eines einzigen Phonems, die Anspielung auf die Göttin der klassischen Mythologie übersetzt in die konkrete Lebenswelt der Dubliner *slums*. Dies ist einer der häufigen ironischen Kontraste, mit denen O'Caseys Werk durchsetzt ist. In ähnlicher Weise kontrastiert er auch die ehemalige Pracht und den gegenwärtigen heruntergekommenen Zustand dieser Häuser, die einstmals von einer einzigen Familie, zu Beginn dieses Jahrhunderts aber oft Zimmer für Zimmer von je einer Familie bewohnt waren.

Aus *Juno and the Paycock* lassen sich jedoch nicht allein Einsichten in die Sozialgeschichte Irlands mit seinen außerordentlich krassen Sozialkonflikten, der Landflucht nach Dublin und der besonders prekären Lage des Dubliner Stadtproletariats ableiten. O'Caseys Drama bietet auch in viel generellerem Sinne die Probleme der Existenz in städtischen *slums* dar, denn es zeigt sehr deutlich, wie sehr Armut, Schmutz, Krankheit, Arbeitslosigkeit, vor allem aber die unerträgliche Einengung der Privatsphäre, zu den unauslöschlichen Grunderfahrungen eines jeden Menschen gehören, der durch dieses Milieu gegangen ist. Es bietet sich in diesem Zusammenhang geradezu an, nach der Abhängigkeit des Menschen von seinem sozialen Existenzbereich und nach seinen Chancen, sich daraus zu befreien, zu fragen. Ausgangspunkte für eine solche Fragestellung könnten sowohl O'Caseys detaillierte Regieanweisungen wie auch das Schicksal des Mädchens Mary sein, das durch die Verbindung mit dem Bürgerlichen Bentham aus diesem Milieu herauszugelangen sucht und durch ihre Schwangerschaft schließlich nur um so tiefer darin versinkt.

4. *Juno and the Paycock* stellt jedoch nicht nur eine sozialgeschichtliche Entwicklungsstufe Irlands dar, sondern auch einen präzisen Punkt in der politischen Geschichte des Landes. Daraus läßt sich der vierte, der *politisch-historische* Erfahrungskreis ableiten. Er kann dazu beitragen, ein paar Grundvorstellungen von der Geschichte eines Landes zu vermitteln, mit dem die Bundesrepublik durch die Europäische Gemeinschaft eng verbunden ist und von dem viele Deutsche dennoch weniger wissen als von Korea oder Afghanistan. Derartige Erkenntnisse sind direkt aus dem Drama abzuleiten und brauchen keineswegs von außen zugeliefert zu werden.

Johnny Boyle, über den das politische Hintergrundgeschehen in die private Familienhandlung einstrahlt, hat 1916 am *Easter Rising* in Dublin teilgenommen und ist dabei verwundet worden. Dieser Aufstand war, obgleich er zunächst scheiterte, der Ausgangspunkt für eine erfolgreiche Unabhängigkeitsbewegung. Nach jahrhundertelanger, fast kolonialer Abhängigkeit von England errang damit der größere, südliche Teil Irlands die staatliche Unabhängigkeit. 1922 wurde der sogenannte Freistaat-Vertrag geschlossen, der dem Großteil des Landes, mit geringfügigen Einschränkungen, die Autonomie brachte, während der Norden bei Großbritannien blieb. Ein Teil der Unabhängigkeitskämpfer war jedoch mit diesem Kompromiß-Vertrag nicht einverstanden; als sogenannte *Die-hard Republicans* begannen sie einen Bürgerkrieg gegen die sogenannten *Free Staters*, die Befürworter des Vertrages. Bei der einzigen größeren Schlacht dieses Bürgerkrieges hat Johnny seinen Arm verloren; jetzt, zur Geschehenszeit des Dramas, ist daraus ein auf beiden Seiten mit großer Brutalität geführter Guerilla-Krieg geworden.[10] Wenn man weiß, daß dies das dunkelste Kapitel, eine Art unbewältigte Vergangenheit der gesamten jüngeren Geschichte Irlands ist, daß die Konfrontation des Bürgerkrieges bis heute die irische Innenpolitik bestimmt, daß die beiden großen Parteien des Landes auf die gegensätzlichen Fronten im Bürgerkrieg zurückgehen, denen Johnny und seine Gegner angehören, dann sieht man, daß Johnny nicht nur ein privates, sondern auch ein „öffentliches" Schicksal hat. Die moralische Konfusion des Bürgerkrieges, als ehemalige Kameraden aus dem gemeinsamen Kampf gegen die britischen Truppen sich plötzlich als Gegner wiederfanden, wird genau eingefangen in der widersprüchlichen Situation Johnnys, der einen Kameraden der *Die-hard Republicans* an die *Free Staters* verraten hat und daraufhin von seiner eigenen Seite erschossen wird.

Wie O'Casey meisterhaft deutlich macht, ist Johnny kein Einzelfall: derjenige, dessen Tod er verursacht, war wiederum für den Tod eines anderen verantwortlich. Von den ausführlich dargestellten Bühnenereignissen bis zum nur noch andeutungsweise berichteten Tod jenes namenlosen Dritten wird eine Kette des Leidens und der gegenseitigen Verantwortung erkennbar, die sich von der einen Familie der Boyles über die Wohngemeinschaft und Nachbarschaft ins Ungewisse erstreckt und als Symbol für die Bürgerkriegssituation von 1923 dienen kann. Die konkrete, sehr glaubhaft dargestellte Individualsituation in *Juno and the Paycock* kann also auch dazu dienen, generelle Einsichten in die jüngere Geschichte Irlands zu gewinnen.

5. Als Gegenposition zu diesen relativ allgemeinen und abstrakten Ansätzen sollen nun in einem fünften Themenkreis einige der *psychologischen* Erfahrungen im individuellen Bereich angesprochen werden, die O'Caseys Drama vermittelt. *Juno and the Paycock* besitzt eine Reihe von außergewöhnlich glaubhaften Charakteren, die in glaubhafte Konflikte geraten und uns Entscheidungen abnötigen, uns aber gelegentlich auch Probleme der Verhaltensweise in Situationen nahebringen, in die wir − hoffentlich − nicht selbst geraten. Eine dieser Gestalten ist der bereits angesprochene Johnny.

Die Gestalt Johnnys ist eine gelungene psychologische Studie der Angst, die aus Schuld erwächst. Dieser Zusatz ist notwendig, denn daß Johnny im übrigen nicht furchtsam ist, hat er schon als Junge während des Oster-Aufstandes und mehr noch danach bewiesen, als er trotz seiner früheren Verletzung erneut auf republikanischer Seite kämpfte. Er kann es sich deshalb leisten, von seinen Prinzipien zu reden und etwas großspurig zu behaupten: "Ireland only half free'll never be at peace while she has a son left to pull a trigger" (31). Zwar kann man die darin zum Ausdruck kommende Haltung verurteilen, mit der ohne Rücksicht auf die Zahl der Opfer das Durchsetzen der Unabhängigkeit gefordert wird; doch hat Johnny zumindest bewiesen, daß er mit seinem Leben und seiner Gesundheit für diese Einstellung einzutreten bereit ist. O'Casey läßt ihm also Gerechtigkeit widerfahren, und es ist unrichtig, Junos Worte: "Ah, you lost your best principle, me boy, when you lost your arm . . ." (31) als die Meinung des Autors hinzustellen.[11] Vielmehr treffen hier zwei gegensätzliche Haltungen aufeinander: die der um ihre Familie bemühten, aber nicht darüber hinausdenkenden Mutter und die des Patrioten, der in der Sorge um das Vaterland geneigt ist, die Existenz des Einzelmenschen unterzubewerten. Wenn Johnny zu verurteilen ist, dann aufgrund seines Verrats an Robbie Tancred; hingegen wird sein Eintreten für Prinzipientreue und Patriotismus, das Juno nicht versteht, erst in dem Augenblick kritisierbar, als feststeht, daß er ihm nicht treu geblieben ist. Das Urteil des Lesers oder Zuschauers über Johnny wird also nicht vom Autor vorgeprägt, sondern durch die objektive Konfrontation unterschiedlicher Bewertungskriterien bewußt offengelassen.

Johnnys weiteres Verhalten hingegen ist nicht mehr mit normalen Maßstäben zu messen. Wenn er ausgerechnet seiner Mutter vorwirft: "Not one o' yous, not one o' yous, have any thought for me!" (78) oder Mary aufgrund ihres „Fehltritts" aus dem Hause weisen möchte, dann ist dafür weitgehend seine Hysterie verantwortlich, die ebenso aus seinem Schuldbewußtsein wie aus der Tatsache erwächst, daß sein Verrat bekanntgeworden ist und er zur Rechenschaft gezogen werden soll, so daß er sich nun ebenso vor seinem Gewissen wie vor seinen Verfolgern auf der Flucht befindet. Mit Johnny hat O'Casey das Schicksal eines Menschen gestaltet, der durch eine einzige, vielleicht unüberlegte oder überstürzte Tat alle Prinzipien seines Lebens in Frage gestellt, seine Vergangenheit wertlos und seine Zukunft hoffnungslos gemacht hat, eine Lord-Jim-Situation ohne die Chance einer zweiten Bewährung. Selbst das Eintreffen der Erbschaft hätte Johnny nicht erlösen können, denn das Bild des erschossenen Freundes hätte ihn verfolgt, auch wenn er seinen realen Verfolgern entkommen wäre. Es gehört zu den besonderen Vorzügen dieses Dramas, daß es den Nachvollzug einer solchen Extremsituation durch überaus glaubhafte Gestaltung ermöglicht und damit zur Erweiterung unseres individuellen Erfahrungshorizonts beiträgt.

Zum psychologischen Erfahrungsbereich dieses Dramas ist demnach sowohl das Kennenlernen menschlicher Verhaltensweisen in einer Extremsituation zu rechnen, wie sie dem Durchschnittsleser/zuschauer hoffentlich erspart bleibt, als auch die Konfrontation mit weniger außergewöhnlichen Konfliktsituationen, in denen sich der Betrachter durch O'Caseys objektive Darstellung geradezu zu einer persönlichen Entscheidung herausgefordert sieht, die auch sein eigenes zukünftiges Verhalten beeinflussen kann. Die Handlung um Mary liefert, wie die Johnny-Handlung, Beispiele für *beide* Typen psychologischer Erfahrung. Mary wird zunächst durch den Streik eingeführt, an dem sie sich beteiligt. Diesen sollte man nicht allein mit den Augen ihrer Mutter sehen. Juno lehnt in ihrem Familienegoismus jede Verantwortung für andere ab; damit vertritt sie weder die Meinung des Autors noch die Quintessenz des Dramas. Wenn auch Mary einen großen Teil der Opfer, die der Streik von ihr fordert, auf Juno abwälzt, sollte man doch ihre Bereitschaft, für eine ungerechtfertigt entlassene Kollegin in den Ausstand zu treten, obgleich diese allgemein unbeliebt war, nicht unterbewerten. Mary ist weder völlig im Eigennutz befangen, noch ist ihr Bestehen auf Prinzipientreue und mitmenschlicher Solidarität eine leere Phrase. Die Frage, ob die Existenzerhaltung der Familie oder solidarisches Verhalten über den Familienbereich hinaus den Vorrang verdienen, bleibt also durchaus der Entscheidung des Betrachters überlassen.

In ähnlicher Weise fordert ihr Verhalten gegenüber ihrem Verlobten Bentham und ihrem ehemaligen Liebhaber Jerry Devine zur psychologisch verständnisvollen Stellungnahme des Lesers oder Zuschauers heraus. Zwar tragen oberflächliche Eitelkeit und Verachtung für das Milieu ihres bisherigen Lebens sicherlich zu Marys Entscheidung für Bentham und gegen Devine bei, doch ist dies nicht der einzige Grund. Noch zu einem Zeitpunkt, als feststeht, daß Bentham sie verlassen hat, besteht sie auf ihrer Liebe für ihn und verzichtet darauf, ihn zu verdammen. Hätte sie ihn lediglich als Mittel zum sozialen

Aufstieg betrachtet, so sähe ihre Reaktion an dieser Stelle anders aus. In Marys Charakter ist die Spannung zwischen den repressiven Bedingungen ihrer Umwelt und ihren eigenen schwachen Versuchen zur geistigen und sozialen Emanzipation angelegt. Sie bemüht sich um eine dialektfreie Aussprache und Wortwahl, liest Ibsen und lernt Gälisch, doch gelingt es ihr nicht, sich aus der *slum*-Welt zu befreien. Ihre Schwächen, die Verblendung durch Bentham und die ständige Gereiztheit gegenüber ihrer Familie, sind aus diesem Zwiespalt zu erklären.[12] Ironischerweise ist gerade Bentham, von dem sie sich die Lösung aus diesem Milieu verspricht, dafür verantwortlich, daß sie um so tiefer darin versinkt. Wie bei Johnny führt bei ihr ein einziger falscher Schritt unausweichlich zur Katastrophe, und es ist kaum zu entscheiden, ob Johnnys Tod oder Marys zukünftiges Leben das schwerere Schicksal darstellt. Am Ende des Dramas befindet sich Mary in einer jener von O'Casey häufig gestalteten Extremsituationen, als sie mit dem unausweichlichen Schicksal konfrontiert ist, den Rest ihres Lebens als unverheiratete Mutter in einer moralisch ungewöhnlich prüden und deshalb uneingeschränkt feindseligen Umwelt verbringen zu müssen.

In diesem psychologischen Erfahrungsbereich verdient eine dritte Gestalt besondere Aufmerksamkeit, die Nebenfigur des Jerry Devine, der sich in ironischem Kontrast zu seinem Namen als Atheist in einer militant katholischen Umwelt gebärdet. Als Gewerkschaftssekretär bemüht er sich wie Mary um geistige und soziale Emanzipation und wird doch, ebenso wie sie, schließlich von seinem angeblich überwundenen Milieu wieder eingefangen. Sein Scheitern hat fast tragischen Charakter. Er ist überzeugt, sich von kleinbürgerlichen und religiösen Vorurteilen befreit zu haben, und kann deshalb Mary versprechen: "No matther what happens, you'll always be the same to me" (19). Dieses Versprechen wiederholt er nach ihrer Affäre mit Bentham: "What does it matter what has happened? ... With Labour, Mary, humanity is above everything; we are the Leaders in the fight for a new life" (80). Als er aber von ihrer Schwangerschaft erfährt, sieht er sich in eben der konventionellen Moralität gefangen, die er stets bekämpft hat, und reagiert – zu seinem eigenen Erschrecken – spontan mit dem Sprachklischee, das ihr entspricht: "My God, Mary, have you fallen as low as that?" (81). Eine *fallen woman* ist für ihn eine ebenso abschreckende Vorstellung wie für seine ungebildeten Mitmenschen, die er als Sozialist zu einer neuen, auf Toleranz basierenden Humanität führen möchte. Berücksichtigt man Jerrys Herkunft und sein jetziges Lebensmilieu, so ist diese Reaktion kaum leichthin zu verurteilen. Eher löst sie Bedauern aus, denn Jerry besitzt die geistigen Fähigkeiten zur Einsicht in die eigene Situation, doch ohne die Kraft, sich aus dieser zu lösen. Johnny, Mary und Jerry Devine bieten in besonderem Maße die Gelegenheit, komplexe, psychologisch glaubhafte Konfliktsituationen zu erfahren, wobei der Schüler in einigen Fällen den direkten Anschluß an seine eigene Lebenswirklichkeit herstellen, in anderen aber auch Extremsituationen kennenlernen kann, die ihm selbst hoffentlich erspart bleiben.

6. Der sechste hier zu behandelnde Erfahrungsbereich ist mit dem Adjektiv *ethisch* nur unzulänglich erfaßt. Es geht dabei um das Erkennen einer Wertordnung in diesem Drama und die Möglichkeit ihrer Übertragbarkeit in andere Zusammenhänge. Dieser Fragenkreis ist eng mit der Einschätzung der Gestalt der Juno verknüpft. Dabei ist hervorzuheben, daß auch Juno, wie die übrigen Gestalten, eine autonome Gestalt mit Vorzügen und Schwächen ist. Keineswegs darf man sie als allegorische Verkörperung von O'Caseys Weltanschauung sehen, nur weil sie so sympathisch ist. Damit würde O'Casey zum Fatalisten und Pazifisten gestempelt, der den Menschen zumutet, Armut, Not, Hunger und Krankheit zu ertragen, ohne sich um die Verbesserung ihrer Situation zu bemühen. In Wirklichkeit ist in jeder Gestalt dieses Dramas eine partielle Sicht der Gesamtthematik angelegt, was allerdings nicht heißt, daß alle gleich einzuschätzen wären.

O'Casey macht vielmehr das Thema der menschlichen Bewährung zum Zentralthema seines Werkes und bietet eine Fülle von Test-Situationen auf, in denen jeweils mehrere Gestalten vor die gleiche Aufgabe gestellt werden. Das Bestehen oder Versagen in diesen Prüfungen gibt Aufschluß über ihren Rang und liefert Koordinaten für das Wertsystem des Dramas. Es ergibt sich, daß Juno sich in den meisten dieser Test-Situationen bewährt, während Boyle und Joxer regelmäßig vor der gestellten Aufgabe versagen und die übrigen Gestalten zwischen diesen Extremen angeordnet sind. *Juno and the Paycock* bietet also eine herausragende Möglichkeit, den Schülern zu verdeutlichen, daß man das Wertsystem eines Dramas nicht aus den einzelnen Äußerungen einer Gestalt ableiten kann, auch wenn diese einem selbst ausgesprochen sympathisch ist. Die Wertordnung ist vielmehr nur nach gewissenhaftem Abwägen des Verhaltens in Handlungssituationen zu beurteilen, und dazu bieten O'Caseys Test-Situationen besonders einleuchtende Beispiele. Einige Einzelfälle seien herausgegriffen, wobei besonderer Wert auf die Progression von ganz banalen Alltagssituationen zu den großen Krisen des Dramenschlusses zu legen ist.

Am Dramenbeginn verlangt der gereizte Johnny ein Glas Wasser. Die unterschiedliche Reaktion von Mary und Juno ermöglicht dem Zuschauer eine erste Differenzierung zwischen den beiden Frauen:

> *Mary.* Isn't he big an' able enough to come out an' get it himself?
> *Mrs. Boyle.* If you weren't well yourself you'd like somebody to bring you in a dhrink o' wather.
> *[She brings in drink and returns]* (5)

Ähnlich wirkt das Angebot einer Arbeitsstelle für Boyle. Während Juno ohne Zögern neben ihren Hausfrauenaufgaben noch eine andere Arbeit angenommen hat, um ihre Familie zu ernähren, reagiert Boyle mit Entrüstung auf das Ansinnen, er solle seine Existenz als Tagedieb aufgeben, und flüchtet sich charakteristischerweise in seine Phantasiewelt, aus der er im Handumdrehen die Fata Morgana einer Arbeitsstelle am anderen Ende der Stadt hervorzaubert, an die er bald selbst glaubt.

Zwei besonders aufschlußreiche Situationen liefert die Familienfeier des 2. Aktes. Bei ihr sollen alle Beteiligten ein Lied singen. Jede der sieben Gestalten reagiert darauf unterschiedlich. Am besten ziehen sich Juno und Mary aus der Affäre. Die oberflächliche, aber hilfsbereite Mrs. Madigan singt zwar *"in a quavering voice"* (51), kann aber immerhin ihr Lied beenden, während Joxer, auf sich gestellt, überhaupt kein Lied zustandebringt. Bentham, der sich außerhalb des Lebenskreises dieser Menschen bewegt, wird nicht vor die gleiche Aufgabe gestellt wie die übrigen. Eine Sonderstellung nimmt der „Captain" ein, der sich nicht damit begnügt, ein erlerntes Lied zu singen, sondern ein eigenes Gedicht, d.h. ein Produkt seiner Phantasiewelt, vorträgt.

Eine ernsthaftere Prüfung war vorausgegangen: Als Johnny die Geistererscheinung seines erschossenen Freundes vor dem Heiligenbild zu sehen glaubt, muß jemand ins Schlafzimmer gehen, um festzustellen, daß in Wirklichkeit das Votivlicht unverändert brennt. Die Aufforderung dazu reicht jeder unter einem Vorwand an seinen Nachbarn weiter. Nicht nur der entsetzte Johnny und der furchtsame Boyle weigern sich, das Zimmer zu betreten; auch Mary zögert, und selbst Juno weicht aus, bis Bentham sich freiwillig erbietet zu gehen. Dies ist eine der Gelegenheiten, durch die Juno davor bewahrt ist, zu einer unglaubhaften Idealgestalt stilisiert zu werden, während gleichzeitig Bentham aufgewertet wird.

Ein weiteres Mal versagt Juno, wie alle anderen, vor dem Problem, mit dem unerwarteten Reichtum fertigzuwerden. Das mit nutzlosem Plunder vollgestopfte Zimmer und das Grammophon, das sie herbeischleppt, machen sichtbar, daß es ihr nicht gelungen ist, das geborgte Geld sinnvoll zu verwenden. Dafür bewährt sie sich um so überzeugender im Unglück. Auf die Nachricht von Marys Schwangerschaft tobt Johnny: "She should be dhriven out o' th' house she's brought disgrace on!" (75), und Boyle denkt (wie das Personalpronomen zeigt) lediglich an sich: "Oh, isn't this a nice thing to come on top o' me, an' the state I'm in! ... Amn't I afther goin' through enough without havin' to go through this!" (74). Juno hingegen weiß von sich abzusehen und Marys Lage richtig einzuschätzen:

> What you an' I'll have to go through'll be nothin' to what poor Mary'll have to go through; for you an' me is middlin' old, an' most of our years is spent; but Mary'll have maybe forty years to face an' handle, an' every wan of them'll be tainted with a bitther memory. (74)

In ähnlicher Weise bewährt sie sich bei allen ernsthaften Prüfungen und erhebt sich dadurch zu dem Rang, den sie am Schluß des Dramas einnimmt.

Stellt somit die menschliche Bewährung im Diesseits das zentrale Thema dar, so wird die Religiosität, das Verhältnis der Menschen zum Jenseits, ständig in Zweifel gezogen. Diese Behauptung mag zunächst überraschen, denn *Juno and the Paycock* steht in einem Bezugsrahmen allgegenwärtiger, unreflektierter christlicher Auffassungen, es enthält zahllose Hinweise auf Gott, und auf dem Höhepunkt wiederholt Juno wörtlich ein Gebet, das zuvor eine Nachbarin gesprochen hat und das manche Kritiker wegen seiner zentralen Stellung vorschnell zur weltanschaulichen Zentralaussage des Autors befördert haben. Demgegenüber kann man bei genauer Betrachtung feststellen, daß das Drama mit einem Netz von subversiven Äußerungen durchzogen ist, die auf den verschiedensten Ebenen Christentum und christliches Verhalten in Frage stellen. Eine solche skeptische Haltung des Autors wird z.b. hinter Boyles wandelbarer Einstellung zum Klerus erkennbar, den er in einem Augenblick verurteilt, im nächsten, als er vom Priester respektvoll behandelt worden ist, bewundert. Von Boyle stammt auch, in der Beschreibung Devines, die komische Definition eines Christenmenschen: "I never heard him usin' a curse; I don't believe he was ever dhrunk in his life – sure he's not like a Christian at all!" (24). Devine ist der Atheist des Stückes, und seine Auffassung überträgt sich auf Mary: "Oh, it's thrue, it's thrue what Jerry Devine says – there isn't a God, there isn't a God; if there was He wouldn't let these things happen!" (86). Zwar wird diese Haltung durch den Kontext nicht gebilligt, denn Devine steht nicht zu seinem diesseitsbezogenen Weltbild und beruft sich in dem Satz, in dem er Mary verurteilt, sogar gedankenlos auf Gott (81). Doch wird ihm keine wirksame und überzeugende Gläubigkeit entgegengestellt. Der Gegenpol zu ihm ist Bentham: "One that says all is God an' no man; an' th' other that says all is man an' no God!" (39). Benthams verschwommene theosophische Vorstellungen bilden keine vielversprechende Alternative zum Atheismus und werden ebensowenig in eine humane Handlungsweise umgesetzt. Auch Juno, die gelegentlich als Verkörperung einer bewunderungswürdigen Gläubigkeit angesehen wird, ist von dieser skeptischen Darstellung nicht ausgenommen. Ihr vielzitierter Satz, "Ah, what can God do agen the stupidity o' men!" (86), handelt doch wohl von der Ohnmacht eines Gottes, der nichts gegen die Dummheit der Menschen ausrichten kann und zu dem sich deshalb auch Gebete kaum lohnen dürften. Deshalb enthält ihr großes Gebet auch einen schweren Vorwurf: "Blessed Virgin, where were you when me darlin' son was riddled with bullets...?". Das gesamte „Gebet" ist stark diesseitsbezogen, und der zentrale Satz, "Sacred Heart o' Jesus, take away our hearts o' stone, and give us hearts o' flesh!" (87), plädiert für eine Haltung, wie sie auch der Atheist Devine vertreten könnte: die dominierende Rolle tätiger, verstehender und verzeihender Liebe im Verhältnis der Menschen untereinander. Allein Juno setzt jedoch dieses Prinzip in die Praxis um und löst damit jene Hoffnung aus, von der trotz aller Anlässe zum Pessimismus das Drama durchzogen ist.[13] Juno ist also weder ein Idealbild des Autors, dem alle nachzueifern hätten, noch die Verkörperung christlicher Gläubigkeit, mit der sich alle diesseitigen Probleme verkleinern ließen. Sie wird jedoch zum Schluß zu einem symbolhaft überhöhten Bild der leidenden Mutter, die, bei aller Beschränktheit, mit einem an Eigensinn grenzenden Optimismus und entgegen jeder Hoffnung immer erneut den Kampf für die ihr anvertrauten Menschen aufnimmt. Diesem Bedeutungszusammenhang dient auch ihr Name, denn wenn auch Boyle eine ganz banale Erklärung parat hat, trägt Juno eben doch den Namen jener römischen Göttin, die, von Pfauen begleitet, als Hüterin des Herdes und Beschützerin der Ehe fungierte.

In diesem Zusammenhang nun ist *Juno and the Paycock* noch einmal in eine literarische Tradition einzuordnen, eine Tradition, die aber keineswegs nur literaturhistorisch relevant ist. Bezeichnend für die Literatur des 20. Jahrhunderts ist ja das radikale Infragestellen ethischer, religiöser, moralischer Werte aller Art und der weitgehende Verzicht auf die Bereitstellung von Alternativen zu den abgelehnten und abgelegten Wertvorstellungen. Eine der wenigen Ausnahmen ist die ungewöhnlich positive Behandlung mütterlicher Sorge und Aufopferung für ihre Familie, die fast durchgehend verschont bleibt von Sarkasmus, Relativierung und radikaler Ablehnung. Es gibt sogar eine beträchtliche Zahl von Werken, in denen, wie in *Juno and the Paycock*, eine auffällig positiv gesehene Muttergestalt in den Mittelpunkt rückt, vielfach als letztes oder einziges Bollwerk gegen eine ganze Armee zerstörerischer Kräfte, die auf die Menschen eindringen. Dieser Vorgang ist naturgemäß weder auf das Drama noch auf den englischen Sprachbereich beschränkt. Steinbecks Ma Joad in *The Grapes of Wrath* gehört in dieser Hinsicht ebenso zu den Kampfgefährtinnen von O'Caseys Juno wie Hauptmanns Mutter Wolffen im *Biberpelz*, Clifford Odets' Bessie Berger in *Awake and Sing!*, Weskers Sarah Kahn in der *Chicken Soup Trilogy* und Gorkis Wassa Schelesnowa im gleichnamigen Drama. Der Prototyp einer solchen Gestalt ist, in allegorischer Verkürzung, Thornton Wilders Mrs. Antrobus in *The Skin of Our Teeth*, die, wie ihre Gefährtinnen, jedem gesamtgesellschaftlichen Fortschritt feindlich und politischen Ideen verständnislos gegenübersteht, aber als Bewahrerin einer Zuflucht für die ihr anvertrauten Menschen unersetzlich ist. *Juno and the Paycock* ist also auch in dieser Hinsicht repräsentativ für generelle Tendenzen, deren Erfahrung anhand dieses Werkes dem Schüler vermittelt werden kann.

III

Abschließend soll der Ansatz dieser Untersuchung noch einmal verdeutlicht und seine Begrenzung betont werden. Es ging nicht in erster Linie darum, Begründungen für die Auswahl gerade dieses Dramas zu liefern. Es ist unbestritten, daß eine große Zahl von Dramen sich für den Englischunterricht auf der Sekundarstufe II eignet, manche möglicherweise sogar besser als *Juno and the Paycock*. O'Caseys Drama wird hier also nicht als *die* herausragende Oberstufenlektüre propagiert. Und es ging erst recht nicht um Methoden und Verfahren der Unterrichtsgestaltung. Es ging darum zu zeigen, welche Arten von Fragen man beispielsweise an ein literarisches Werk stellen kann und welche „Erfahrungen" sich aus diesem Werk heraus zur Vermittlung anbieten. Diese Erfahrungsbereiche dürften sich, bei entsprechender Modifikation, auf andere Literaturwerke übertragen lassen, wobei es vielleicht nicht so sehr auf die komplette Übernahme der Gesichtspunkte *literaturtheoretisch, literaturhistorisch, sozialgeschichtlich, politisch, psychologisch, ethisch* ankommt; manche Dramen werden unergiebig für den einen oder anderen Gesichtspunkt sein, werden dafür aber andere, zusätzliche herausfordern. Entscheidender

Wert sollte jedoch darauf gelegt werden, die Chance zu nutzen, welche die Vielfalt, die Multiperspektivität von Literatur bietet. Es bedeutet eine bedenkliche (wenn man normativer Argumentation zuneigt, würde man sagen: eine unzulässige) Vereinfachung und Verharmlosung von Literatur, wenn man sie lediglich zur Demonstration eines einzelnen Aspekts benutzt. *Juno and the Paycock* ist ein einleuchtendes Beispiel dafür, welch unterschiedliche Erfahrungen simultan von Literatur transportiert werden. Es ist eine wichtige Aufgabe des Unterrichts, möglichst viele von ihnen weiterzugeben.

Anmerkungen

1 H. Kosok, „Lektüreauswahl für die Sekundarstufe II aus der Sicht eines Literaturwissenschaftlers", in: H. Weber (Hrsg.), *Aufforderungen zum literaturdidaktischen Dialog* (Paderborn, 1979), 13 – 29.

2 Standard-Ausgabe: Sean O'Casey, *Collected Plays,* 4 Bde. (London, 1949-1951), Bd. I, 1 – 89.
Paperback-Ausgabe: Sean O'Casey, *Three Plays*, St. Martin's Library (London, 1961); enthält *Juno and the Paycock, The Shadow of a Gunman, The Plough and the Stars.*
Vorliegende Interpretationen: W. Armstrong, "The Integrity of *Juno and the Paycock*", *Modern Drama* (1974), 1 – 9.
R. Ayling, *"Juno and the Paycock*: A Textual Study", *Modernist Studies* (1976), 15 – 26.
E. Durbach, "Peacocks and Mothers: Theme and Dramatic Metaphor in O'Casey's *Juno and the Paycock"*, *Modern Drama* (1972), 15 – 25.
R. Fricker, "Sean O'Casey: *Juno and the Paycock"*, in: H. Oppel (Hrsg.), *Das moderne englische Drama: Interpretationen* (Berlin, 1976³), 181 – 200.
M. W. Kaufman, "O'Casey's Structural Design in *Juno and the Paycock"*, *Quarterly Journal of Speech* (1972), 191 – 198.
H. Kosok, *Sean O'Casey: Das dramatische Werk* (Berlin, 1972), 45 – 66.
M. Papke, *"Juno and the Paycock* as a Larkinite Stage Parable", *Seán O'Casey Review* (1977), 105 – 116.
E. Robinson, *"Juno and the Paycock*: An Introduction", *The Use of English* (1959), 111 – 118.
B. Schrank, "Dialectal Configurations in *Juno and the Paycock"*, *Twentieth Century Literature* (1975), 438 – 456.
Ferner enthalten alle Gesamtdarstellungen zu O'Casey umfangreiche Abschnitte zu *Juno and the Paycock.* Vgl. dazu E. H. Mikhail, *Sean O'Casey: A Bibliography of Criticism* (London, 1972). Neuere Arbeiten sind am leichtesten zu erschließen über die Zeitschrift *Seán O'Casey Review* (New York, seit 1974, mit fortlaufender Bibliographie), ab 1982 ersetzt durch *Seán O'Casey Annual* (London).

3 Seitenangaben im Text beziehen sich auf die genannte Standard-Ausgabe: Sean O'Casey, *Collected Plays*, Bd. I (London, 1949 u.ö.).

4 Die Interpretationsergebnisse zu *Juno and the Paycock* beziehen sich zum Teil auf meine ausführliche Interpretation in dem bereits genannten Band *Sean O'Casey: Das dramatische Werk,* 45 – 66.

5 Siehe z.B. J. L. Hodson, "Some Dramatists: Sean O'Casey", in: *No Phantoms Here* (London, 1932), 147 – 156, hier: 154.

6 Vgl. dazu den – skizzenhaften – Aufsatz von B. Schik, „Das Drama im Englischunterricht der reformierten Oberstufe: Vorschläge zu einem Interpretationsverfahren", *Literatur in Wissenschaft und Unterricht* (1978), Beiheft, 38 – 53, der als Ziel der unterrichtlichen Drameninterpretation Einsichten des Schülers in die Bauformen des Dramas postuliert.

7 Vgl. R. Fricker, "Sean O'Casey: *Juno and the Paycock"*, 185 – 186.

8 Zum Aufbau von *Juno and the Paycock* vgl. auch R. Hogan, *The Experiments of Sean O'Casey* (New York, 1960), 37 − 41, wo eine abweichende Auffassung von der Struktur des Dramas vorgetragen wird. Scharfe Kritik am Aufbau des Dramas übt G. J. Nathan, "O'Casey", in: Th. Qu. Curtiss (ed.), *The Magic Mirror: Selected Writings on the Theatre* (New York, 1960), 180 − 185, hier: 180 − 182.

9 Leicht gekürzt. Für eine vorzügliche Beschreibung einer Aufführung dieser Schlußszene siehe: e. w., „Gespenstische Clowns: Hans Mahnke und Bruno Hübner in O'Casey's ‚Juno und der Pfau'", *Theater heute* (Mai 1965), 46 − 47.

10 Für eine umfassende Darstellung des irischen Bürgerkrieges s. E. Neeson, *The Civil War in Ireland* (Cork, 1966).

11 Für S. Cowasjee z.B. ist Johnny "stupidly idealistic" *(Sean O'Casey: The Man behind the Plays* [Edinburgh, London, 1963], 51). Ähnlich wertet D. Krause Johnnys Einstellung ab *(Sean O'Casey: The Man and His Work* [New York, London, 1975²], 68 − 69).

12 Marys Emanzipationsversuche werden also von O'Casey keinesfalls, wie Cowasjee (*Sean O'Casey,* 53) behauptet, ins Lächerliche gezogen.

13 Insofern ist die Behauptung von J.W. Krutch nicht berechtigt: "He (O'Casey) offers no solution; he proposes no remedy; he suggests no hope. Artistically as well as intellectually there is only the clash between the preposterous and the terrible. Like Captain Boyle, he finds nothing to say except that 'everything is in a state of chassis'" (*"Modernism" in Modern Drama: A Definition and an Estimate* [New York, 1962], 99). Während O'Casey in der Tat keine „Lösung" bietet, bleibt die in Juno verkörperte Hoffnung ein Gegengewicht gegen das Chaos.

Wilhelm Hortmann

T.S. Eliot: *Murder in the Cathedral*

I

Der englische Lyriker Robert Graves erzählt in seinem Kriegsbuch *Goodbye to All That*, wie er als blutjunger Offizier im Ersten Weltkrieg die Aufgabe hatte, seine Kompanie am Vorabend der Schlacht zum Feldgottesdienst zu führen. Er beneidete seine katholischen Kameraden, die von ihren irischen Padres die uneingeschränkte Versicherung bekamen, daß sie als brave Soldaten gleich in den Himmel kämen, wenn sie fallen sollten. Die anglikanischen Regimentspfarrer taten sich offensichtlich schwerer und bemühten sich vergeblich, den schlachterfahrenen Soldaten mit wohlgemeinten Phrasen die Angst vor dem bevorstehenden Schrecken zu nehmen. In diesem Dilemma – so berichtet er – sei ein schüchterner anglikanischer Geistlicher auf den verzweifelten Ausweg verfallen, über die Umwandlung des Kirchenzehnten von Naturalien in Geldeswert zu predigen, und noch nie habe er Soldaten so aufmerksam zuhören sehen wie bei dieser Darlegung eines entlegenen Kapitels aus der mittelalterlichen Kirchengeschichte. "Quite up in the air, and took the men's minds off the fighting."[1] Wozu auch die Kämpfer mit Dingen behelligen, von denen sie allemal mehr verstanden!

Wer heutzutage Eliots *Murder in the Cathedral* zu behandeln unternimmt, befindet sich ungefähr in der Rolle jenes Feldgeistlichen. Zum einen mutet das Thema beinahe mittelalterlich an, zum anderen weiß jeder, was den Lehrer an der pädagogischen Front erwartet, wie stark der Drahtverhau von Unwissen und Desinteresse ist, durch den er täglich Breschen schlagen muß, wie schwer gerade bei anspruchsvollen literarischen Gegenständen der ersehnte pädagogische Durchbruch zu erzielen ist und wie plötzlich beim schönsten Vorankommen im bereits eroberten Terrain Widerstände aktiv werden, die mühsam befriedet werden müssen.

Deshalb soll hier gar nicht erst versucht werden nachzuweisen, daß man mit Eliots *Murder in the Cathedral* als Schullektüre ein leichtes Spiel hätte oder wie man es im Detail anstellen müßte, um mit diesem Drama bei den Schülern die optimale Wirkung auszulösen. Das ist von Klasse zu Klasse verschieden. Aus der Entfernung läßt sich darüber wenig sagen.

Stattdessen sollen einige Überlegungen vorgetragen werden, die sich bei der erneuten Lektüre des Dramas und der Durchsicht eines Teiles der wissenschaftlichen und didaktischen Literatur aufdrängen können. *Murder in the Cathedral* ist immer noch ein faszinierendes Stück. Als es im Jahre 1972 nach langer Zeit erstmals wieder aufgeführt wurde, mit Richard Pasco in der Hauptrolle und unter der Regie von Terry Hands, da war das Aldwych-Theater am Strand in London Abend für Abend gefüllt und man spürte, wie das Publikum mitging. Gewohnt an aggressive Spektakel wie *Hair* oder *Jesus Christ Superstar*, an die sprachlichen und menschlichen Kargheiten der Absurden unterschiedlichster Couleur, an das geölte Räderwerk der Boulevardkomödien, selbst an die gelegentlichen Geniestreiche der *Royal Shakespeare Company*, reagierte es hier betroffen auf eine kompromißlose formale und inhaltliche Stringenz, für die es auf dem seinerzeitigen Londoner Theater kein weiteres Beispiel gab. Es waren nicht die Besucher religiöser Festspiele, für die Eliot 1935 das Werk verfaßt hatte und von denen er scherzhaft sagte, "they expect to be patiently bored"[2], sondern ein zusammengewürfeltes, großenteils sicher agnostisches, weltstädtisches Publikum, keinesfalls bereit, geduldig Langeweile über sich ergehen zu lassen, und doch im Innersten ergriffen. Das lag sicherlich nicht allein an der Ausstrahlung der Schauspieler und an der überzeugenden, temporeichen Inszenierung – auch ungezählte, minder gute Laienaufführungen haben ihr Publikum tief bewegt –, sondern primär am Stück, an seiner konsequenten Absage an den Realismus in Psychologie und Handlungsführung. Positiv ausgedrückt: das Stück wirkt durch seinen frappierenden Charakter als ritualistisches Weihespiel. Es bietet nicht Handlung, sondern Nachvollzug, nicht *action*, sondern, wie es im Text heißt, *re-enactment*. Seine überzeitliche Thematik transzendiert das Geschichtliche mit all den vielfältigen Bedingtheiten der politischen und sozialen Existenz und lädt ein zur Teilhabe an einem ästhetischen und geistigen Erlebnis ganz ungewohnter Art, zu einer Art Mysterienspiel, in dem sich antikes, mittelalterliches und modernes Form- und Gedankengut verbinden. Es führt heraus aus unserer Kompromißwelt des vielfach vermittelten Wenn und Aber in einen Bereich des Unvermittelten und Unbedingten. Hier ist das Wesen der Existenz *vorgeordnet* und nicht, wie die Marxisten und Sartre uns gelehrt haben – „l'existence précède l'essence" – umgekehrt: Selbstbestimmung und Freiheit richten sich hier nicht an den jeweils erreichten oder zufälligen historischen Gegebenheiten aus, sondern an absolut gesetzten Prinzipien. Offenbar ein ganz und gar unzeitgemäßes Stück, das heute mehr noch als zu seiner Entstehungszeit selbstverständlich gewordene Denkgewohnheiten und weltanschauliche Sehweisen auf den Kopf und in Frage stellt.

Kann ein solches Werk heute noch Unterrichtsgegenstand sein? Stellen wir diese Frage zurück, bis wir uns seinen Inhalt noch einmal vergegenwärtigt haben.

II

Murder in the Cathedral umfaßt die Zeit von der Rückkehr des Erzbischofs Thomas Becket aus seinem siebenjährigen Exil in Frankreich bis zu seiner Ermordung durch vier normannische Barone, also die Zeit vom 2. bis zum 29. Dezember 1170. Der erste Teil setzt ein mit dem Chor der armen Frauen von Canterbury, die vor der Kathedrale stehen und die Ankunft ihres geistlichen Oberhirten erwarten. Ihre Stimmung ist gedrückt. Sie ahnen, daß dieser Advent keine Freude, sondern Gefahr, Heimsuchung und Tod bringen wird.

"Some malady is coming upon us" (6).³ Ihre Aufgabe ist, Zeugen zu sein, nicht auflehnend zu handeln, sondern mitleidend zu warten. Die anschließende Klage der drei Priester über die Undurchsichtigkeit der geschichtlichen Ereignisse wird von einem Boten unterbrochen, der die unmittelbar bevorstehende Ankunft Beckets verkündet. Nach seinem Bericht wurde Becket allerorts begeistert begrüßt – die Anklänge an Jesus' Einzug in Jerusalem sind nicht zu überhören –, aber der Friede zwischen ihm und seinem König, Heinrich II, meint er, sei nur eine halbherzige Sache, "a patched up affair" (10). Der erste Priester fürchtet Unheil für Becket und die Kirche. Er kennt den unbeugsamen Stolz seines Herrn, der sich nur noch Gott unterwerfen will. Der zweite freut sich in naivem Optimismus darüber, daß die Zeit der Ungewißheit und des Zweifelns endlich vorbei ist. Der dritte sieht tiefer und weiß, daß die Ereignisse vorherbestimmt und nicht zu ändern sind ("For good or ill, let the wheel turn", 11). Der Chor formuliert sodann die unbewußten Ängste. Er spürt das herannahende Verhängnis ("A doom on the house, a doom on yourself, a doom on the world", 12), ein Verhängnis, das hereinbrechen und das zwar freudlose, aber zumindest erträgliche bisherige Leben von Grund auf erschüttern wird. "... we have gone on living,/Living and partly living" (12) lautet die mehrfach verwandte und abgewandelte Formel. Jetzt aber empfinden sie eine große, letzte Furcht vor einem Geschehen, welches sie alle in ein Schicksal einbeziehen wird, dem sie sich nicht gewachsen fühlen ("small folk drawn into the pattern of fate", 13). Beckets Begrüßungsrede begreift den Kern der geäußerten Befürchtungen wie auch des von ihm selbst ausgelösten geschichtlichen Kampfes philosophisch als Dialektik von Handeln und Erleiden, die nur im Überzeitlichen aufgelöst werden kann. Hierzu ist die freie Zustimmung aller erforderlich, damit das von Ewigkeit an vorherbestimmte Muster fortbestehen und sich neu verwirklichen kann ("That the pattern may subsist, ... that the wheel may turn and still/Be forever still", 14). Das Rad ist hier weniger Metapher für den Kreislauf der Geschichte, als vielmehr Sinnbild für die Verbindung von Bewegung und Ruhe, von zeitlicher Erscheinung und ewigem Sein, vom Menschen in der steten Veränderung und Gott als dem ewig in sich Ruhenden. Für Becket ist alle äußere Bewegung, ist sein geschichtliches Handeln zum Stillstand gekommen. Er ahnt sein Ende voraus. Es gilt nur noch, seinen Willen zu vervollkommnen und mit dem erkannten Muster in Übereinstimmung zu bringen.
Konkret heißt das, die Schatten der Vergangenheit endgültig zu überwinden. Diese Schatten treten ihm gegenüber in der Gestalt der Versucher. Der erste ist leicht abgewiesen. Die weltlichen, sinnlichen Freuden, die er in Knittelversen von gelinder Komik verheißt und an deren ehemaligen Genuß er erinnert, stellen keine ernsthafte Gefährdung von Beckets seelischem Gleichgewicht dar. Der zweite versucht ihn mit der Vorstellung politischer Macht, die er als Kanzler des Reichs einstmals zum Guten gebraucht habe und nur wieder zu ergreifen brauche, allerdings um den Preis einer gewissen Einschränkung der geistlichen Suprematieansprüche. Gegenüber den leichtgewichtigen Versen des ersten Versuchers zeigt der stampfende Rhythmus der Diktion dieses

Sprechers mit ihren dem altenglischen epischen Vers nachgearbeiteten, hämmernden Alliterationen an, daß hier Dinge von höchster weltlicher Wichtigkeit verhandelt werden.

> Real power
> Is purchased at price of a certain submission. (19)

Ergreife Becket dieses Angebot nicht, so sei er:

> Cabined in Canterbury, realmless ruler,
> Self-bound servant of a powerless Pope,
> The old stag, circled with hounds. (19 – 20)

Aber Beckets Reich ist nicht mehr von dieser Welt, jedes Paktieren mit weltlichen Mächten erscheint dem unnachgiebigen Verfechter des Gottesstaates als Abstieg von der einmal erreichten Höhe. Da hat dann auch der geschmeidig argumentierende dritte Versucher keine Chance; sein Werben um die Koalition mit den Gegnern des Königs, mit den Baronen, wäre für Becket platter Verrat.

> Shall I who ruled like an eagle over doves
> Now take the shape of a wolf among wolves? (23)

Der vierte, unerwartete Versucher schließlich spricht Beckets eigene Sprache, ja, er zitiert ihn wörtlich. Hier spätestens wird deutlich, daß die Versucher von Eliot geschickt gewählte dramatische Figuren sind, um verborgene Gedankengänge Beckets zu artikulieren, die sonst in Monologform hätten dargestellt werden müssen. Der vierte Versucher lockt Becket mit dem Gedanken an das Martyrium, das seine Feinde endgültig und auf immer ins Unrecht setzen würde. Becket erkennt darin seine eigenen sündhaften, weil von geistlichem Hochmut gelenkten Träume und ist im innersten Gewissensnerv getroffen. Auf seinen verzweifelten Aufschrei: "Can I neither act nor suffer/Without perdition?" (27), antwortet der satanische Versucher höhnisch mit Beckets eigenem Bekenntnis zur Unterordnung alles irdischen Mühens unter das ewige Gesetz, wonach der Einzelwille und sein Streben Teil des unveränderbaren Musters sind.

Das ist der Abschluß der Versuchungen. Es folgt eine Chorpartie mit Chören der Versucher, der Priester und der Frauen. Die Versucher verurteilen das Leben als Betrug und Selbsttäuschung, die Priester raten Becket zum Einlenken, nur die Frauen spüren die Gegenwart der Abgesandten Satans, sie haben die schreckliche Gefahr der drohenden Gottesferne begriffen, die über sie kommen wird, wenn der Stellvertreter Gottes sich selbst untreu wird und sie alle mit in den Abgrund zieht.

> O Thomas Archbishop, save us, save us, save yourself that we may be saved;
> Destroy yourself and we are destroyed. (30)

Auf diese Anrufung hin trifft Becket seine Entscheidung, sich ganz in die Hand Gottes zu geben. Auch der letzten Versuchung kann er jetzt widerstehen, nämlich das Richtige aus den falschen Gründen zu tun. Er erkennt seine

Verantwortung, weiß aber auch, daß seine Handlungen Fehldeutungen und Mißverständnissen ausgesetzt sein werden. Dieser erste, etwas ausführlicher referierte Teil ist mit dem zweiten durch ein kurzes *Interlude* verbunden, der in Prosa gehaltenen Weihnachtspredigt des Erzbischofs über das Thema des Märtyrertums. Danach ist der Märtyrer keine Zufallserscheinung, sondern Teil des göttlichen Heilsplanes, ein Instrument Gottes, der sein individuelles Wollen in den Willen Gottes hat aufgehen lassen. Die Predigt zieht gewissermaßen das prosaische Resümee des voraufgegangenen poetischen Seelendramas.

Der zweite Teil übernimmt die Aufgabe, die historisch belegten Vorgänge bis zum Tod Beckets darzustellen und gleichzeitig den tieferen Sinn des Geschehens hervortreten zu lassen. Dieser wird jedoch nicht allein in der Tradition eines geistlichen Weihespiels religiös gedeutet, sondern umfaßt auch die vorreligiöse Ebene des Mythos. Hier setzt der Eingangschor an, der in Bildern aus der Welt des Winters und des Frühlings die Möglichkeit einer Erneuerung beschwört. Die liturgisch geprägte Bannerszene verdeutlicht den Ablauf der Zeit von Weihnachten bis zu Beckets Todestag, an dem mit dem Auftritt der Ritter das historische Geschehen wieder in den Vordergrund tritt. Die Ritter ergehen sich in wüsten Beschimpfungen gegen den angeblichen Verräter und Staatsfeind Becket, der sich jedoch weigert, dem Befehl des Königs, das Land zu verlassen, Folge zu leisten und sich auf "the Law of Christ's Church" und "the judgement of Rome" (46) beruft. Eine längere Chorpassage mit abstoßenden Bildern aus der Tierwelt, die aus den tiefsten Ängsten des Unbewußten emporzusteigen scheinen, verdeutlicht, daß die Frauen den bevorstehenden Tod ihres Erzbischofs, dem sie – eingebunden in ihre Kreatürlichkeit und scheinbar rettungslos ausgeliefert an die Mächte des Animalischen – hilflos zusehen müssen, als äußersten Tod des Geistes und letzte Erniedrigung und Verstoßung empfinden ("the final utter uttermost death of the spirit", 48). Nach der ritualistischen Ermordung Beckets durch die angetrunkenen Ritter deutet der Chor die unerhörte Bluttat als eine Verunreinigung ihrer selbst, ihrer Stadt, des ganzen Landes, ja der gesamten Natur, von der sie sich nur in einem rituellen Reinigungsakt wieder befreien können.

> Clear the air! clean the sky! wash the wind! Take the stone from the stone, take the skin from the arm, take the muscle from the bone, and wash them. Wash the stone, wash the bone, wash the brain, wash the soul, wash them wash them! (55)

Es folgt die berühmte Rechtfertigungsszene, in der die Zuschauer gewissermaßen als Geschworene einbezogen werden, um über die Schuld der Mörder und in gewissem Sinne auch über ihre eigene Mitverantwortung zu befinden. Mit den raffiniertesten Mitteln der politischen und forensischen Rhetorik manipulieren die einzelnen Redner den Sachverhalt so, daß ihre Tat als uneigennützig, geschichtlich notwendig und Beckets Tod als letztlich selbstverschuldet erscheint ("a verdict of Suicide while of Unsound Mind", 60). Heinz Kosok hat in einer einleuchtenden Interpretation aufgezeigt, daß der radikale Stilbruch dieser Szene keinesfalls als burlesker *comic relief* aufgefaßt werden darf, sondern für die Erkenntnis des „grundsätzlich(en) Unterschied(es) zwischen der Wertwelt Beckets und Pseudowerten der Ritter" von zentraler Bedeutung ist.[4] Beckets Opfertod wird im Schlußchor als Erneuerung der lebendigen Verbindung zwischen Gott und der Welt gesehen, als stellvertretende Erlösung von Sünde und Schuld, die von aller Kreatur mit einem Preis Gottes und seiner Heiligen dankbar angenommen wird.

III

Es wäre vermessen, den vielen guten und klugen Interpretationen, die es zu *Murder in the Cathedral* gibt, eine weitere an die Seite stellen zu wollen. Die bisher vorgelegten Deutungen reichen vollkommen aus, und die einschlägigen Eliotbibliographien[5] geben jedem Interessierten mehr Auskunft, als er verarbeiten kann. Das Werk, das als das wichtigste poetische Drama des 20. Jahrhunderts bezeichnet worden ist, hat in der Kritik eine enorm ausgedehnte und differenzierte, wenn auch keineswegs einheitliche Resonanz gefunden. Sie reicht von zugegebenermaßen wenigen gänzlich ablehnenden und unangemessenen Stellungnahmen (etwa Henry Tube im *Spectator* vom 10.12.1965, der das Stück bei seiner Wiederaufnahme durch den BBC als "indigestible and unwelcome" empfindet, Becket als "not a turbulent but a prating priest", die Bildersprache als "cerebral", die Frauen des Chores als "suburban", "very Church of England" und "genteel" und der schließlich die "cold dispassion of the language" beklagt) über weniger abfällige, aber ebenso scharfe Kritiken[6] bis hin zu einer großen Zahl oft tiefschürfender Gesamtanalysen und Erörterungen von Einzelaspekten, aus denen sich das Bild eines komplexen, gehaltlich wie formal genauestens durchorganisierten Werkes ergibt, dessen Bedeutung Grundfragen der menschlichen Existenz im Bezugssystem von Geschichte, Heilsgeschichte und Mythos berührt.

Ebenso respektabel wie das Echo in der Literaturwissenschaft ist die Rezeption, die *Murder in the Cathedral* auf dem Theater erfahren hat. In den angelsächsischen Ländern ist es bis in die 50er Jahre sehr oft gespielt, im Jahre 1951 verfilmt, 1958 zu einer Oper verarbeitet worden und hat auch danach noch beachtenswerte Reprisen erlebt. Es war ein beliebtes Stück für Theatergruppen an Schulen und Universitäten und ist in zahllosen Kirchen zu religiösen Feiern von Laienspielern in sog. „Kircheninszenierungen" aufgeführt worden. In Deutschland haben sich nach dem Kriege namhafte Bühnen an ihm mit unterschiedlichem Erfolg versucht. Die umstrittenste Inszenierung, nach Auskunft von Franz Kuna, scheint die des Düsseldorfer Schauspielhauses von 1959, die gelungenste die des Aachener Stadttheaters von 1960 gewesen zu sein.[7] Hans Galinsky erwähnt die Aufführung in der Hersfelder Klosterruine als besonders beeindruckend.[8]

Auch auf der Oberstufe der höheren Schulen ist *Murder in the Cathedral* oft behandelt worden. In den fünfziger Jahren fand es sich unter den Lektürevorschlägen nahezu aller Lehrpläne. Hans Galinsky gebührt das Verdienst, schon sehr frühzeitig, im Jahre 1951, eine ungewöhnlich gründliche und ausführliche Unterrichtsreihe, die er mit *Murder in the Cathedral* durchgeführt hat, beschrieben zu haben.[9] Es ist dies eine vorbildliche Darstellung, die in ihrem Eingangsteil Fragen des Bildungswertes, der Jugendgemäßheit, der formalen und Nutzwerte, der Abstimmung auf andere Fächer (Musik und Deutsch) und der Beziehung des Werkes zum natürlichen und zum liturgischen Jahreslauf bespricht und daran anschließend detaillierte Protokolle der 17 Unterrichtsstunden liefert, wobei am Schluß „der abendländische Sinn des Werkes" und „der stellvertretende Sinn des Werkes für die englische Kultur" und „sein amerikanischer Einschlag" (295) zur Sprache kommen. In der Unterrichtsreihe selbst hat Galinsky nach der Methode gearbeitet, die er als „Von den Sinnen zum Sinn" (195) bezeichnet. Gemeint damit ist ein Verfahren, das aus der szenischen Darstellung (Choreographie und Stellproben) und dem akustischen Eindruck unterschiedlich gesprochener Chor- und Dialogpassagen Anschauungsmaterial für die Diskussion gehaltlicher Probleme bezog, also eine konsequente Anwendung des Gestalt-ist-Gehalt-Prinzips.

Es ist hier nicht möglich, den Unterrichtsverlauf mit seinen Schwerpunkten, die detaillierten Vorüberlegungen und die großenteils überzeugenden Schlußbetrachtungen genauer zu referieren. Grundsätzlich läßt sich sagen, daß die in den Stundenprotokollen festgehaltene Praxis auch heute noch für den Lehrer viele nützliche Hinweise bietet, daß jedoch die didaktisch-theoretischen Teile ebenso wie Partien der das Werk in übergreifende Zusammenhänge einordnenden Deutungen am Schluß heute schwer nachvollziehbar erscheinen. Das ist nicht nur eine Frage der in den vergangenen 30 Jahren erfolgten Veränderung der didaktischen Terminologie, sondern eine Frage der Verschiebung der didaktischen Zielvorstellungen von Bildungsgläubigkeit, Wertsuche, Erlebnis- und Begegnungspädagogik weg in Richtung auf Wissenschaftlichkeit und rationale Kritik. Die in *Murder in the Cathedral* angeblich durchschimmernden abendländischen „Urbilder vom gemeisterten Dasein" (165)[10] werden dem heutigen Schüler ebensowenig einleuchten wie der „Repräsentanzwert dieses Werkes für die Eigenart des angelsächsischen Geistes" (166), für dessen Erkenntnis ihm heute ganz andere Texte zur Verfügung stehen. Ebenso werden die Schüler „die Versuchung des menschlichen Eigenwillens" und seine „Entscheidung für die Einordnung in den göttlichen Willen" (166) nicht mehr als ihr eigenes „Grunderlebnis" ansehen wollen. Fraglich ist auch, ob heutige Oberstufenkurse jenen „Kern spielfreudiger und religiös interessierter junger Menschen besitzen" (298), der von Galinsky als Voraussetzung für das Gelingen der Durchnahme gefordert wird.

IV

Läßt sich *Murder in the Cathedral* dann überhaupt noch durchnehmen? Im abgeschlossenen Raum konfessionell gebundener Schulen wird das sicher noch möglich sein. Aber der Klassenraum unserer öffentlichen höheren

Schulen ist nicht mehr abgeschlossen. Er hat sich für Gegenwartsproblematiken weit geöffnet: der Literaturunterricht hat ein Jahrzehnt lang Texte über die neuralgischen Punkte der westlichen Gesellschaft benutzt — über Minderheiten, Rassendiskriminierung, Befreiungsbewegungen, Generationskonflikte oder die absurde Existenz —, kritisch fragend und in Frage stellend, in unablässiger Suche nach Widersprüchen, vom Standpunkt einer selbstgerechten Ideologiekritik auf ungelöste und vielleicht auch unlösbare Gegensätze weisend, süchtig nach Entlarvung, fixiert auf Konfrontation und gebunden an einen weltverbessernden Idealismus und an einen sozialen, internationalistischen, diesseitigen Rationalismus, der dem jungen Menschen die Machbarkeit des Denkmöglichen und Wünschenswerten suggerierte und die Veränderung des Bestehenden als moralische Aufgabe vorstellte.

Nun mag bezweifelt werden, wie tief das alles gegangen ist. Dennoch ist die kritische, autoritätsskeptische Haltung unserer Jugend nicht zu übersehen. Dazu war der Unterricht zu sehr abgestellt auf Distanz und Analyse, auf Hervorhebung des Trennenden statt des Gemeinsamen und Gemeinschaftsbildenden, auf Durchsetzung von Ansprüchen und Rechten des Einzelnen oder der Gruppe statt auf Nachvollzug, Achtung vor geschichtlicher Leistung und Einpassung in ein Traditionsgefüge. Das ist natürlich nicht die Schuld irgendwelcher Personen, noch kaum die Schuld einer irrgeleiteten und in die Irre leitenden Kulturpolitik, sondern die unausweichliche Folge der auf Schule und Bildungspolitik durchschlagenden Kulturrevolution, die seit Mitte der sechziger Jahre das kulturelle Wertsystem der Bundesrepublik erschüttert hat. Die Aufbauphase der Nachkriegszeit mit ihrer vorbehaltlosen Rückwendung zur christlich-abendländischen Tradition, in der Eliot auch in Deutschland, ja vielleicht gerade hier, zum geistigen Führer avancieren konnte, ist seither endgültig vorbei. Sie läßt sich nicht künstlich wieder zurückholen, auch nicht im Klassenzimmer.

Die unterrichtliche Behandlung von *Murder in the Cathedral* trifft heute also auf ganz andere Vorbedingungen als vor dreißig Jahren. Damals hatte das Stück weder in Schule noch in Universität jene historische Distanz zu überwinden, die uns heute von ihm trennt. Es traf auf die spontane Bereitschaft, den im eigenen religiösen Erleben erfahrenen Gefühlsraum der Transzendenz künstlerisch und gedanklich auszuweiten und aufzufüllen. Es traf auf das tief empfundene Bedürfnis, in der Beschäftigung mit religiösen Gegenständen gleich welcher Art Anschluß zu gewinnen an ethische und metaphysische Haltungen, die als einzige geeignet erschienen, dem geistigen Wiederaufbau ein tragfähiges Fundament zu bieten. Davon zeugt die Beliebtheit religiöser Schriftsteller wie Ernst Wiechert, Gertrud von Le Fort, Werner Bergengruen, Reinhold Schneider, Paul Claudel, Georges Bernanos, Graham Greene und nicht zuletzt Eliot.

Davon hat auch *Murder in the Cathedral* profitiert. Es gehörte seinerzeit zum geheiligten Kanon jedes Anglistikstudenten. Es wurde zwar nicht gerade als Widerstandsdrama interpretiert (etwa Becket als Gottes General gegen die Allmacht des Staates), aber so manche seiner tragenden Ideen und Bilder trafen bei der Nachkriegsgeneration auf unmittelbares Verständnis. War man nicht eben selbst Zeuge einer Katastrophe geworden, die jedes rational erklärbare Ausmaß überstieg? Konnte man nicht ebenso „Zeugnis ablegen" wie die armen Frauen von Canterbury, und konnten die Frauen von Ostpreußen und die Trümmerfrauen von Berlin nicht mit gleichem Recht ihr Vegetieren als "living and only partly living" beschreiben? Fristeten sie nicht ein ebenso kärgliches und gedrücktes Dasein in ständiger Furcht, in die Affairen der Großen hineingezogen zu werden und darin umzukommen? Ein weiteres Moment, nämlich das Gefühl der Kollektivschuld, das der Chor ausdrückt, die Teilhabe am Schuldkonnex von Handeln und Leiden, traf ebenfalls auf unmittelbares Verständnis. Die meisten waren zwar nicht persönlich schuldig geworden, aber niemand konnte ehrlich sagen, er habe keinen Teil an der Schuld, die das deutsche Volk auf sich geladen hatte. Rational und diesseitig war diesem Gefühl nicht beizukommen, sondern nur in irgendeiner Form der Transzendenz, handelte es sich doch um eine Art von Erbschuld, von der man sich nur mit übernatürlicher Hilfe und in rituellen Akten der Umkehr befreien und reinigen konnte, nicht mit legalistischen Entnazifizierungsverfahren und vordergründigen Umerziehungsprogrammen, so notwendig diese Mittel auch waren. Selbst der Glaube an die Macht Satans, an das metaphysisch Böse, durch das selbst die faktisch Unschuldigen schuldig werden, war der Nachkriegsgeneration keine so unvertraute Vorstellung wie uns Heutigen.

Die Ausgangslage für die Aufnahme von *Murder in the Cathedral* war in den 50er Jahren also wesentlich günstiger als heute. Mögen wir auch in jüngster Zeit das Beispiel des ermordeten Erzbischofs Romero von San Salvador vor Augen haben, so ist das doch kein brauchbares Analogon: unsere geistige und materielle Situation ist anders, und zwar grundlegend. Wenn Franz Kuna sagt, *Murder in the Cathedral* behandle drei Grundthemen der menschlichen Existenz, so würde kaum einer von uns und sicherlich keiner unserer Schüler diese heute noch benennen als „das Leiden an der Erbsünde", „die Herrschaft des Bösen" und „die Notwendigkeit einer Erlösung".[11] Bevor wir heute darangehen können, *Murder in the Cathedral* unseren Schülern anzubieten, müssen wir uns darüber im klaren sein, welche Voraussetzungen zum spontanen Verständnis ihnen fehlen und ob die gewandelte geistige Ausgangslage nicht neue Möglichkeiten eröffnet, die ihrerseits neue Zugänge erfordern.

Der Lehrer kann wahrscheinlich bei seinen Oberstufenschülern weder ein religiöses Fundament, noch Bereitschaft zum Glauben oder Verständnis für Erlösungsbedürftigkeit als selbstverständlich voraussetzen. Religion ist zwar weiterhin ein beliebtes Fach, aber faktisch ist es ein Fach geworden für Lebenshilfe und freie Diskussion über sozialethische Fragen, in dem weder die frohe Botschaft des Evangeliums verkündet noch über Sünde, Schuld und die Gebrechlichkeit aller menschlicher Strebungen geredet wird. Auch im Religionsunterricht herrscht Diesseitigkeit vor. Kein Gedanke mehr daran, daß die christliche Verheißung ihre Erfüllung erst im Jenseits findet und die Bereitschaft zu Verzicht und Opfer im Irdischen voraussetzt.

In den anderen geisteswissenschaftlichen Fächern ist diese Tendenz zum

Gegenwärtig-Unmittelbaren noch ausgeprägter. Die Ersetzung von Geschichte durch Gemeinschaftskunde oder Politikwissenschaft verweist auf ein Selbstverständnis, das den Menschen primär in synchrone und laterale Bezüge einordnet. Das wiederum korreliert mit der Zurückdrängung des seit der Romantik verbreiteten und im Nationalsozialismus desavouierten Glaubens an ein nationales „Schicksal", das die kulturelle und soziale Entwicklung des eigenen Volkes prägt: bei vielen ist es kurzerhand durch das Vertrauen auf *social engineering* ersetzt worden. Deshalb ist bei unseren Schülern Verständnis für im eigentlichen Sinne *geschichtliche* Probleme so schwer zu erwecken, weil in ihrem Bewußtsein die Kategorie des Geschichtlichen durch die des Politischen abgelöst worden ist. Zwar sollten die mehr als fünfzig Kriege seit dem Zweiten Weltkrieg den naiven Glauben an die rationale Lösbarkeit *geschichtlich* bedingter Konflikte erschüttert haben, waren doch Völkertragödien wie die von Biafra, Angola, Uganda, Äthiopien, Vietnam, Kambodscha und dem Libanon darunter — auch die gegenwärtig sich abspielende Revolutionierung des Islam ist sicherlich nicht politisch, sondern nur *geschichtlich* zu erfassen —, aber der Glaube an Selbstbestimmung durch rational-gegenwärtige Konfliktbewältigung bleibt trotz aller Gegenbeweise geschichtlicher Fremdbestimmung fest.

Nehmen wir die soeben angedeuteten Veränderungen im Religions- und Geschichtsverständnis zusammen, dann läßt sich absehen, wo die Schüler in der Aufnahme von *Murder in the Cathedral* Schwierigkeiten haben werden: bei dem Gedankenkomplex des metaphysisch Bösen und der daraus ableitbaren Kollektivschuld und Erlösungsbedürftigkeit, ferner bei der Überordnung der Religion über die Staatsraison. Hinzu kommen die Schwierigkeiten der künstlerischen Form des Werkes: eine auf den Realismus von Film und Fernsehen geeichte Sensibilität wird sich dem unrealistischen Charakter eines religiösen Weihespiels ungern anpassen wollen. Der Mangel an konkreter Handlung und individueller psychologischer Prägung der Charaktere wird, wenn man das Drama der Mimesis als kritischen Maßstab zugrundelegt, *Murder in the Cathedral* als „ein Drama ziemlich farblosen Charakters" erscheinen lassen, wie Galinsky in einer späteren Interpretation angemerkt hat.[12] Des weiteren könnten Schüler heute Mühe haben, die Inaktivität des Chores zu verstehen, sein passives Hinnehmen des Geschehens als bloßer Reflektor, seinen völligen Verzicht auf eingreifendes Handeln.

Nach alledem stehen die Sterne für die gelingende Durchnahme von *Murder in the Cathedral* nicht günstig, vor allem dann, wenn man vom Literaturunterricht erwartet, daß er auf Erlebnistiefe und Begegnung aufbauen sollte. *Murder in the Cathedral* lädt heute — anders als vor dreißig Jahren — nicht mehr zur Identifikation ein. Es läßt sich dem Schüler nicht mehr anbieten mit dem Argument *tua res agitur*. Es ist nicht mehr seine Sache, die hier verhandelt wird.

V

Nach allem dürfte es für die Behandlung im Unterricht wohl nur eine ehrliche Möglichkeit geben, nämlich die, die didaktischen Zielvorstellungen kompromißlos den eben herausgearbeiteten Befunden anzupassen. Das heißt: Verzicht auf einfühlenden Nachvollzug und Anverwandlung – und statt dessen distanziert analytische Behandlung als das bedeutendste moderne Beispiel einer dramatischen Gattung, deren einstmals große europäische Tradition jahrhundertelang durch das Drama der Mimesis seit der Renaissance verschüttet war und in *Murder in the Cathedral* noch einmal aufgelebt ist. Das würde bedeuten: die Veränderungen der zeitgeschichtlichen Mentalitätslage seit der Entstehungszeit in den dreißiger Jahren und der Rezeption in den vierziger und fünfziger Jahren dürften nicht unterschlagen werden, ebensowenig wie die historische Distanz, die uns von den mittelalterlichen Vorläufern dieses kultischen Weihespiels trennt. Vielmehr müßten sie als Erkenntnisziel eine die Unterrichtsarbeit leitende Funktion bekommen. Dann ließen sich auch die meisten der oben aufgeführten Widerstände unterlaufen. Die Schüler würden dann nicht aufgefordert, sich ein Fremdes zu eigen zu machen und ihr Widerstreben zu unterdrücken. Sie würden im Gegenteil dazu angehalten und angeleitet, das Fremde als Fremdes verstehen zu lernen, es in seiner Eigengesetzlichkeit zu erkennen, seine ästhetischen Möglichkeiten zu analysieren und auf die historische Differenz zu achten, die ihren Bewußtseinshorizont von dem in *Murder in the Cathedral* dargestellten unterscheidet. Das sieht auf den ersten Blick wie eine literaturdidaktische Zweckentfremdung des Werkes aus, bietet aber andererseits die Möglichkeit zu faszinierenden Einsichten gattungstypologischer bzw. dramenästhetischer Art sowie zu Erkenntnissen zum historischen Wandel staatspolitischer und ethischer Grundhaltungen. Dafür sollen zwei konkrete Vorschläge gemacht werden.

1. Eine der zentralen Schwierigkeiten wird heute die befriedigende Beantwortung der Frage sein: „Wofür opfert Becket sich?". Historisch gesehen, für den Suprematieanspruch der Kirche, der inzwischen durch den Gang der Geschichte zurückgewiesen worden ist. Im übertragenen Sinne jedoch für das Recht einer Instanz, die die Allmacht des Staates und seine Willkür transzendiert. Solche Instanzen, an die wir gegen den Staat appellieren können, sind heute keineswegs überflüssig geworden. Nur berufen wir uns in einer säkularisierten Welt dazu nicht mehr auf Gott, sondern auf das Recht der politischen und religiösen Selbstbestimmung, auf die abstrakten Prinzipien von Freiheit und Gleichheit, für die wir in der Form von Menschenrechtskommissionen (zu erinnern ist nur an die KSZE-Akte von Helsinki und Amnesty International) politische, juristische und publizistische Instanzen geschaffen haben. Selbstopfer für die von ihnen vertretenen Rechte gibt es auch heute noch, wie die demonstrativen Selbstverbrennungen zeigen, neben vielem anderen, weniger spektakulären, bewußt auf sich genommenen, aber auf symbolische Wirkung hoffenden Erleiden. Aus dieser Sicht rückt Beckets Entscheidung gegen die

Versucher in eine Linie mit dem Widerstand prominenter Gegner totalitärer Regime gegen die Verleitung zum Mitläufertum und zum Verrat ihrer Überzeugungen; sein Selbstopfer zum größeren Ruhme Gottes und seiner Kirche unter Aufgabe des eigenen Willens rückt ihn in eine Linie mit zahllosen Opfern für Recht und Freiheit, die letztlich ebenfalls nur in der Transzendenz begründet sind.

Hier ergeben sich fruchtbare Ansatzpunkte für die Diskussion der historischen Differenz, die ja nicht unterschlagen, sondern erkenntniserweiternd genutzt werden soll. Die dem Irdischen entrückte Jenseitsseligkeit Beckets mit ihrer schroffen Ablehnung berechtigter staatsrechtlicher und politischer Ansprüche ist in dieser Form nicht wieder einholbar, obwohl im Rahmen des mittelalterlichen Weltbildes verständlich. Die heutigen Märtyrer kämpfen nicht für ein jenseitiges Alternativmodell, ohne Rücksicht auf gleichberechtigte säkulare Belange, sondern für einen letzten Rest an Menschenwürde und für minimale Freiräume von Humanität, die im Würgegriff totaler staatlicher Manipulation und Repression erdrückt zu werden drohen. Religiös zu deuten wäre das bestenfalls im Sinne der dialogischen Theologie Bonhoeffers, Bultmanns und Bubers, wonach Gott als Urgrund der Liebe diesseitig interpersonelle Konkretion gewinnt. Die neuen Märtyrer sterben nicht für den Gott des Jenseits, für den "God out there", wie der anglikanische Bischof Robinson es in der Anlehnung an Bonhoeffer formulierte, sondern für den "God down here", für den Gott in uns, nicht für den biblischen Menschensohn, sondern für die hiesigen und zeitgenössischen Erdensöhne. Sie sühnen nicht stellvertretend eine schwer vorstellbare Erbschuld, sondern protestieren gegen klar benennbares Unrecht, gegen Grausamkeit und Inhumanität. Das alles sind Unterschiede, die deutlich hervorgehoben werden sollten.

2. Abschließend soll nur noch aufgezeigt werden, wie auch an einem *formalen* Aspekt eine solche Hervorkehrung der Unterschiede didaktisch fruchtbar gemacht werden könnte. Wir hatten bereits festgestellt, daß die Schüler wahrscheinlich Schwierigkeiten mit der unrealistischen, unmimetischen Form des kultischen Weihespiels haben werden. Die Entsprechungen von *Murder in the Cathedral* zum Drama der katholischen Messe sind von der Kritik frühzeitig erkannt worden, und Beckets Sterben ist folgerichtig als Analogon zum Opfertod Christi gedeutet worden. Der Schüler betrachtet eine solche Verschränkung wahrscheinlich als für ihn nicht nachvollziehbar, als einen in sich geschlossenen und hochstilisierten Gestalt-Gehalt-Komplex, dessen Hermetik für ihn als modernen, diesseitig-realistischen und areligiösen Menschen nichts mehr hergebe. Nun haben wir soeben gesehen, daß die zentrale gehaltliche Frage von *Murder in the Cathedral* sehr wohl auch zu heutigen Existenzproblemen in Beziehung gebracht werden kann. Dabei muß die historische (und qualitative) Differenz stets als solche eingestanden, ja sogar besonders betont werden, wenn gegenwartsbereichernde Erkenntnis stattfinden soll. Untersuchen wir also, ob im Bereich der dramatischen Form von *Murder in the*

Cathedral nicht eine ähnliche Umkehrung des anfänglichen Befremdens in tiefere Einsicht stattfinden kann.

Beginnen wir mit der relativ einfachen Frage des Mangels an psychologischer Differenzierung. Anders als im mimetisch-realistischen Drama sind die Figuren hier nach bestimmten strukturalen Funktionen ausgerichtet. Dadurch erfahren sie eine ungewöhnliche Entindividualisierung. Deren Notwendigkeit ist jedoch leicht einzusehen, sobald der Schüler begreift, daß es sich hier nicht um ein Charakterdrama, sondern um ein Ideen- oder Seelendrama handelt. Zwar sind die Figuren hier nicht allegorisiert wie im *Jedermann*, wo mit Hilfe von bloßen Abstraktionen menschliche Schwächen wie Besitzstolz, Überheblichkeit und Hartnäckigkeit dargestellt werden und ein allegorisches Spiel um die Erlösung der Erbärmlichkeit des Menschen durch das Erbarmen Christi vorgeführt wird. Andererseits sind sie nicht so stark individuell geprägt wie etwa in einem realistischen Charakterdrama, da es hier nicht um einen realen interpersonellen, sondern um einen prinzipiellen Konflikt geht, der zudem noch großenteils nach innen verlagert ist. Der Schüler wird leicht zu überzeugen sein, daß ein solcher Gehalt mit typisierten Figuren präziser und schneller zu vermitteln ist als mit individualisierten. Ein Blick auf andere Becket-Dramen kann das notfalls bestätigen.

Das eigentliche didaktische Hindernis liegt im Chor. Wie läßt sich seine Verwendung, die den Schülern ganz und gar nicht selbstverständlich erscheint, erkenntniserweiternd nahebringen? Vielleicht helfen folgende Überlegungen weiter. Eliot behandelt in *Murder in the Cathedral* kein so allgemein theologisches Thema wie der *Jedermann*, sondern einen geschichtlichen Stoff. Dennoch ist *Murder in the Cathedral* kein Geschichtsdrama, weder im traditionell klassischen Sinne wie bei Schiller, Goethe, Kleist oder Grillparzer, noch im modernen Sinne wie etwa bei Peter Weiss, Rolf Hochhuth oder Heinar Kipphardt. Bei den letzteren herrscht, wie auch immer stilisiert und strukturiert, der dokumentarische Impuls vor, oft der direkt dokumentarische Stil. Das gibt dem dargestellten Geschehen größere Aktualität und unmittelbare Eindringlichkeit, es verlebendigt und veranschaulicht die thematisierten geschichtlichen und moralischen Grenzsituationen, legt die Entscheidungsprozesse bloß und gewährt Einblicke in die Mentalität der Beteiligten und Verantwortlichen. (So etwa in Peter Weiss' *Die Ermittlung* über den Auschwitzprozeß, in Rolf Hochhuths *Der Stellvertreter* über die Haltung der Kirche zu der Judenausrottung oder in Heinar Kipphardts *In der Sache J. Robert Oppenheimer* über den Bau der Wasserstoffbombe und die Verantwortung der beteiligten Naturwissenschaftler). Andererseits kann das dokumentarische historische Drama eine bestimmte Ebene nicht übersteigen. Seine Faktizität bewirkt einen starken Appell an unsere Emotionen und unseren Verstand, es kann tiefe moralische Betroffenheit auslösen, aber es verbleibt doch immer im Rahmen des rationalen Kausalnexus. Es kann Geschehenes kriminalistisch durchleuchten, an unseren Sinn für Gerechtigkeit appellieren und unser Gewissen aufrütteln. Aber seine Problemlösung bleibt vordergründig, analytisch-kritisch, negativ. Es vermag nicht, seine Gegenstände in einen Zusammenhang einzufügen, der die erschreckenden Fehlleistungen der Historie übersteigt, und diese selbst zum Teil eines wie auch immer utopischen, zwar von unerhörten Opfern gesäumten, aber dennoch zu Hoffnungen berechtigenden Weges zu machen, zum Teil eines übergreifenden Planes, eines ideellen Entwurfes, den man affirmieren könnte.

Genau das aber tut Eliot in *Murder in the Cathedral*, und das Mittel, das er dazu einsetzt, ist der Chor der armen Frauen von Canterbury. Der Chor ist hier nicht etwa die Summe der öffentlichen Meinung, sondern Ausdrucksform des gemeinschaftlichen Bewußtseins wie des kollektiven Unbewußten. Er hat also eine enorme Reichweite, die im realistischen Drama durch nichts erreicht werden kann. Er erstreckt sich (viel weiter als im Chor des griechischen Dramas) vom handlungsbegleitenden Kommentar bis hin zum Ausdruck tiefster Ängste in den Ablagerungen urtümlicher kollektiver Erfahrungen; vom Niederschlag konkreten Lebenswissens und von der Prägung durch den von den Frauen selbst erfahrenen Druck der Geschichte bis zum Preisgesang Gottes und zum Hymnus auf die erneuernden Kräfte der Natur; vom Vorgeschichtlichen durch das Geschichtliche zum zeitlos Ewigen.

Im Bereich des Literarischen hat diese Art von Chor damit eine Funktion, die im Bereich des Psychischen von C.G. Jung dem Archetyp zugeschrieben worden ist. Laut Jung sind Archetypen diejenigen „Bahnungen", die die Psyche sich seit altersher geschaffen hat, um psychische Energie zu verarbeiten und zu kanalisieren. Archetypen sind also primäre Ordnungs- und Gestaltungsfaktoren unseres Seelenlebens. In analoger Weise ließe sich der Chor in *Murder in the Cathedral* begreifen als Ausdrucksmittel für ein Ordnungsprinzip, das die verschiedenen Dimensionen menschlicher Existenz zusammenbringt und zueinander in Beziehung setzt, quer durch Zeiten und Räume, Klassen und Stände, Historie und Transzendenz, Reales und nur Imaginiertes, Körperliches und Geistiges hindurch. So wie der Archetyp allumfassend ist und in den verschiedensten Verwandlungen bei uns allen auftritt, nicht nur in den klassisch gewordenen Träumen, die Jung analysiert und auf archetypische Vorstellungen zurückgeführt hat, so ist auch der Chor in seinen Funktionen allumfassend. Mit ihm durchstößt der Dichter die Decke von Faktizität und Historie, macht die darunter liegende Schicht der gesammelten gemeinschaftlichen Lebenserfahrungen sichtbar, legt darunter die tiefen, unbewußten Ängste und Hoffnungen frei, um schließlich zu dem ältesten und urtümlichsten Regulator vorzudringen, den die Menschheit besitzt, nämlich ihre Bindung an den Kreislauf der Natur. Ihr Werden und Vergehen lieferte dem menschlichen Geist jenes Urmuster, das allen Fruchtbarkeitsmythen zugrunde liegt und sich in den Weltreligionen in der einen oder anderen Form noch nachweisen läßt. Es sind Regelmechanismen, die sich der menschlichen Rasse eingeprägt haben als erste, übergreifende Ordnungsprinzipien, mit deren Hilfe dann weitere bewußtseins- und gemeinschaftsbildende Ordnungen und Abläufe konzipiert wurden. Der Chor in *Murder in the Cathedral* umfaßt auch noch diese Schicht, ja muß es tun, denn nur auf der Grundlage des Mythos vom Vergehen und Werden ist der Opfertod Beckets, der historisch gesehen nur ein bedauerlicher, wenn auch vielleicht unvermeidlicher Unfall war, überhaupt sinnvoll zu machen. Nur vor dem Hintergrund jener heimlichen Magie, die von der Einbindung geschichtlichen und geistigen Handelns in die Erneuerungsprozesse der Natur ausströmt, nur in Beziehung zu jenem magischen Stoffwechsel vom konkret-Zeitlichen zum symbolisch-Überzeitlichen und Allgemeinen ist der transzendente Sinn, auf den Eliot abzielt, überhaupt zu erstellen.

Anders ausgedrückt: sein Problem bestand darin, die Historie zu überwinden. Der Rückgriff auf das Messedrama und die Analogie zum Opfertod Christi bot ihm dazu die Möglichkeit in einem theologischen Rahmen. Dieser ist aber nur von begrenzter Gültigkeit. Erst durch den tieferen Griff zum Mythos gelang es ihm, die Historie mit ihren rationalen und irrationalen machtpolitischen Klüftungen, ihren schroffen Auseinandersetzungen und ihrer rücksichtslosen Eigendynamik hinter sich zu lassen und mitten in den Turbulenzen diesseitiger Konflikte eine Ahnung vom ausgesöhnten Sein aufscheinen zu lassen. Erst in der Ablösung der Geschichte durch den Mythos ersteht das Bild einer Ordnung, die affirmierbar ist. Ihre Grundlage ist nicht die Politik, nicht die positive Religion, sondern die Natur. Das Leben im Einklang mit ihr ist eine paradiesisch utopische Hoffnung. Davon haben die Blumenkinder und die „Grünen" nur die eine Seite erkannt. Unsere dokumentarischen Geschichtsdramatiker richten ihren Blick auf die in der Geschichte aktualisierten Formen der Unnatur. Eliot versucht im Chor der armen Frauen von Canterbury eine Synthese. Mag sie auch nach heutigem Weltverständnis etwas weltfremd anmuten, so eignet ihr doch die Kühnheit der Behauptung, daß ein Daseinsentwurf ohne die Möglichkeit zur Affirmation im letzten steril bleibt. Allerdings haftet ihr, wie allen nicht mehr lebbaren und nur im ahistorischen Wunschdenken begründeten Synthesen, eben etwas — Synthetisches an.

Anmerkungen

1 R. Graves, *Goodbye to All That* (Harmondsworth, 1960), 159.
2 T.S. Eliot, *Poetry and Drama: The Theodore Spencer Memorial Lecture: Harvard University: November 21, 1950* (London, 1951), 23.
3 Zitiert wird nach der derzeit einzigen Schulausgabe von *Murder in the Cathedral* im Westermann Verlag, die den unveränderten Abdruck der englischen Originalausgabe des Verlages Faber and Faber, Ltd. London, vom November 1948 enthält.
4 H. Kosok, „Gestaltung und Funktion der ‚Rechtfertigungsszene' in T.S. Eliots *Murder in the Cathedral*", *Die Neueren Sprachen* (1963), 49 — 61, hier: 58.
5 Z.B. in D. E. Jones, *The Plays of T.S. Eliot* (London, 1960), 221 — 232; siehe ferner die kommentierte Sekundärbibliographie von M. Martin, *A Half-Century of Eliot Criticism: An Annotated Bibliography of Books and Articles in English, 1961 — 1965* (Lewisburg, 1972); die ebenfalls kommentierte Bibliographie, die ausgewählte Bücher und Broschüren zu Eliot für den Zeitraum von 1965 — 1974 umfaßt, in: H. Viebrock/ A. P. Frank (Hrsg.), *Zur Aktualität T.S. Eliots* (Frankfurt/Main, 1975), 272 — 286; ferner ab 1974 den *T.S. Eliot Newsletter* der York University, Downsview, Ontario, Kanada, der zweimal jährlich erscheint.
Hilfreiche Interpretationen und Ansätze finden sich u. a. in: P. M. Adair, "Mr. Eliot's *Murder in the Cathedral*", *The Cambridge Journal* (1950/51), 83 — 95; J. Peter, "*Murder in*

the Cathedral", Sewanee Review (1953), 362 — 383; "The Use of Original Sources for the Development of a Theme: Eliot in *Murder in the Cathedral", English* (1956), 2 — 8; W. Spanos, *"Murder in the Cathedral:* The Figure as Mimetic Principle", *Drama Survey* (1963), 206 — 223; J. L. Bowers, *T. S. Eliot's Murder in the Cathedral* (University of Capetown, 1965); P. W. Garmon/St. Levensohn, *A Critical Commentary: T. S. Eliot's Murder in the Cathedral and Selected Poems,* Monarch Notes and Study Guides, Nr. 782-3 (New York, 1965); G. Brenning, *Erläuterungen zu T. S. Eliot „Mord im Dom" und Jean Anouilh „Becket oder die Ehre Gottes",* Wilhelm Königs Erläuterungen zu den Klassikern, Nr. 114/115 (Hollfeld, Obfr., 1966); W. P. Kenny, *T. S. Eliot's "Murder in the Cathedral" and Other Works: A Critical Commentary* (New York, 1966) ; F. Kuna, *T.S. Eliot.* Friedrichs Dramatiker des Welttheaters, Bd. 64 (Hannover, 1968); M. Browne, *The Making of T.S. Eliot's Plays* (Cambridge, 1969).

6 Vgl. etwa Denis Donoghue, *The Third Voice* (Princeton, 1959).

7 F. Kuna, *T. S. Eliot,* 94.

8 H. Galinsky, „T. S. Eliots *Murder in the Cathedral.* Versuch einer Interpretation", *Die Neueren Sprachen* (1958), 304 — 323, hier: 318.

9 H. Galinsky, „T. S. Eliots *Murder in the Cathedral* als Schullektüre", *Die Lebenden Fremdsprachen* (1951), 161 — 167, 195 — 201, 232 — 237, 266 — 271, 289 — 298.

10 Galinsky verwendet hier einen aus W. Flitner, *Die abendländischen Vorbilder und das Ziel der Erziehung* (1947) übernommenen Begriff.

11 F. Kuna, *T. S. Eliot,* 34.

12 H. Galinsky, „T. S. Eliots *Murder in the Cathedral.* Versuch einer Interpretation", 320.

Bernfried Nugel

Eugene O'Neill: *A Touch of the Poet*

I

Bei der Analyse und Wertung von O'Neills dramatischem Werk haben Literatur- und Theaterkritiker fast die gesamte Bandbreite literarischer Genre- und Stilkategorien bemüht und nicht selten für ein und dasselbe Stück in Anspruch genommen: Tragödie oder gar griechische Tragödie, Komödie, Tragikomödie, historisches Drama und Melodrama auf der einen Seite, zum andern Realismus, Naturalismus, Expressionismus und Symbolismus. Dies mag für die Vielfalt unterschiedlichster Elemente in den Dramen selbst und für ihren experimentellen Charakter sprechen, oft jedoch spiegeln sich darin lediglich die als wissenschaftlich und künstlerisch gesicherte Erkenntnis ausgegebene Voreingenommenheit der Kritiker und ihre Tendenz zur dogmatischen Festschreibung literarkritischer Begriffe. Vor allem umfassende Kategorien wie die oben genannten verkehren sich schon bei etwas engerer, idealtypologischer Festlegung etwa im Sinne der „wahren" Tragödie oder des „wahren" Expressionismus in willkürlich einschränkende und ausschließende Begriffsraster. O'Neill selbst hat sein Unbehagen an einer solchen einengenden Begriffsverwendung zu erkennen gegeben, indem er auf scheinbar paradoxe Weise vom wegweisenden *supernaturalism* eines Strindberg oder von seinem eigenen Streben nach *unreal realism* sprach.[1]

In der Tat kann es für eine Literaturwissenschaft, die die historische Komponente ihrer Begriffsbildung ernstnimmt, nur „offene" Begriffe geben, d.h. Begriffe, die bei präziser Bestimmung und Anerkennung ihrer historisch belegten Verwendungsweisen gleichzeitig einem ständigen Prozeß der Veränderung und Ergänzung offenstehen. Eine solche Offenheit ist eine notwendige Voraussetzung für die sachgerechte Auseinandersetzung mit neuartigen literarischen Werken und wird nicht zuletzt durch die Eigengesetzlichkeit eben dieser Werke erzwungen. Gerade im Falle moderner Dramatiker benötigt der Interpret und Kritiker mithin ein offenes Dramenmodell, wie es beispielsweise Pfister von literaturwissenschaftlicher und Schik von literaturdidaktischer Seite vorgeschlagen haben.[2] Sie postulieren im wesentlichen fünf allgemeine Strukturkomponenten eines Dramas: *Handlung, Figuren, Sprache, Bühnendarstellung* sowie *Zeit und Raum* – Kategorien übrigens, die alle trotz vielfältiger Modifikation schon seit Aristoteles' *Poetik* und der europäischen Aristoteles- und Horazrezeption zum Grundbestand der Dramentheorie gehören. Fügt man noch hinzu, daß diese Komponenten nicht als statische Bestandteile im Sinne der zwar beliebten, aber vereinfachenden Flächen- und Architekturmetaphern (Stichwörter: Ebenen, Aufbau), sondern als dynamische, dem Prinzip dramatischer Auseinandersetzung und Sukzession unterliegende Elemente der Gesamtstruktur zu verstehen sind, besitzt man ein flexibles Dramenmodell, dessen Kategorien weitgehend durch die Akzentsetzungen in dem zu interpretierenden Werk ausgefüllt und konkretisiert werden können. Damit berühren wir eine für den Rezipienten jedweder Altersstufe zentrale Frage aller Interpretation: Wieweit und wie explizit trägt ein literarisches Werk zu seinem eigenen Verständnis bei? Immerhin entscheidet die Antwort auf diese Frage über den für die Interpretation erforderlichen Aufwand an literaturwissenschaftlichem Instrumentarium und an literaturdidaktischen Legitimations- und Vermittlungsstrategien. Es soll deshalb in diesem Beitrag unter Zurückstellung literarhistorischer und spezieller fachdidaktischer Aspekte versucht werden, am Beispiel von *A Touch of the Poet*[3] das herauszuarbeiten und für den Literaturunterricht nutzbar zu machen, was man „werkinhärente Literaturdidaktik" nennen könnte.

Spätestens seit Wolfgang Isers Buch *Der implizite Leser* (1972) wissen wir, daß es Strategien der Leserlenkung gibt. Jeder Autor muß bemüht sein, eine stillschweigende Übereinkunft mit dem Rezipienten zu erzielen, indem er sich entweder auf bestehende literarische Konventionen bezieht oder neue Konventionen etabliert. Dabei kommt naturgemäß dem Anfang jedes literarischen Werkes ein besonderes Gewicht zu. Gelingt es nämlich einem Autor nicht, dem Rezipienten die von ihm gewählten Konventionen von Anfang an klarzumachen und überzeugend auszufüllen, wird das Verständnis späterer Passagen beeinträchtigt oder gar unmöglich gemacht. In den Dramen O'Neills hingegen findet sich ein deutliches, zum Teil auch überdeutliches Bemühen um den Rezipienten, und Theaterkritiker haben ihm nicht von ungefähr eine Tendenz zum *overwriting* nachgesagt.

II

1. Wenden wir uns unter diesem Blickwinkel dem Anfang von *A Touch of the Poet* zu, so fällt als erstes O'Neills detaillierte und mit kommentierenden Akzenten versehene Beschreibung der Szenerie ins Auge. Der Autor entwirft hier nicht nur − wie sonst in Inszenierungsanweisungen üblich − ein exaktes Bühnenbild des Speisesaals in Melodys Wirtshaus, sondern er geht auch auf Aspekte ein, die sich als solche gar nicht auf der Bühne darstellen lassen. So informiert er vor allem andern über die Geschichte des Wirtshauses und betont dabei den Gegensatz zwischen früheren guten und gegenwärtigen schlechten Zeiten:

> The tavern is over a hundred years old. It had once been prosperous, a breakfast stop for the stagecoach, but the stage line had been discontinued and for some years now the tavern has fallen upon neglected days. (7)

Nicht genug damit, wird dieser Niedergang auch noch in paralleler Formulierung an der Veränderung der Innenkonstruktion des Wirtshauses demonstriert:

> The dining room and barroom were once a single spacious room, low-ceilinged, with heavy oak beams and paneled walls — the taproom of the tavern in its prosperous days, now divided into two rooms by a flimsy partition, the barroom being off left. The partition is painted to imitate the old paneled walls but this only makes it more of an eyesore. (7)

Als sichtbaren Beweis des Niederganges ("prosperous" – "now") hebt O'Neill die unecht und billig wirkende Trennwand hervor ("flimsy", "imitate", "eyesore"), die frühere Einheit und Größe nur vortäuscht. Daß der Zweiteilung des Raumes und der Trennwand aus der Sicht des Autors eine entscheidende Bedeutung für das sich in diesen Räumlichkeiten abspielende Leben zukommt, ist mithin unbestreitbar, nur muß diese Akzentsetzung zunächst noch eine Leerstelle bleiben, die erst später durch die Handlung des Stückes ausgefüllt werden kann.

Immerhin befindet sich der Leser des Dramas schon hier im Vorteil gegenüber dem Zuschauer. Selbst der geschickteste Bühnenbildner kann nur versuchen, die Trennwand möglichst stark als störendes Element hervorzuheben, vermag aber nicht die weiter reichende Geschichte des Wirtshauses und den genauen Zeitrahmen der Szene[4] sichtbar zu machen. Ein augenfälliges Beispiel dafür ist O'Neills eigenhändige Bühnenskizze zu *A Touch of the Poet* (vgl. A 1).[5] Sie zeigt exakt die gegenständlichen Charakteristika des Innenraums, wie sie in den Paragraphen 3 und 4 der einleitenden Bühnenanweisung beschrieben werden: Türen, Fenster, Mobiliar; die Skizze deutet aber nichts von der Geschichte des Wirtshauses und der Veränderung des Innenraums an.

Hier wird wie durchgängig im gesamten Drama eine Bedeutungsdifferenz zwischen Dramentext und tatsächlicher Bühnenaufführung greifbar, die von Literaturwissenschaft und Literaturdidaktik zwar prinzipiell erkannt, aber in der O'Neillschen Variante bisher nicht eingehend analysiert worden ist. Denn die pauschale Formel von der „Plurimedialität" des Dramas, oder konkreter gesagt, die Einsicht, daß „das Drama im Gegensatz zur Epik und Lyrik nicht allein eine literarische Form [ist], sondern literarische *und* gegenständliche Kunst zugleich"[6], läßt entweder die jeweilige Akzentuierung eben jener Korrelation zwischen Text und Aufführung ungeklärt oder tendiert dahin, den Text als eine unter mehreren anderen Komponenten der Aufführung abzuwerten. Zwar ist es richtig, daß sich ein Drama als Kunstwerk erst in der Aufführung voll verwirklichen kann und insofern prinzipiell — wenn man so will — eine höhere Seinsstufe erreicht als der der Planungsstufe zuzurechnende Text; zwar ist jeder Dramentext ein dramaturgischer, d.h. auf die Aufführung ausgerichteter Text. Aber gerade darin liegt auch die Konsequenz, daß die Aufführung als lückenlose Verwirklichung des als Gesamtplan verstandenen Textes kein Plus an dramatischen Ideen aufweisen darf und im Normalfall die intendierte Bedeutungsqualität und -quantität immer nur annähernd vollständig realisieren kann.

O'Neill geht nun noch einen Schritt weiter, indem er in seinen dramaturgischen Text Elemente der Milieu- und Figurenbeschreibung einfügt, die sich nicht unmittelbar in Bühnendarstellung umsetzen lassen, dem Interpreten, insbesondere dem Regisseur, aber helfen, das Milieu, die Atmosphäre und die Eigenart der Figuren besser zu erfassen.[7] Hierin zeigt sich zum einen sicherlich O'Neills extremes Bestreben, die Komponenten der von ihm konstruierten Dramenwelt genauestens festzulegen und so die Aufführung möglichst bis ins letzte Detail zu kontrollieren, d.h. die Bühnenanweisungen bieten explizit einen wichtigen Teil werkinhärenter Literaturdidaktik dar. Zum andern weist die offensichtliche Bedeutungsdifferenz den *Leser* von O'Neill-Dramen um so stärker darauf hin, daß er sich bei der Lektüre von *A Touch of the Poet* auf der Planungsstufe und mithin ganz im Rahmen von O'Neills Konzeption des jeweiligen Dramas bewegt, die möglicherweise eine wesentlich größere Geschlossenheit aufweist, als eine Aufführung sie überhaupt verwirklichen kann. Die literaturdidaktische Konsequenz muß daher sein, den Bedeutungsgehalt des Dramentextes möglichst durchgängig mit den Bedingungen der Aufführungspraxis zu konfrontieren, um so eine ausgewogenere Einschätzung des Dramas als Kunstwerk zu erreichen.

2. Nach der übergenauen Festlegung von Zeit und Raum läßt O'Neill das Bühnengeschehen in langsamstem Tempo, im untersten Bereich der Figurenkonstellation, als Minimalhandlung und in den Niederungen der anglo-irischen Sprache beginnen. Der Barkeeper Mickey Maloy und Jamie Cregan, der sich bald als überraschend aufgetauchter Vetter des Wirtshausbesitzers Cornelius (oder Con) Melody herausstellt, beide in der Bühnenanweisung als offensichtliche Iren geschildert (8) und durch ihren irischen Dialekt ("Irish brogue") auch als solche gekennzeichnet, begrüßen nach einer durchzechten Nacht den neuen Morgen mit einer in den Augen des Autors offenbar typisch irischen Zeremonie: Maloy hilft Cregan, die unangenehmen Folgen des Alkoholgenusses zu vertreiben, indem er ihm wieder Whiskey anbietet. "A hair av the dog is what I need" (9), sagt Cregan getreu der Spruchweisheit "A hair of the dog that bit you", die empfiehlt, ein Übel durch eben dieses Übel selbst zu kurieren. Über die komischen Aspekte dieser Vorliebe für Alkohol hinaus setzt O'Neill ernstere Akzente: Maloy und Cregan bedienen sich ohne Hemmungen aus dem privaten Whiskeyvorrat Melodys ("his private dew", 9), den er in einem Schränkchen an der Trennwand (vgl. Skizze, A 1) für besondere Fälle aufbewahrt. Sie kennen sich offenbar in seinen Privatangelegenheiten aus, sie bewundern seine extreme Verbundenheit mit dem Alkohol ("Lave it to Con never to be caught dry . . .", 9), und sie wissen sich in diesem Punkt mit ihm einig, wie es sich in Cregans übersteigerter Apostrophe an den Whiskey und der gleichzeitigen Einbeziehung Melodys ausdrückt:

> God bless you, Whiskey, it's you can rouse the dead! Con hasn't been down yet for his morning's morning? (9)

Nach diesem Auftakt wird – und dies ist für den gedanklichen Rahmen der Szene wie überhaupt des gesamten Dramas bedeutsam – die dem Whiskey zugesprochene Fähigkeit, Tote und Vergangenes zum Leben zu erwecken, zweifach demonstriert. Einmal erinnert sich Cregan in der gegenwärtigen

Situation, während der Whiskey seine Kopfschmerzen zu dämpfen beginnt, an die von ihm zum Teil miterlebte Lebensgeschichte Melodys, und zum anderen frischt Maloy Cregans Gedächtnis hinsichtlich dessen auf, was er – Cregan – in der vorangegangenen Nacht im Alkoholrausch über Melody aus der Erinnerung ausgeplaudert hat. In beiden Situationen aber läßt der Alkoholeinfluß die Tatsachenbehauptungen nicht etwa unglaubhaft erscheinen, sondern O'Neill betont hier von den verschiedenen Wirkungen des Alkohols gerade diejenige, die Menschen dazu bringt, ohne falsche Hemmungen die Wahrheit zu sagen.[8] So bestätigt Cregan bei der Rekapitulation wesentlicher Tatsachen aus Melodys Leben jedesmal die Wahrheit des im Alkoholrausch Behaupteten. Dadurch erhält der Zuschauer in additiver Form, aber unter dem Siegel der Zuverlässigkeit und mit dem Reiz des Geheimnisses versehen, alle Informationen über Melody, die er zur richtigen Beurteilung späterer Vorgänge braucht, etwa Melodys Abstammung von einem "thievin' shebeen keeper" (11), seine Erziehung zum "true gentleman" (12), seine Neigung zu Duellen, seine Tapferkeit im Spanischen Krieg zwischen England und Frankreich, seine unwiderstehliche Wirkung auf Frauen, seine Ausstoßung aus der britischen Armee wegen eines Ehebruchs mit anschließendem Duell, seine Auswanderung von Irland nach Amerika, seine erfolglose Annäherung an die in Neu-England herrschende Adelsschicht ("the damned Yankee gentry", "their modern Yankee airs", 13), seine dennoch weiterbestehende Mißachtung der anderen irischen Einwanderer ("scum beneath his notice", 13) und schließlich seine zwischen Verachtung und Liebe schwankende Haltung gegenüber seiner Frau Nora.

O'Neill überträgt hier Maloy und Cregan anscheinend dermaßen durchsichtig Aufgaben der dramatischen Exposition, daß ein Kritiker von dramaturgischer Ungeschicktheit gesprochen hat.[9] Von der Charaktermotivation her gesehen, ist es in der Tat naiv und wenig überzeugend, daß Cregan Maloy so ausführlich über Dinge informiert, die jener zum Teil schon weiß. Beachtet man aber die Betonung des Kommunikationsrahmens und der im O'Neillschen Sinne irischen Züge der Szene wie Alkoholeinfluß und damit zusammenhängende Wahrheitsfindung und Mitteilsamkeit, so ist diese aufdringlich erscheinende Exposition eher als komisch-ernster Ausfluß des Milieukontextes zu verstehen. Eine entsprechende Bühnendarstellung dieser Szene würde verdeutlichen, wie sehr es O'Neill darauf ankommt, die milieubedingten Ausgangsvoraussetzungen zum Verständnis des Dramas zweifelsfrei festzulegen. Dies sind neben dem Gegensatz zwischen nichtadligen und adligen Aspekten in der Person Melodys die Konstituierung des althergebrachten irischen Bauern- und Adelsmilieus gegenüber der wesensfremden modernen Lebensform der New England Yankees, die lebensbestimmende Bedeutung des Whiskeys und schließlich auch die das Rollenspiel der Figuren betreffende Erkenntnis, daß selbst einfache Leute die Wahrheit über Melodys Vorleben wissen, wenn sie sie auch aus Rücksicht, Opportunismus oder gar Angst für sich behalten, wie Maloy und Cregan am Ende ihres Gesprächs zu erkennen geben. Dadurch wird gleichzeitig die Erwartung des Zuschauers deutlich auf die Hauptfiguren ausgerichtet, die diese Reaktionen der Nebenfiguren bedingen, und damit auch auf die Einführung handlungsbestimmender Konflikte.

3. In der Tat zeigen O'Neills Akzentsetzungen in der Handlungsführung und Figurendarstellung weiterhin sein intensives Bemühen um das Verständnis und Interesse des Zuschauers. So bringt der sich ankündigende Auftritt von Melodys zwanzigjähriger Tochter Sara Bewegung in die Szene: Cregan zieht sich eilig zurück, da er wegen des Zechgelages Vorwürfe von Sara erwartet, und Maloy entschließt sich erst in einer Art Trotzreaktion zum Bleiben. Schon dadurch wird Sara, noch ehe sie auf der Bühne erscheint, als Respekt einflößende Person von Rang vorgestellt.[10] Die Art ihres Auftretens gegenüber Maloy demonstriert denn auch ihre soziale und charakterliche Überlegenheit. Einmal bedient sie sich bewußt der gehobenen Umgangssprache ohne irische Färbung, zum anderen überprüft sie den Umsatz des Wirtshauses an Hand von Maloys Barbuch, straft ihn weitgehend mit Nichtachtung oder verweist ihn in seine Schranken, da sie ihn für einen arbeitsscheuen Nichtsnutz hält. Maloy beklagt sich über Saras "airs of a grand lady" (16) sowie ihr "high horse" (17) und kann sie nur aus ihrer Reserve locken, indem er Andeutungen über ihre Liaison mit Simon Harford, dem Sohn einer hochherrschaftlichen reichen Yankee-Familie, macht, den sie im Obergeschoß des Wirtshauses gesund pflegt (vgl. Skizze, A 1).

Hierbei werden erste Anzeichen eines Handlungskonfliktes erkennbar: Sara fürchtet sich vor dem von Maloy berichteten Auftauchen der Mutter Simons und sieht ihr Verhältnis zu Simon gefährdet. Immer wieder hebt O'Neill hervor, wie sehr es Sara darum geht, daß sie und ihr Milieu einen guten Eindruck auf Simons Mutter machen (19). Insgesamt verdeutlicht schon diese Szene, daß sich Sara in einer Mittelposition zwischen irischem Bauernmilieu ("peasants", verkörpert durch Maloy) und modernem Neu-England-Milieu ("Yankee gentry", verkörpert durch Simon und seine Mutter) befindet und anscheinend über Simon Harford den Aufstieg in dessen Milieu anstrebt.

Mit dem Auftritt Noras, der Mutter Saras, gewinnt der sich abzeichnende Konflikt eine weitere Dimension. Das Gespräch zwischen beiden zeigt, daß Sara in die Probleme ihrer Familie eingebunden ist und ihr Verhältnis zu Simon nicht in freier Entscheidung gestalten kann. Aus Liebe zur Mutter trägt sie mit ihr zusammen die Last, das Wirtshaus vor dem ständig drohenden finanziellen Ruin zu bewahren, der durch die aufwendige aristokratische Lebensweise ihres Vaters heraufbeschworen wird. O'Neill macht dies sinnfällig, indem er Sara fast während des gesamten Gesprächs mit Maloy und Nora die Zahlen des Barbuchs überprüfen läßt. Außerdem sieht sie sich zu der Erniedrigung gezwungen, mit ihrem Charme einen Zahlungsaufschub von einem Yankee-Kaufmann zu erbetteln. Beides verleiht ihr bei aller Liebe zur Mutter zugleich einen berechnenden, pragmatischen Zug.

Nora hingegen erscheint als eine großzügige, selbstlose Frau, die sich zugrunde arbeitet und alles opfert, um ihrem Mann seine Gentleman-Ambitionen zu ermöglichen. Sie vertritt in der Familie der Melodys das irische

Bauerntum in Reinform, was sprachlich an ihrem irischen Dialekt abzulesen ist, und sie fungiert insofern als dramatisches Korrektiv zu den Ambitionen Melodys und Saras, die beide ihre bäuerliche Herkunft verdrängen.[11] Mit elementarem Familiensinn versucht sie, die Spannungen zwischen Melody und Sara abzubauen, gerät aber eben deshalb um so stärker in den Sog des familiengefährdenden Konfliktes.

Dabei wird das für O'Neill charakteristische Prinzip der Dialogführung deutlich: Es geht ihm um die konsequente, ja schonungslose Aufdeckung der Wahrheit über die Personen. So erreicht die emotionsgeladene Auseinandersetzung zwischen Nora und Sara in wirkungsvoller Steigerung den Punkt, an dem beide zu einem grundsätzlichen Bekenntnis ihrer inneren Einstellung gezwungen werden. Noras Verteidigung von Melodys Lebensweise gründet auf ihrem Ideal bedingungsloser Liebe ("I've pride in my love for him!", 25), und Saras Haßtiraden gegen ihren Vater beruhen auf ihrer Überzeugung, ihren Lebenstraum nur im Rahmen des Neu-England-Milieus verwirklichen zu können ("Oh, if I was a man with the chance he had, there wouldn't be a dream I'd not make come true!", 27).[12] Noras Bekenntnis wird von Sara ausdrücklich respektiert ("You're a strange woman... And a grand woman!", 27), und indem O'Neill es als Höhepunkt einer realistisch gezeichneten Auseinandersetzung präsentiert, gewinnt es an menschlicher Überzeugungskraft und erscheint trotz seiner idealistischen Ausrichtung als individuell realisierbar. Saras Bekenntnis hingegen erhält sein Gewicht nicht nur als letzte Konsequenz einer engagierten Diskussion, sondern auch dadurch, daß es den Situationskontext übersteigt und als explizite Enthüllung von Saras Lebensprinzip für den Zuschauer gedacht ist: Denn O'Neill läßt Nora gerade in diesem Augenblick ihren eigenen Gedanken nachhängen und ihrer Tochter gar nicht zuhören (27).[13]

Dem Verhältnis Saras zu ihrem Vater stellt O'Neill sodann im zweiten Teil des Gesprächs zwischen Mutter und Tochter Saras Beziehung zu Simon Harford gegenüber und konzentriert so die bisher angeschlagene Thematik schärfer auf ihren Brennpunkt. Die Themen „Melody" und „Simon" waren vorher in getrennten Szenen und in unterschiedlicher Personenkonfiguration (Maloy – Cregan; Maloy – Sara) eingeführt worden; nun werden ihre Auswirkungen auf die Familie der Melodys, vor allem auf Sara, in der gleichen Szene und in der gleichen Personenkonfiguration aufgezeigt. Nach Saras Schilderung von Simons einsamem Leben am See und seinen idealistischen Weltverbesserungsplänen[14] läßt O'Neill Nora die beiden Themen unter auffälliger Verwendung des Dramentitels eng aufeinander beziehen:

> NORA: Well, it's easy to tell young Master Harford has a touch av the poet in him –
> *She adds before she thinks* – the same as your father.
> SARA, *scornfully:* God help you, Mother! Do you think Father's a poet because he shows off reciting Lord Byron? (30)

Sowohl die Bühnenanweisung für Nora (*"She adds before she thinks"*) als auch Saras verächtliche Einschränkung weisen jedoch darauf hin, daß zwischen

Simons und Melodys Beziehung zur Poesie ein Unterschied besteht: Simon nämlich schreibt selbst Gedichte, Melody rezitiert Byron nur aus Geltungssucht. Immerhin aber liegt die große Anziehung, die beide auf ihre weiblichen Partner ausüben, in ihrem "touch of the poet" begründet, d.h. in der Tatsache, daß sich beide in der so andersartigen, die Alltagsrealität übersteigenden Welt der Poesie bewegen.
Bei Sara wird allerdings gleichzeitig das schon vorher akzentuierte pragmatische Motiv erkennbar. Sie liebt Simon, aber nur soviel, daß sie die Freiheit, ihr Leben nach eigenen Zielen zu gestalten, nicht völlig aufgeben muß:

> I want to love him just enough so I can marry him without cheating him, or myself. *Determinedly*. For I'm going to marry him, Mother. It's my chance to rise in the world and nothing will keep me from it. (31)

Damit ist Saras Handlungsintention klar formuliert und die dramatische Relevanz des Sara-Simon-*plot* eindeutig etabliert: Sara wird mit allen Mitteln um ihre Heirat mit Simon kämpfen. Gefahr droht ihr dabei hauptsächlich, wie sie noch einmal hervorhebt, von Simons Mutter (31) und von ihrem Vater, dessen Gentleman-Ambitionen sie an das Wirtshaus fesseln (33).

4. An diesem Punkt des 1. Aktes ist somit von der Handlungsführung und der Figurenkonstellation her alles für den vom Zuschauer mit Spannung erwarteten Auftritt Melodys vorbereitet. Dramaturgisch geschickt läßt es O'Neill jedoch noch nicht zu einer längeren Konfrontation zwischen Sara und Melody kommen, sondern deutet ihr gespanntes Verhältnis nur in einer knappen gegenseitigen Begrüßung und durch entsprechende Mimik und Gestik an[15], um dann im Gespräch zwischen Melody und Nora dem Zuschauer zunächst Melodys Verhalten im emotionalen Normalzustand vorzuführen.[16] Betont werden vor allem sein herrisches und herablassendes Auftreten gegenüber seiner Frau, aber auch sein jähes Umschwenken zu Gewissensbissen und tiefem Brüten. Nora jedoch — und hier demonstriert O'Neill, daß ihr Lebensprinzip der bedingungslosen Liebe tatsächlich gelebt werden kann — nimmt alle Demütigungen mit bewundernswerter Gefaßtheit auf und schreibt sie einfach den Nachwirkungen des Alkoholrausches zu. Milieukonform versucht sie, Melodys Reizbarkeit gemäß der gleichen Spruchweisheit wie am Anfang Cregan durch einen erneuten Schluck Whiskey zu bekämpfen: "Maybe it's a hair av the dog you're needin'" (36). Whiskey wird wieder als Medizin benutzt (37), und Melody bleibt wie die anderen irischen Einwanderer in den ewigen Kreislauf des Alkohols eingebunden.
Nora hingegen braucht nicht mehr als die wenigen Momente, in denen Melodys frühere Liebe zu ihr aufblitzt: er klopft ihr schuldbewußt auf die Schulter (37), tätschelt zärtlich ihre Hand, während seine Stimme vor Rührung bricht (39), und er küßt sie sogar (42), nur um sich im nächsten Augenblick seiner Regungen zu schämen und wieder den überlegenen Gentleman hervorzukehren. Allerdings deutet O'Neill auch an, daß Nora nicht ganz schuldlos an Melodys Verhalten ist. Ihre alles duldende Liebe ermutigt ihn

geradezu zu seinen extremen Reaktionen. So würde er, falls sie ihm einmal wegen seiner Trunksucht offen die Meinung sagte, mehr Respekt für sie empfinden (36), und ein andermal fragt er selbstkritisch, nachdem er ihr ihren irischen Dialekt vorgehalten hat:

> But in God's name, who am I to reproach anyone with anything? Why don't you tell me to examine my own conduct? (41)

Neben dieser differenzierten Charakterisierung, die Melody wenigstens zum Teil als Mensch sympathisch macht, wird auch ein handlungsbestimmendes Moment greifbar: Melody beabsichtigt, den Jahrestag der Schlacht von Talavera zu feiern, nach der er im Jahre 1809 von Wellington wegen besonderer Tapferkeit ausgezeichnet worden war. Das Heraussuchen der Uniform und die Planung des abendlichen Festessens markieren den Beginn des Melody-*plot*, der auf die Vergegenwärtigung und Bewahrung von Melodys ruhmvoller aristokratischer Vergangenheit ausgerichtet ist. Wie bei Nora und Sara gelangt die Darstellung dieses Lebenstraumes, der Melodys Selbstverständnis prägt, über mehrere Zwischenstufen[17] – parallel zur zunehmenden Wirkung des Whiskeys – zu einem Höhepunkt, der die Wahrheit über Melodys Charakter in aller Eindringlichkeit enthüllt. Dies ist die überaus bühnenwirksame Szene, in der sich Melody nach Abschluß des Gesprächs mit Nora im Spiegel an der Trennwand (vgl. Skizze, A 1) betrachtet und sich mit Hilfe von Byron-Versen die Illusion von Größe und Unbeugsamkeit vorgaukelt:[18]

> Thank God, I still bear the unmistakable stamp of an officer and a gentleman. And so I will remain to the end, in spite of all fate can do to crush my spirit! (...)
> "I have not loved the World, nor the World me;
> I have not flattered its rank breath, nor bowed
> To its idolatries a patient knee,
> Nor coined my cheek to smiles, – nor cried aloud
> In worship of an echo: in the crowd
> They could not deem me one of such – I stood
> Among them, but not of them ..."
> *He pauses, then repeats:*
> "Among them, but not of them." By the Eternal, that expresses it! Thank God for you, Lord Byron – poet and nobleman who made of his disdain immortal music! (43)[19]

Melodys Byron-Pose enthält neben komischen Aspekten wie Eitelkeit, Übertreibung, elitärem Gebaren, Pseudo-Tragik und Selbstmitleid auch ernste Implikationen: Sie ist der poetisch-theatralische Ausdruck und zugleich die Bestärkung seiner unerschütterlichen Überzeugung, daß ein in seinen Augen ungerechtes Schicksal – seine Ausstoßung aus der Armee – nicht einfach die Werte eines Offiziers und Gentleman zunichte machen kann. Gäbe er dies zu, dann müßte er sein ganzes Leben, das er ja von Anfang an nach dem Adelskodex ausgerichtet hatte, aus dem Gedächtnis streichen und würde als menschliches Nichts dastehen.

Gleichzeitig kennzeichnet O'Neill die Gefährlichkeit romantischer Poesie prägnant in der Gestalt Lord Byrons: "(...) poet and nobleman who made of his disdain immortal music!"). Romantische Dichtung kann zur heroischen Verklärung von negativen Lebenseinstellungen führen ("nobleman", "disdain"), vor allem bei Gemütern wie Melody, die für die Kunst ("poet", "immortal music") empfänglich sind. Auch hier klingt, wie schon bei Sara[20], eine Beziehung zwischen dem Wort *music* und dem Namen Melody an. Gerade von Sara aber, die die romantische Pose ihres Vaters verachtet, läßt O'Neill — und dies zeugt von seinem Sinn für dramatische Effekte — Melody bei seiner Byronschen Selbstbespiegelung überraschen und als komische Figur entlarven. Die Konfrontation zwischen beiden steigert sich mit zunehmender Heftigkeit in drei Stufen bis zur beiderseitigen Erkenntnis der Unvereinbarkeit ihrer Lebensprinzipien. Zunächst unterläuft Sara Melodys freundliches Gentleman-Gebaren mit Vorwürfen gegen seine kostspielige Lebensweise[21] und indem sie ihn voller Spott scheinbar unterwürfig im irischen Dialekt anredet. Sodann wehrt sie sich entschieden gegen seine Absicht, ihre Heiratspläne dazu zu benutzen, um endlich selbst Anerkennung bei der amerikanischen Oberschicht zu finden ("Please remember I have my own position to maintain", 50). Herablassend erkennt er Simons Familie als ihm selbst annähernd gleichrangig an und heißt an Simon vor allem dessen "romantic touch of the poet" (48) gut. Als er schließlich gemäß altem Adelsbrauch sogar eine Mitgift für Sara in Aussicht stellt, für die natürlich nicht die geringste finanzielle Grundlage vorhanden ist, erkennt Sara entsetzt, daß Melodys rigorose Anwendung seines Adelskodex auf ihr Verhältnis zu Simon eine reale Bedrohung ihrer zukünftigen Existenz bedeutet.

Damit ist der grundsätzliche Handlungskonflikt zwischen Melody-*plot* und Sara-Simon-*plot* konstituiert. Trotz eines offenbar nicht geringen Maßes an gegenseitiger Zuneigung muß Sara gegen die Traumwelt ihres Vaters[22] und Melody gegen Saras moderne Einstellung kämpfen. Obwohl O'Neill betont, daß beide darunter leiden, vermeidet er an dieser Stelle noch die allerletzte Zuspitzung: er läßt Melody durch seine von ihm freigehaltenen Trinkkumpane Dan Roche, Paddy O'Dowd und Patch Riley in die Bar holen. Dieses Dreiergespann, von Sara spöttisch als Melodys Gefolge bezeichnet (54), übt offensichtlich Narrenfunktionen aus und verleiht dem 1. Akt einen komischen Ausklang. Doch setzt O'Neill gleichzeitig einen ernsten Akzent: Melodys Nora brüskierende Zurückweisung des Frühstücks und Noras hilfloses Schluchzen zeigen am Schluß des Aktes exemplarisch, wie sehr Melodys Umgebung unter seinem exzentrischen Verhalten leiden muß.

III

Insgesamt darf man auf Grund der Untersuchung des 1. Aktes von *A Touch of the Poet* behaupten, daß das Drama schon in seinem Anfangsteil in hohem Maße und auf weitgehend explizite Weise zu seinem eigenen Verständnis beiträgt. Alle fünf allgemeinen Kategorien der Drameninterpretation werden durch den 1. Akt detailliert ausgefüllt. Charakteristisch für O'Neill ist dabei die zum Teil überdeutliche Festlegung der von ihm konstruierten Dramenwelt auf der Planungsstufe des Dramas, die oft über das Maß des auf der Bühne Darstellbaren hinausgeht. Zeit und Raum werden konkretisiert als Überlagerung von irischem Milieu und Yankee-Milieu im Speiseraum von Melodys Wirtshaus, die Figurenkonstellation stellt sich dar als differenziertes, bis in die Details hinein konsequentes Zusammenspiel der Lebensprinzipien und körperlich-geistigen Eigenart der Charaktere, die Handlung zeichnet sich mit zunehmender Schärfe ab als unvermeidlicher, in den Handlungszielen der Figuren begründeter Konflikt zwischen Melody-*plot* und Sara-Simon-*plot*, und die Sprache wird bewußt als Gradmesser sozialer Rangordnung (vgl. etwa Saras gezielte Benutzung des irischen Dialektes) und als Indikator individueller Einstellungen (vgl. etwa Melodys poetische Byron-Pose) verwandt. Dies sind wichtige dramatische Konventionen, über die O'Neill von Anfang an mit dem Rezipienten eine Übereinkunft erzielen will, so daß sie auch für die restlichen Akte des Dramas Geltung besitzen können.

Eben diese Anlage von *A Touch of the Poet* kommt literaturdidaktischen Intentionen in starkem Maße entgegen, gestattet sie doch eine weitgehend vom Werk selbst gelenkte, hier als werkinhärent bezeichnete Einführung und Einübung von Schülern in die Interpretation des Dramas. Daraus könnte sich folgendes variable Modell für die Behandlung des Stückes im Englischunterricht der Sekundarstufe II ergeben:[23]

– In der ersten, stärker vom Lehrer kontrollierten Phase der Beschäftigung mit dem Drama erschließt die Klasse gemeinsam den 1. Akt in der hier vorgeschlagenen Form.

– Die zweite Phase kann der Eigeninitiative der Schüler größeren Spielraum gewähren. Gestützt auf das in der ersten Phase gewonnene Verständnis der Ausgangsvoraussetzungen des Dramas und ausgerüstet mit den dabei erprobten Kategorien der Drameninterpretation, können die Schüler einzeln oder in Gruppen wichtige Aspekte des 2. bis 4. Aktes erarbeiten und ihre Beobachtungen im Unterricht zur Diskussion stellen. Für eine solche individuelle Erforschung der letzten drei Akte bietet das Drama selbst genügend Rückhalt, da sich O'Neill bei aller Variation streng an die im 1. Akt vorgegebenen dramatischen Konventionen hält.

Die jeweilige Aufgabenstellung, die durchaus Anregungen aus der Sekundärliteratur aufgreifen sollte (vgl. die Materialien im Anhang), könnte sich dabei an folgenden Leitlinien orientieren:

1. *Zeit und Raum*: Auf den ersten Blick scheinen die Kategorien von Zeit und Raum durch das ganze Drama hindurch äußerst eingeschränkt und unverändert gehandhabt zu werden. Das Bühnengeschehen spielt sich am Morgen (1. und 2. Akt) und am Abend sowie in der Nacht des gleichen Tages ab (3. und 4. Akt). Der Bühnenraum bleibt, abgesehen von leichten Veränderungen für das Festessen bei Kerzenlicht im 3. Akt, in allen vier Akten der gleiche Speisesaal in Melodys Wirtshaus. Dadurch werden mit zunehmender Dauer des Stückes immer stärker der enge Lebensraum und die unveränderlichen Konventionen des Milieus sinnfällig gemacht, die die Figuren fesseln. Dane-

ben aber gibt es Passagen, die deutlich über die Zeitspanne des Bühnengeschehens hinausreichen, etwa die Berichte und Anspielungen hinsichtlich Melodys Vorleben, die Bezüge zum Präsidentschaftswahlkampf des Jahres 1828, Melodys eigene Erinnerungen an die Schlacht von Talavera und seine Jagdfreuden auf Melody Castle (z. B. im 3. Akt, 102 − 103) und die Erläuterung der Familiengeschichte der Harfords durch Simons Mutter Deborah im 2. Akt (82 − 84). Solche Textstellen machen die starke Einwirkung der Vergangenheit auf die Gegenwart deutlich.

Auch die Kategorie Raum weitet sich über den Innenraum des Wirtshauses aus. Denn im Speisesaal überschneiden sich die beiden gegensätzlichen Milieus, in denen oder zwischen denen sich die Figuren hin- und herbewegen. Dabei kommen Teilen des Innenraums symbolische Funktionen zu: die Trennwand mit Spiegel und Whiskeyschränkchen wird zum Ausdruck der Künstlichkeit und Lebensuntüchtigkeit von Melodys Ideal, und die Türen, vor allem die zur Bar und zur Straße, sind Öffnungen für den jeweiligen Einfluß der beiden Milieus (vgl. A 2).

2. *Handlung*: Innerhalb der Kategorien Zeit und Raum gestaltet O'Neill auch den Handlungsaufbau der Akte II bis IV streng im Rahmen der Vorgaben des 1. Aktes. Melody-*plot* und Sara-Simon-*plot* führen mit großer Zwangsläufigkeit zum ihnen gemäßen Ziel: im ersten Falle zum Mißerfolg, im zweiten zum Erfolg. Dabei werden beide *plots* nicht isoliert, sondern in ständiger gegenseitiger Beeinflussung und Steigerung durchgeführt, was den Eindruck von Konzentration und Konsequenz wesentlich verstärkt. Melodys Begegnung mit Simons Mutter im 2. Akt, die ihn komischerweise wie vorher Sara in seiner Byron-Pose vor dem Spiegel überrascht, endet trotz seiner anfänglichen verführerischen Wirkung auf Deborah mit einer peinlichen Niederlage, als sie ihm wegen seines Whiskeygeruches voller Abscheu einen Kuß verweigert (67 − 72). Saras Gespräch mit Deborah hingegen, ebenfalls im 2. Akt, bringt für Sara trotz aller Befürchtungen zumindest einen Teilerfolg, da Deborah sie immerhin freundlich behandelt und ihre pragmatische Zielstrebigkeit anerkennt (81 − 86). Außerdem macht Sara bei Simon Fortschritte: sie erzählt Nora, daß sie ihn zu einem Kuß verführt hat. Die Verflechtung beider *plots* wird schließlich am Ende des 2. Aktes betont, als Sara ihrem Vater Vorwürfe wegen des Fauxpas gegenüber Deborah macht. Dennoch erhält der Melody-*plot* noch einmal Auftrieb: Melody beeindruckt in seiner prächtigen Uniform sogar Sara und veranlaßt Cregan zu dem bewundernden Ausruf, der den Schlußpunkt des 2. Aktes bildet: "Be God, it's you can bate the world and never let it change you!" (93).

Das abendliche Festessen zu Beginn des 3. Aktes zeigt Melody auf dem Höhepunkt der Vergegenwärtigung seines Lebenstraums: er spielt auf dem Tisch noch einmal die Schlacht von Talavera durch und erinnert sich an sein zufriedenes Leben in Irland, wird aber von Sara, die in erniedrigender Weise als Kellnerin fungieren muß, geradezu brutal vor seinen Trinkkumpanen verhöhnt, indem sie ihn in irischem Dialekt anredet (96 − 103). Dafür mokiert sich Melody mit beißendem Spott über Saras bäurisches Aussehen (107). Diese Zuspitzung des emotionalen Spannungsverhältnisses zwischen Melody und Sara ist Ausdruck der zunehmenden Verwicklung beider *plots*. Melody hat inzwischen ohne Wissen Saras mit Simon über die Heirat gesprochen und dabei angeblich sogar angedeutet, daß Sara wegen ihres bäurischen Wesens nicht die richtige Frau für Simon sei, eine Bemerkung, die Saras Selbstbewußtsein zerstören und sie gefügig machen soll, aber das genaue Gegenteil erreicht (112 – 114). Sara ist zum bedingungslosen Kampf um Simon entschlossen, auch wenn sie, wie Melody selbst ihr höhnisch nahelegt, Simon verführen und durch ein Kind an sich binden müßte. Eine Vorentscheidung in diesem Kampf fällt in Melodys Begegnung mit dem Advokaten Gadsby, der im Auftrag von Simons Vater mit einer hohen Geldsumme die Auflösung der Liaison Saras mit Simon erkaufen soll ("settlement"), von Melody aber in einem komischen Mißverständnis zunächst als Verhandlungspartner bezüglich der Mitgift (ebenfalls "settlement") behandelt wird. Als Melody die ungeheuerliche Zumutung erkennt, wird er auf Grund seines Ehrbegriffs zu einer Reaktion gezwungen, die seinen Adelskodex gegenüber dem Yankee-Milieu vollends als anachronistisch erweist: er will Simons Vater zum Duell fordern. Melodys absurde Handlungsintention spiegelt sich in der Hektik des Bühnengeschehens am Ende des 3. Aktes. Melody kann in seiner Wut nur durch Sara, die ihre Heiratspläne ernsthaft bedroht sieht, von Handgreiflichkeiten abgehalten werden, läßt dann aber seine Trinkkumpane den Advokaten hinauswerfen und ist schließlich durch nichts, auch nicht durch Saras inständige Bitten, von seinem Aufbruch zum Landsitz der Harfords abzubringen. Dadurch sieht sich auch Sara zu extremem Handeln gezwungen: mit der Andeutung ihrer Absicht, Simon zu verführen, klingt der 3. Akt aus.

Der 4. Akt schließlich zeigt die zwangsläufigen Resultate dieser extremen Handlungsweisen: zunächst Noras liebende Sorge um Melody und Saras Liebeserfüllung in einem innigen Zwiegespräch zwischen wartender Mutter und Tochter, und sodann die endgültige Niederlage Melodys, der zurückkehrt, nachdem er von Harfords Dienern verprügelt und seiner Identität als Offizier und Gentleman beraubt worden ist (157). Indem er sein Rassepferd, das Symbol seiner Gentleman-Ambitionen, erschießt, gesteht Melody ein, daß sein ganzes bisheriges Leben eine Lüge gewesen ist (168 – 170). Allerdings sucht er vor dieser vernichtenden Wahrheit schnell Zuflucht in der neuen Rolle des vulgären, nun irischen Dialekt sprechenden Kneipenbesitzers im Stile seines Vaters, die er trotz Saras Bitten genauso übertreibt wie seine Rolle als Gentleman (178 – 179). Saras Trauer über diese extreme Entwicklung ihres Vaters mischt sich am Ende des Dramas in den Triumph ihrer Liebe zu Simon. Insgesamt erzeugt der in seinen Verwicklungen stets übersichtlich angelegte Handlungsaufbau den Eindruck von zielstrebiger Bewegung und von komisch-ernster Unausweichlichkeit des Geschehens, beides Aspekte, die, wie schon im 1. Akt, durch die unveränderlichen Handlungsintentionen der Hauptfiguren bedingt sind.

3. *Figuren*: In diesem strengen Handlungsrahmen fällt auch im 2. bis 4. Akt die Fixierung der Hauptfiguren auf ihre Lebensträume auf, die sie mit größtem emotionalen Engagement verteidigen. Melody, Nora und Sara variieren in neuen Situationen ihre Grundeinstellungen nur unwesentlich. Melodys Byron-Pose vor dem Spiegel wird einmal in jedem Akt an wichtiger Stelle präsentiert, Noras Traum von Liebe und Glück wird am Beginn des 2. Aktes (63) und am Anfang des 4. Aktes im Zwiegespräch mit Sara deutlich, und Saras Lebensprinzip zeichnet sich in allen Auseinandersetzungen mit Melody und ihren Gesprächen mit Nora klar ab. Oft ist O'Neills Tendenz zur Durchleuchtung des Rollenspiels so stark, daß man eher von Entlarvung oder Demaskierung sprechen könnte (vgl. die heftige Konfrontation zwischen Sara und Melody im 3. Akt).

Auch die meisten anderen auftretenden oder nur erwähnten Figuren haben ihre Lebensträume, z.B. Deborah, Simon und gemäß Deborahs Darstellung auch Simons Vorfahren, die dem Ideal absoluter Freiheit anhingen (82 – 83). Hier zeigt sich, daß es O'Neill nicht so sehr auf die Positionen einzelner Figuren, sondern auf Figurenkonstellationen ankommt, Scheinbar unüberbrückbare Gegensätze werden durch die Aufdeckung von durchgängigen Parallelen relativiert. So werden ausdrücklich Vergleiche angeregt zwischen Melody und den männlichen Harfords, Sara und den weiblichen Harfords, Melody und Sara, Nora und Sara sowie zwischen den Paaren Melody-Nora, Sara-Simon und Mrs. und Mr. Harford. Die Unterschiede bestehen dabei mehr im Grad der Zuordnung der Figuren zu den beiden die Szene beherrschenden Milieus als in den grundlegenden Konventionen und Strategien ihrer Lebensbewältigung. Denn alle kommen ohne Selbstbestätigung und Stolz, ohne Streben nach höheren Lebensformen nicht aus; über ihr Schicksal entscheidet weitgehend ihre Fähigkeit, sich dem jeweils geltenden gesellschaftlichen und kulturellen Kontext anzupassen (vgl. A 3).

4. *Sprache*: Von den bei Groene[24] erörterten Kommunikationsfunktionen der Sprache zeigen sich in *A Touch of the Poet* entsprechend der O'Neillschen Figurendarstellung vor allem die *Ausdrucksfunktion* und die *Appellfunktion* sowie – parallel zur Betonung der Figurenkonstellationen – die Kommunikation von Beziehungen zwischen den Partnern. Wieweit mit diesen Kategorien im Unterricht Ergebnisse zu erzielen sind, die wesentlich über die sogenannte traditionelle Figureninterpretation hinausgehen, müßte allerdings erst erprobt werden. Wichtiger für die Erfassung der dramatischen Bedeutung von Sprache scheint mir die durch das Stück selbst zum Thema erhobene Unterscheidung von mehreren Erscheinungsformen der englischen Sprache, die jeweils mit bestimmten Personen und Milieus verbunden werden: Dies sind irischer Dialekt, gehobene Umgangssprache (vgl. Sara), aristokratisch-formelle Sprache (vgl. Melody, Deborah) und poetische Sprache (vgl. Byron-Zitate). Eine Szene, in der alle vier Sprachformen in ihren dramatischen Funktionen differenziert greifbar sind, ist z.B. die Begegnung Melodys mit Deborah und das Hinzukommen Saras und Noras im 2. Akt. Am auffälligsten

ist die dramatische Wirkung, wenn eine Figur von einer Sprachform in die andere hinüberwechselt, wie Sara und Melody in den irischen Dialekt. Bei Melody drückt dieser Wechsel am Schluß des Dramas sogar einen vollständigen Persönlichkeitswandel aus, allerdings nicht derart unvorbereitet, wie die meisten Kritiker meinen. Denn schon im 3. Akt ist Melody bei seiner Erinnerung an seine Jagdfreuden auf Melody Castle in irischen Dialekt verfallen und hat damit sein zum Teil bäurisches Wesen zu erkennen gegeben (102 – 103). Bei der Behandlung im Unterricht stellt der irische Dialekt übrigens kein unüberwindliches Problem dar, da O'Neill nur einige wesentliche Charakteristika von Aussprache, Idiomatik und Syntax wohldosiert wiedergibt, die sich verhältnismäßig leicht ohne besondere linguistische Kenntnisse vom Kontext her definieren lassen. Insgesamt kann eine Untersuchung der von O'Neill verwandten Sprachformen viel zum Verständnis der Figuren- und Milieudarstellung, aber auch zur Reflexion über Sprache als solche beitragen (vgl. A 4).[25]

5. *Bühnendarstellung*: Die im 1. Akt beobachtete Bedeutungsdifferenz zwischen Text und Aufführung ist auch durchgängig in den restlichen Akten erkennbar, vor allem in Szenen, in denen seelische Vorgänge oder der wahre Kern von Figuren darzustellen sind, etwa bei der entlarvenden Auseinandersetzung zwischen Melody und Sara im 3. Akt oder bei Melodys Persönlichkeitswandel im 4. Akt. Bühnenanweisungen wie die für Melody, "*he appears to have no character left in which to hide and defend himself*" (178), erhellen dies zur Genüge. Um die Bühnenwirksamkeit von Szenen annähernd gerecht einzuschätzen, bieten sich ein direkter und ein indirekter Weg an, die beide im Unterricht erprobt werden sollten: einmal können Schüler versuchen, Szenen selbst zu spielen, wobei es neben Bühnenbild und Kostümierung vor allem auf Bewegung, Gestik, Mimik und Intonation ankommt, und zum anderen kann man anhand von Theaterkritiken die Publikumswirkung des Stückes untersuchen (vgl. A 5). Beide Wege ermöglichen es den Schülern, bühnenwirksame und bühnenunwirksame Aspekte des Dramas gegeneinander abzuwägen, etwa im Sinne von eindringlichen "scenic images" (vgl. A 6).

IV

Erst wenn das Drama gemäß diesen Leitlinien intensiv erforscht ist, kann man auch beherrschende *Themen* abstrahieren und umfassender erörtern, etwa Selbsttäuschung und Eskapismus (vgl. A 7), Liebe (vgl. A 3), Lebensträume (vgl. A 4, A 7), die Verbindung komischer und ernster Elemente (Stichwort: Tragikomödie, vgl. A 5, A 6), das Wirken historischer Kräfte bei der Entstehung der amerikanischen Gesellschaft (vgl. A 3, A 4, A 7, A 8). Hierbei läßt sich auch die Tatsache einbeziehen, daß *A Touch of the Poet* ursprünglich als Teil eines 9 bis 11 Dramen umfassenden Zyklus über die Geschichte einer amerikanischen Familie mit dem Titel *A Tale of Possessors, Self-Dispossessed* geplant war, von dem allerdings neben *A Touch of the Poet* (letzte korrigierte

Version 1942, publiziert 1957) nur noch das unfertige Manuskript zu *More Stately Mansions*, der inhaltlichen Fortsetzung von *A Touch of the Poet*, erhalten geblieben ist. Thematisch aufschlußreich ist, daß zunächst der ganze Zyklus *A Touch of the Poet* und das hier behandelte Drama *The Hair of the Dog* heißen sollte. Diese beiden von O'Neill im vorliegenden Drama selbst formulierten Themen eignen sich auch für eine abschließende Betrachtung des Stückes. Welche Rolle spielt die Poesie im menschlichen Leben? Führt sie wie die Trunkenheit zur ständigen Wiederholung ewig gleicher Schwächen der Lebensbewältigung, oder kann sie, richtig verstanden, diesen Kreislauf durchbrechen? Wieweit trifft der Ausdruck "a touch of the poet" auf O'Neills eigenes Verhältnis zur dramatischen Kunst zu? Verneint er wirklich den Sinn jedes Lebenstraumes und damit auch jeder durch die Kunst konstruierten Welt, welche das Drama wie alle Literatur im Gegensatz zur Lebensrealität ja nur als *imagined world* darstellen kann? Oder ist in O'Neills Augen gerade die Kunst des Dramas der beste Weg, um die Wahrheit über das menschliche Leben zu erfassen und mitzuteilen? Dies sind Fragen, die sich nicht − wie in der O'Neill-Forschung leider noch verbreitet − durch einen isolierten Rekurs auf O'Neills literarkritische Aussagen oder seine Biographie, sondern nur unter Bezug auf die Akzentsetzungen in seinem dramatischen Werk selbst einer Klärung näherbringen lassen.

Anmerkungen

1 Vgl. E. O'Neill, "Strindberg and Our Theatre", in: O. Cargill/N. Bryllion Fagin/W. J. Fisher (eds.), *O'Neill and His Plays: Four Decades of Criticism* (New York, 1961), 108; U. Halfmann, *"Unreal Realism": O'Neills dramatisches Werk im Spiegel seiner szenischen Kunst* (Bern/München, 1969), 88.

2 Vgl. M. Pfister, *Das Drama: Theorie und Analyse* (München, 1977); B. Schik, „Das Drama im Englischunterricht der reformierten Oberstufe: Vorschläge zu einem Interpretationsverfahren", *Literatur in Wissenschaft und Unterricht* (1978), Beiheft, 38 − 53.

3 E. O'Neill, *A Touch of the Poet* (New Haven: Yale UP, 1957; auch als *paperback edition*); Ausgabe in britischer Orthographie bei J. Cape (London, 1957). Seitenangaben beziehen sich auf die amerikanische Ausgabe.

4 Vgl. Bühnenanweisung (8): *"It is around nine in the morning of July 27, 1828."*

5 In dieser Form erfolgen Hinweise auf den Anhang zu diesem Beitrag mit numerierten Exzerpten aus der Sekundärliteratur.

6 B. Schik, „Das Drama im Englischunterricht der reformierten Oberstufe", 38 − 9.

7 Vgl. z.B. später die Bühnenanweisungen mit der übergenauen Beschreibung der äußeren Erscheinung und des Wesens von Sara (15 − 16), Nora (19 − 20) und Cornelius Melody (33 − 34); vgl. auch unten die Anmerkungen 10, 11 und 16.

8 Dies wird sogar im Gespräch zwischen Maloy und Cregan ausdrücklich zum Thema erhoben, vgl. die Diskussion um "lies" (11).

9 Vgl. C. Leech, *O'Neill* (London, 1963), 115: "There is some technical ungainliness here. The exposition in which the barman tells Melody's history in talk with Jamie Cregan, a corporal at Talavera and a distant relation of Melody, must be awkward on the stage and is curious as coming from a practised hand."

10 Die Bühnenanweisung für ihren Auftritt enthält − wie vorher die oben erörterte Beschreibung des Speisesaals − vieles, was nicht exakt auf der Bühne verwirklicht werden kann, etwa

individuelle Details von Gesicht und Gestalt, die Mischung aus Bauerntum und Adel als Prinzip ihres Charakters (15) und die Verbindung von Musikalität (offenbar eine Anspielung auf ihren Familiennamen Melody) und Gestelztheit ihrer Stimme (16).

11 Auch hier geht die Bühnenanweisung über das auf der Bühne Darstellbare hinaus, vgl. den Hinweis auf ihre frühere Schönheit (19 – 20) und die Kennzeichnung ihres Charakters als Mischung aus Liebreiz, Zartheit, Trauer und Furchtlosigkeit (20).

12 Nicht, daß er Gentleman-Ambitionen ("his lies", 27) hat, wirft Sara ihrem Vater vor, sondern daß er sie nicht mit etwas mehr Realitätssinn ("money and power", 27) im Land der unbegrenzten Möglichkeiten in die Tat umgesetzt hat. Sara hat offensichtlich das Streben nach höheren Lebensformen mit ihrem Vater gemeinsam; sie bezeichnet z.B. ähnlich wie er die einfachen irischen Einwanderer als "ignorant shanty scum" (27).

13 Zu O'Neills Enthüllungstechnik gehört auch, daß er Personen der Handlung die Wahrheit über andere konstatieren läßt, so etwa Sara über Melody: "... he'll never make me pretend to him I dont't know the truth" (24).

14 O'Neill spielt hier auf Henry David Thoreaus *Walden* (1854) an, vgl. M. Marcus, "Eugene O'Neill's Debt to Thoreau in *A Touch of the Poet*", *Journal of English and Germanic Philology* (1963), 270 – 279.

15 Laut Bühnenanweisung löst Saras feindseliger und verächtlicher Blick zunächst Regungen der Scham wegen des Zechgelages in ihm aus, die er sodann durch scheinbar ungezwungene Gentleman-Manieren zu überspielen versucht (33).

16 In der Bühnenanweisung für seinen Auftritt ist die Bedeutungsdifferenz zwischen Text und Aufführung wiederum unübersehbar: O'Neill beschreibt das Prinzip von Melodys Charakter als Mischung aus irischem Bauerntum (33), dem seelischen Dilemma eines verbitterten Helden Byronscher Prägung (34) und übersteigertem Gentleman-Gebaren (34), das sein wahres Ich verdeckt.

17 Vgl. vor allem die Erinnerung an die Schlacht von Talavera (38 – 39) und seine Rachegelüste gegenüber England (40).

18 Die zugehörige Bühnenanweisung hebt hervor, daß der Whiskey – wie schon vorher – bei der Wiederbelebung der Vergangenheit eine entscheidende Rolle spielt und die Byron-Verse wie eine Beschwörungsformel angewandt werden (43).

19 Die Byron-Verse stammen aus *Childe Harold's Pilgrimage*, Canto III, Strophe 113. Der vollständige Text der Strophen 113 und 114 lautet:

> I have not loved the World, nor the World me;
> I have not flattered its rank breath, nor bowed
> To its idolatries a patient knee,
> Nor coined my cheek to smiles, – nor cried aloud
> In worship of an echo: in the crowd
> They could not deem me one of such – I stood
> Among them, but not of them – in a shroud
> Of thoughts which were not their thoughts, and still could,
> Had I not filed my mind, which thus itself subdued.

> I have not loved the World, nor the World me, –
> But let us part fair foes; I do believe,
> Though I have found them not, that there may be
> Words which are things, – hopes which will not deceive,
> And Virtues which are merciful, nor weave
> Snares for the failing; I would also deem
> O'er others' griefs that some sincerely grieve –
> That two, or one, are almost what they seem, –
> That Goodness is no name – and Happiness no dream.

Die moderne Byron-Forschung neigt dazu, die hier zitierten berühmten Verse als "extremely good bad poetry" einzustufen (vgl. A. Rutherford, *Byron: A Critical Study* [Edinburgh/London, 1961], 64 – 65).

20 Vgl. Anmerkung 10. Im übrigen dürfte für Byron-Kenner die Parallele zwischen Melodys Verhältnis zu Sara und Byrons Zuneigung zu seiner für ihn für immer verlorenen Tochter

Ada auffallen, die er zu Beginn und Ende des 3. Cantos anspricht (Strophe 1: "Is thy face like thy mother's, my fair child!", Strophe 115: "My daughter! with thy name this song begun").

21 Vor allem gegen sein Rassepferd, das hier wie auch an anderen Stellen als Inbegriff seiner aristokratischen Ambitionen erscheint.

22 Auch hier läßt O'Neill Sara zum Instrument der Wahrheitsfindung werden: "Is it stark mad you've gone, so you can't tell any more what's dead and a lie, and what's the living truth?" (51).

23 Grundsätzliche Anregungen finden sich bei B. Schik, „Das Drama im Englischunterricht der reformierten Oberstufe", und H. Groene, „Kommunikationswissenschaft und Drameninterpretation", *Literatur in Wissenschaft und Unterricht*, (1978), Beiheft, 63 – 72; zur Behandlung von O'Neill im Unterricht vgl. außerdem J. Wolter, „O'Neills Kurzdrama 'Fog' im Englischunterricht", *Praxis* (1977), 250 – 256.

24 H. Groene, „Kommunikationswissenschaft und Dramaninterpretation", 65 – 66.

25 Vgl. außerdem J. Chothia, *Forging a Language: A Study of the Plays of Eugene O'Neill* (Cambridge, 1979), Appendix 2 über "Irish Dialect".

Anhang

Die folgenden Materialien können ggf. auch den Schülern zugänglich gemacht werden und damit die werkinhärente Textarbeit unterstützen.

A 1

O'Neill's sketch of the dining room in *Poet*. Note the crossed-out section of the upper story, representing "Simon's bedroom". Originally the action of the play was meant to alternate between the dining room and the bedroom.

aus: E. Törnquist, *A Drama of Souls: Studies in O'Neill's Supernaturalistic Technique* (New Haven/London, 1969), 68.

A 2 O'Neill keeps a watchful eye on the door to the bar. He knows from moment to moment whether it is open, or closed, or locked. It is locked, for example, during the crucial time in Act IV when Melody returns from the donnybrook at the Harfords' and kills the mare. No escape then must be open for him: he must stay and destroy the image by which he has lived. At other times, the bar is a refuge. At the end of Act I, when Nora's concern for his welfare becomes overwhelming, he retreats from his failure to respond to her love, going through the door into the bar. He tries to do so when Sara taxes him about the grocery bills that have gone unpaid so the mare may be fed. Again, at the height of his vicious quarrel with his daughter in Act III, he insults her, then breaks off and heads compulsively for the bar. At the door he pauses, back to the room, and squeezes out words asking her forgiveness. Sara, however, has left in anger. The occasion is important. Sara's hatred, like Nora's love, threatens the image of the hero of Talavera. As he apologizes, Con seems for once to admit that he needs the reality of love from his wife and daughter more than the dreams of the Major. That he did not go into the bar suggests that he is ready to accept the responsibilities accompanying love. His words are not heard; he has removed his mask and no one has seen him. Truth becomes one more empty gesture. He is not only tortured by the role he has chosen, but he comes close to an admission that his life is a lie without substance.

T. Bogard, *Contour in Time: The Plays of Eugene O'Neill* (New York/Oxford, 1972), 391 – 2.

A 3 The pendant and companion piece to *Mourning Becomes Electra* is *A Touch of the Poet*, which is once more about the incipient decline of an aristocratic New England family. But it differs radically from *Mourning Becomes Electra* in two important respects: it shows the beginnings of the social climb of the Irish Catholics, and the over-all theme of the play is not death but its opposite, love. So while the dramatic movement of *Mourning Becomes Electra* is narrowing and constricting, back to death and extinction, the total movement – despite Con Melody's tragedy – of the dramatic action of *A Touch of the Poet* is a broadening out and a leap forward, as Sara Melody makes the jump into an aristocratic New England family, from which union will follow, in effect, a new race, the Anglo-Irish, (...). To underline the theme of Yankee decline, O'Neill chose as his historical background for *A Touch of the Poet* the 1828 presidential contest between Andrew Jackson and John Quincy Adams, by which a "common man" became President, and the Adams family, *the* New England aristocratic family, was ushered off the national scene, even though John Quincy Adams was to return to Washington as a congressman.

J.H. Raleigh, *The Plays of Eugene O'Neill* (Carbondale and Edwardsville, 1965), 59 – 60.

A 4 *A Touch of the Poet* is O'Neill's most "Irish" play. The majority of the characters, Nora, Cregan, Maloy, Roche, O'Dowd, and Riley, speak in a brogue. With the two key characters, Sara and Con, who are at once the most complex and the most susceptible to change of all the characters in the play, the use or nonuse of the brogue is the veritable key to their respective personalities and their relationship. With them the brogue represents Ireland, the peasantry, the past, the mud hovel with the pigs on the floor, in short, all that is coarse and brutal and common. Nonbrogue represents all that is civilized, proud, aristocratic, courtly: for Con his glorious past, both as an Irish landowner and a major in Wellington's army in the Peninsular War; for Sara her aspirations to wed Simon Harford and join the New England native aristocracy. In a way it could be said that the brogue represents reality, while nonbrogue signifies illusion or dream. But it is not that simple either, for part of Con's past was glorious, and Sara's future is to be aristocratic. More precisely, the antitheses between brogue and nonbrogue, as it is manifested in the mercurial characters of Con Melody and his daughter, is yet another dramatization of the past-future obsession that is endemic in all of O'Neill's plays. Con has no future and two pasts: one ignoble (brogue) and the other glorious (nonbrogue); Sara has a future (nonbrogue) and an ambiguous past-present (brogue and nonbrogue). The play in a sense is a contest between them as to who will use the brogue and who will not. Throughout their long struggle with one another the weapon that they use against one another is the brogue.

J.H. Raleigh, *The Plays of Eugene O'Neill* (Carbondale and Edwardsville, 1965), 222 – 223.

A 5 In the role of Con Melody, Lars Hansson rises to one of the great virtuoso performances of our day, alternating a deep romantic charm and maddened rage. He hypnotizes us with a masterful variety of actions. Who will forget the dashing way he takes his stance before the full-length mirror, flicks a speck of lint from his sleeve, slings with calculated casualness his imaginary cape over his shoulder, and proceeds to recite Byron? When stung by Sara's rebukes, what sadistic relish burns in his eyes as he cruelly reminds her that she has the coarse body of a peasant. When he argues with his daughter he does it with the punctuated intensity of a Spanish dancer. He does not speak lines, he generates sound. His hysterical laughter fills the theatre, and his agonized squeak of ego-exorcism sears the entire audience. He can be gloriously exultant too, as he speaks of the freedom he feels when riding his horse. While some of his acting is artificial, he never loses his potential to terrify us at will.

Though played in contrasting quietness, Sif Ruud's Nora is just as memorable. As a dumpy woman prematurely aged by overwork, worry, and maltreatment, Miss Ruud manifests an uncomplicated overflow of indestructible love that immunizes her to our pity. The role of Sara is a difficult one. She must be both coarse and beautiful, both sharing her father's pretensions and railing against them. If Eva Dahlbeck doesn't quite accomplish all this she does manage to glow marvelously in the scene after she has given herself to her love.

H. Hewes, *Saturday Review,* April 13, 1957 (zur Uraufführung in Stockholm), in: O. Cargill/N. Bryllion Fagin/W. J. Fisher (eds.), *O'Neill and His Plays: Four Decades of Criticism* (New York, 1961), 222 – 223.

A 6 Four scenic images are employed, all interacting, all carrying important themes. Con in front of the mirror; Sara serving her father and his drunken companions during the dinner party; Con's return from the battle (...), Sara and Nora keeping vigil (...). The first of these images gains significance from repetitions: at the end of the play, the poem is given even a parodical treatment. When Con makes Sara act as a waitress, we have an image full of social conflict between his imagined importance and his real standing, and full of love-hate tension between father and daughter. Con uses the plates on the table to demonstrate the movements of troops on the battlefield; this, with its ironic overtones, is one of the details evidencing the "rich histrionic opportunities" O'Neill always gave to his actors. Melody's role, with its posing and power, with its comedy and tragedy, is certainly a major exponent of this feature in O'Neill. In the background of this scene, there are three Irishmen sitting at a side table: they represent the chorus heard from off-stage throughout Act IV. Though the role of the chorus is far less important than in *The Iceman Cometh*, it is noteworthy that the question of an individual's belonging or not belonging to a social group is still of primary interest to O'Neill. Con finally joins the chorus: this play is a comedy with tragic overtones.

T. Tiusanen, *O'Neill's Scenic Images* (Princeton, N.J., 1968), 325.

A 7 The implications of *A Touch of the Poet* (...) are altogether dark: those who once were possessed by a vision that was more than a dream – the poets who shaped America, men whose names were Emerson and Thoreau – proved to be incapable of sustaining that vision. Instead, they sought to possess and draw profit from the land in which at first they had moved so harmoniously. Simon Harford, who had sought the wilderness cabin in order to write his idealistic book, will never write it. He will turn instead into an outrageously corrupt capitalist. Sara, in whom lies the gentle spirit of her mother, will become a woman tarnished by passion and wealth, renouncing dreams of love for the sake of power over all she touches. And Con and Deborah retreat from the world, seeking salvation in vain flight.

T. Bogard, in: T. Bogard (ed.), *The Later Plays of Eugene O'Neill* (Modern Library College Editions, New York, 1967), XXIX.

A 8 *A Touch of the Poet* revolves around the insulated, nuclear family unit, the traditional patriarchy. This was the kind of family O'Neill had grown up in and O'Neill saw the family as a principal factor in determining not only personal history, but social and political developments as well. O'Neill dwelt on its relation to the evolving tradition of New England Irish-Catholicism and on the painful process of acculturation to a society based on spiraling materialism and personal affluence. (...)

A Touch of the Poet is a complex work, for O'Neill wishes to show us the connections between historical process as a means of commenting on the value of American culture, the intense psychological relationships which develop between members of a family unit, an intricate pattern of life-sustaining illusions, and the failure of democratic ideals.

L.A. Fiet, "O'Neill's Modification of Traditional American Themes in *A Touch of the Poet*", *Educational Theatre Journal* (1975), 508 − 15, hier: 508 − 9.

Horst Prießnitz

Hamlet-Bearbeitungen als Interpretationshilfen bei der *Hamlet*-Lektüre (Herbert Read: *Thieves of Mercy* / G. W. Stonier: *Ophelia* / Michael Innes: *The Hawk and the Handsaw*)

Das Vergnügen, Ophelix, Majestix Claudius und Polonius Nixalsverdrus als fröhliche Wackermännchen in einem für zahllose Jugendliche unvergeßlichen *comic* namens *Hamlet* — das Thema „Rache!" paßt so bequem in eine einzige Sprechblase — über Bildschirme und möglicherweise Lehrbuchseiten wichteln zu sehen, steht uns noch bevor. Der auf diese Weise zu erwartende Bekanntheitsgrad Shakespeares ist derzeit allerdings noch nicht erreicht. Daß es mit der Kenntnis Shakespeares bei den Studienanfängern nicht zum allerbesten bestellt ist, begreift der Anglist spätestens, wenn er den Barden z.B. in einer Seminar-Arbeit als Verfasser altenglischer Dramen klassifiziert findet oder in einem *Othello*-Seminar bemerkt, wie sich die Gesichter seiner ansonsten andächtigen Zuhörer verkrampfen, sobald er auf die anders geartete Gestaltung der Liebesthematik in *As You Like It* oder die Unterschiedlichkeit der Shakespeareschen Tragödienkonzeption in *Romeo and Juliet, Hamlet* oder *King Lear* hinweist. Auf der Suche nach Gründen, weshalb angehende Englischlehrer allenfalls *Macbeth* oder *Julius Caesar*, kaum jedoch andere Tragödien — von den Komödien ganz zu schweigen — kennen, ist man geneigt, die Schuld bei den ministeriellen Unterrichtsempfehlungen und Richtlinien zu vermuten. In der Tat geben diese Rahmenverordnungen, was die Shakespearelektüre betrifft, nicht Anlaß zu übermäßigem Optimismus. Zwar ist, wie Rüdiger Ahrens festgestellt hat, Shakespeare seit der Institutionalisierung des Englischunterrichts fester Bestandteil des Curriculums gewesen, auch wenn das Podest, auf das ihn etwa der erlebnisorientierte oder der mehr kommunikationstheoretisch akzentuierte Unterricht gehoben haben, immer verschieden hoch war[1]; zwar ist, wie Ruth Freifrau von Ledebur nachweisen konnte, Shakespeare trotz der vielfältigen Lehrplanrevisionen, die seit 1945 in den einzelnen Bundesländern durchgeführt wurden, nicht einmal vorübergehend aus den geltenden Plänen für den Englischunterricht gestrichen worden und in den neusprachlichen Gymnasien mit mindestens einem Drama in der Originalsprache obligatorischer Lesestoff der Oberstufe[2] geblieben, doch besagt diese institutionalisierte curriculare Verankerung noch wenig über die tatsächliche Wertschätzung Shakespeares und noch weniger über die Fruchtbarkeit der praktischen Begegnung mit dem Klassiker.
Fairerweise muß erwähnt werden, daß ein vornehmlich auf die Förderung der Sprechfähigkeit ausgerichteter Englischunterricht schon früh Bedenken gegen die Shakespeare-Behandlung angemeldet hat[3], die bis heute noch nicht ausgeräumt sind. Dies ist wohl der Hauptgrund dafür, daß der in den Richtlinien nach außen hin dokumentierte Anspruch, Shakespeare gehöre zu den

unabdingbaren Bildungsinhalten der Oberstufe, in der Praxis dadurch eingeschränkt bzw. aufgegeben wird, daß sein Werk in die Leistungskurse verwiesen und neben anderen zur Wahl gestellt wird. So läßt z.B. das saarländische Curriculum dem Lehrer die Freiheit, anstelle von John Steinbecks *The Pearl* auch Shakespeares *Macbeth* als Lektüre für die Klassen 13 einzuführen.[4] Auf die verhängnisvolle Einebnung von literarischen Wertunterschieden, die eine solche Wahlmöglichkeit mit sich bringt, hat Freifrau von Ledebur mit Recht hingewiesen.[5] Das nordrhein-westfälische Curriculum führt zwar *The Merchant of Venice, Julius Caesar, Hamlet, Othello, King Lear* und *Macbeth* als Lektürevorschläge auf, fügt jedoch hinzu:

> Die Zusammenstellung der *Originaltexte* stellt keinen verbindlichen Lektürekanon dar. Sie ist vielmehr als eine Materialsammlung gedacht, die aufmerksam machen soll auf Titel, die für die Behandlung im Unterricht zur Verwirklichung der fachlichen Teilzielsetzungen ergiebig oder förderlich sein dürften.[6]

Schwerwiegender als die curriculare Austrocknung Skakespeares durch Unterrichtsempfehlungen, die immerhin *dem* Lehrer, der will, die Möglichkeit der Behandlung lassen, sind die Probleme, denen sich die praktische Vermittlung Shakespeares im Unterricht gegenüber sieht. Kaum ein Lehrer wird guten Gewissens heute noch unterschreiben, was M. Draber 1932 von der „Shakespeare-Stunde" erwartete:[7]

> Die Shakespeare-Stunde muß zu einer Stunde des Genusses für die Schüler werden, in der ihre Seelen aufgehen in der Gedankenwelt des größten Menschen- und Seelenkenners aller Zeiten, in der sie erst unbestimmt fühlen und dann sich zu immer größerer Klarheit darüber durchringen, daß ihnen aus des Dichters Werken nicht nur eine vergangene Welt entgegenblickt, die unserer Zeit der modernen Sachlichkeit nichts mehr zu sagen hätte, sondern daß sie Gedanken darin finden, die höchst modern sind, weil sie ewig sind.

Es sind weniger die Zweifel an dem Shakespeare hier und anderswo zugebilligten Motivationspotential, als vielmehr die Probleme seiner adäquaten Sichtbarmachung, die den Shakespeare-Unterricht heute (und nicht erst heute) so schwierig gestalten. Wenn man Rudolf Haas glauben darf, mündet das Bemühen des Lehrers, das unbegrenzt Mögliche der Kunst Shakespeares in die begrenzte Kunst des Möglichen zu übersetzen, nur allzu oft in eine Kette von Enttäuschungen, „die (...) zu trivial sind, um darüber zu reden, aber zu zahlreich, um sie zu vergessen."[8] Unzureichende Motivation der Schüler, die sprachliche Komplexität und zeitliche Ferne des Originals sowie das Unvermögen, den „Sitz" einer Shakespeareschen Tragödie „im Leben" zu entdecken, erschweren Lehrern wie Schülern den Umgang mit einem Shakespearedrama. Wohl an keinem anderen Gegenstand der englischen Literatur wird die Diskrepanz zwischen der erwiesenen Qualität des Werkes und der Schwierigkeit ihrer praktischen Vermittlung so augenfällig wie an Shakespeare. Muß dies so sein?
Die beiden Disziplinen, die eine bündige Antwort auf diese Frage geben könnten, haben Shakespeare zu einem Sonderproblem gemacht und sich an

ihm auseinanderentwickelt. Für die deutsche Literaturdidaktik dürfte Gültigkeit besitzen, was Thomas Finkenstaedt und Rüdiger Ahrens 1977 festgestellt haben, daß nämlich in der fachdidaktischen und methodischen Diskussion des letzten Jahrzehnts fast keine Arbeiten zu Shakespeare auftauchen, informative Erfahrungsberichte über die Schulwirklichkeit kaum vorhanden sind[9] und die wenigen existenten literaturdidaktischen Ansätze sich angesichts der Pluralität der Fragestellungen in der Shakespeare-Forschung selektiv verhalten und nur bestimmte Richtungen der literaturwissenschaftlichen Methodologie mit einer gewissen Phasenverschiebung aufgreifen.[10] Der von R. Ahrens edierte Band, *William Shakespeare: Didaktische Modelle*[11], wird hier vermutlich Abhilfe schaffen. Doch wäre es ungerecht, die Verantwortung für diesen Zustand allein der Shakespeare-Didaktik zuzuschieben. Die Shakespeare-Philologie ihrerseits hat – gezwungenermaßen – nichts unversucht gelassen, den Lehrer, der nun einmal einen Dramatiker von Weltrang auf das Format eines Schulautors reduzieren muß, mit einem schlechten Gewissen zu belasten. Wolfgang Clemen hatte 1956 warnend auf die fortschreitende Spezialisierung einzelner Forschungszweige der Shakespeare-Kritik hingewiesen und gefragt, ob durch diese Verzweigung in Einzelaspekte der Blick für den Zusammenhang und das Ganze eines Shakespearedramas nicht eher getrübt als geklärt werde.[12] Hans Combecher sah sich 1962 zu dem Eingeständnis genötigt, daß sich Lehrer angesichts des Umfangs und des hohen Niveaus der akademischen Shakespeare-Forschung vorzukommen hätten „wie existenzbedrohte Einzelhändler gegenüber dem Warenhauskonzern (...)."[13] Clemens Antwort auf die auseinanderstrebenden Tendenzen war der berühmt gewordene Kommentar zu *Richard III*, der die sich verselbständigenden Teilgebiete in einer fortlaufenden Interpretation zu reintegrieren trachtete. Allerdings blieb dieser Kommentar vornehmlich für die akademische Shakespeare-Behandlung von Nutzen und bezeichnenderweise ohne Nachahmung. Rudolf Haas postulierte 1963, daß sich der junge Anglist, der sich wissenschaftlich mit Shakespeares Werk auseinanderzusetzen beginne, am Stand und den Tendenzen der gegenwärtigen Forschung ausrichten und in einem jeden der von ihm aufgezählten Schlüsselgebiete – Textkritik und Editionskunst, Shakespearebiographie, Theatergeschichte der elisabethanischen Zeit, Einfluß- und Quellenforschung, Charakterinterpretation, dramatische Gestaltungstechniken, histrionische Perspektive, Analyse der Sprachkunst und Geistesgeschichte – „bewandert, in einigen zu Hause, in wenigstens einem Spezialist sein"[14] müsse. Jede Hochschule hätte heute Grund, sich glücklich zu preisen, wenn 10% ihrer Anglistikstudenten diesem Anspruch genügen würden. Wenn Herbert Mainuschs Untersuchungsergebnisse aus dem Jahr 1976 zutreffen, denenzufolge der Anteil von literaturwissenschaftlichen Veranstaltungen zu Shakespeare auf etwa 5% zurückgegangen und somit keinesfalls mehr sicher ist, daß der künftige Englischlehrer im Laufe seines Studiums eine Vorlesung über Shakespeare hört oder an einem Seminar über seine Dramen teilnimmt[15], müssen sich die Literaturwissenschaftler selbstkritisch fragen, ob sie nicht an der gegenwärtig zu konstatierenden Misere mitschuldig sind.

Der Gerechtigkeit halber muß aber auch gesagt werden, daß es die Literaturwissenschaft selbst gewesen ist, die in jüngerer Zeit verstärkt Anstrengungen unternommen hat, dem von ihr mitverursachten Dilemma abzuhelfen. In seinem Festvortrag „Shakespeare als pädagogische Herausforderung" hat Rudolf Haas vier Möglichkeiten skizziert, wie die kritische und kreative Begegnung mit Shakespeare pädagogisch fruchtbar gemacht werden kann. Mir ist nicht bekannt, ob und inwieweit diese Vorschläge zur unterrichtlichen Erschließung Shakespeares aus Sprachschichtung und Sprachfunktion, zur schauspielerischen Umsetzung des Textes, zur arbeitsschulmäßigen Übersetzung und zur Erhellung des „Esperantos von Urbildern" in Gestalt archetypischer Mythologeme und Muster[16] in die Praxis des Englischunterrichts Eingang gefunden haben. Interessant, weil für unsere Überlegungen von Bedeutung, ist, daß Haas bereits eine fünfte Möglichkeit der Erarbeitung fruchtbarer Unterrichtseinheiten in der *Einbeziehung von Bearbeitungen* andeutet[17], ein Weg, auf den vor allem jüngste Beiträge zum Thema Shakespeare im Englischunterricht empfehlend hinweisen. So bedauert R. Ahrens, daß bislang kaum Bemühungen zu beobachten waren, „die zahlreichen Möglichkeiten der kontrastiven und komparatistischen Analyse zu Shakespeare-Dramen und ihren gegenwärtigen Adaptationen und Bearbeitungen für den Unterricht zu nutzen."[18] Freifrau von Ledebur vermißt in den von ihr untersuchten Rahmenrichtlinien Angaben, die auch die Wirkungs- und Rezeptionsgeschichte Shakespeares im angelsächsischen und deutschsprachigen Raum bis in die Gegenwart berücksichtigen:

> Es ginge dabei nicht nur um die hochkomplizierten Wechselbeziehungen zwischen der englischen und der deutschen Literatur, sondern auch um die Berücksichtigung moderner Adaptationen der Shakespeareschen Dramenstoffe (...).[19]

Die folgenden Überlegungen sind ein Versuch, einige Bearbeitungen auf ihren möglichen Beitrag für die Shakespearelektüre zu befragen.

II

Die Behauptung, daß die anglo-amerikanische Gegenwartsdramatik über ein großes Repertoire von Shakespeare-Bearbeitungen verfügt, fällt leichter als die präzise Definition dessen, was eine Adaptation ausmacht. Das *OED* definiert den Begriff als

> the process of modifying a thing so as to suit new conditions: as, the modification of a piece of music to suit a different instrument or different purpose; the alteration of a dramatic composition to suit a different audience (...),

sowie schließlich als "a reproduction of anything modified to suit new uses." Eine keineswegs vollständige Bibliographie solcher mehr oder minder kreativen Abwandlungen Shakespearescher Stücke in dramatischer Form seit 1900 kommt auf etwa 240 Titel von naturgemäß sehr unterschiedlicher Qualität.[20] Dabei stellt der Komplex der nachschaffenden Neuinterpretation Shakespearescher Werke nur einen Sonderfall innerhalb der gegenwärtigen dramatischen Adaptationsliteratur dar. In seinem 1919 veröffentlichten Essay *Tradition and the Individual Talent* fordert T.S. Eliot vom Schriftsteller einen geschichtlichen Sinn und das Bewußtsein für die Allgegenwart der literarischen Vergangenheit:

(...) the historical sense involves a perception, not only of the pastness of the past, but of its presence; the historical sense compels a man to write not merely with his own generation in his bones, but with a feeling that the whole of the literature of Europe from Homer and within it the whole of the literature of his own country has a simultaneous existence (...).[21]

In Gestalt der dramatischen Bearbeitungen gewinnt die gesamte literarische Vergangenheit Europas Leben und Gegenwart auf der englischen Bühne. Die griechisch-lateinischen Klassiker, die mittelalterlichen Dramentypen *mystery*, *miracle* und *morality play*, Christopher Marlowes *Faust*-Tragödie, die Romanliteratur des englischen 18., 19. und 20. Jahrhunderts sind ebenso in z.T. interessanten Bearbeitungen auf die Gegenwartsbühne gelangt wie Neufassungen französischer, spanischer, italienischer, deutscher, skandinavischer und osteuropäischer Klassiker.[22] Daß Adaptationen nur sporadisch die Aufmerksamkeit der Literaturwissenschaft auf sich gezogen haben, hängt mit ihrem problematischen Status zusammen. Trotz ihrer langen Vorgeschichte gelten sie als Zwitterwesen, die von einem an genialischer Originalität und ehrfürchtiger Klassikerverehrung geschulten Kunstverstand gern in die Grauzone zwischen epigonaler Imitation und fragwürdiger Eigenständigkeit verwiesen werden und denen Daseinsberechtigung allenfalls als Parodie, Travestie oder Satire, nicht jedoch als legitime Weise des literarischen Reagierens auf eine Vorlage zuerkannt wird. Brechts These vom Materialwert der Klassiker sowie seiner provokativen Ansicht, daß, was die klassischen Stücke am Leben erhalte, der Gebrauch sei, der von ihnen gemacht werde, selbst wenn es Mißbrauch sei[23], steht die Polemik Peter Hacks' gegenüber, für den das Adaptieren nur ein anderer Ausdruck für „Zum-Krüppel-Schlagen"[24] ist. Obgleich solche Invektiven von einer theater- und aufführungsbezogenen Literaturwissenschaft kaum noch mit dieser Vehemenz wiederholt werden, sind die Bedenken gegen den chamäleonhaften Charakter dieser Textform, ihre mangelnde Originalität sowie ihre simplifizierende und oft negative Vereindeutigung der komplexen Bedeutungsstruktur des Originals nach wie vor nicht ganz ausgeräumt.[25]

Für das verschwommene gattungspoetologische Erscheinungsbild der Adaptation ist nicht unmaßgeblich der terminologische Wirrwarr verantwortlich, der diese dramatische Rezeptionsform umgibt. Obwohl als klärende Attribute gemeint, verraten Kennzeichnungen wie: *after, adapted, based on, founded on, translated and adapted, arranged, suggested by, derived from, dramatised and transposed, re-written, freely translated and adapted, from an idea by* nur unzureichend den jeweiligen Grad der Abhängigkeit bzw. Freiheit von der Vorlage. Eine Typologie von Bearbeitungen wird zusätzlich dadurch erschwert, daß das breite Spektrum der dramatischen Anlehnungen genauere Untersuchungen von englischsprachigem Abbild und seinem Urbild aus nahezu allen europäischen Sprachen erforderlich machen würde. Wenn man den Grad der jeweiligen Nähe zum bzw. Ferne vom Original zum Ausgangs- bzw. Endpunkt der Übersicht wählt, ergeben sich im Falle der Shakespeare-Bearbeitungen folgende Möglichkeiten des Umgangs mit der Vorlage:[26]

– Eine Reihe von Bearbeitungen sind nichts weiter als sprachliche Modernisierungen, die die vermeintlich antiquierte Sprachform Shakespeares zugunsten einer verständlicheren, weil gegenwartsnäheren, aufgeben und damit die semantische Komplexität der Sprache Shakespeares einschränken.

– Daneben lassen sich kaum merkliche inhaltliche Veränderungen konstatieren, wie sie etwa in John Bartons und Peter Halls Komprimierung von Teilen der York- und Lancaster-Tetralogie in *The Wars of the Roses* ihren Niederschlag gefunden haben. Barton und Hall kombinieren historisch verwandte Stücke, wobei die Nahtstellen mit Geschick verfugt werden und so der historische Zusammenhang herausgespielt wird.

– Die weitaus größte Zahl gibt sich jedoch nicht mit einer sprachlichen Aufbereitung oder mit kaum erkennbaren inhaltlichen Veränderungen zufrieden, sondern bemüht sich um eigenständige Deutungsbeiträge. Dies geschieht zum einen in der Form des Prologs, des dramatischen Vorspiels, das beginnt, bevor sich der Vorhang zu Shakespeares Drama hebt. Gordon Bottomleys *Gruach* und *King Lear's Wife* gehören zu diesem Typus. Während *King Lear's Wife* gut ein Jahrzehnt vor dem Zeitpunkt einsetzt, an dem Shakespeare seine Tragödie eröffnet, und die wenigen Stunden dramatisiert, in denen Lears Gattin an gebrochenem Herzen stirbt, ist *Gruach* das Präludium, das uns die am Schluß verwirrte Schlafwandlerin Lady Macbeth als tragische Figur nahezubringen versucht.

– Interessant wie die Prologe können die imaginativen Nachgedanken sein, die beginnen, nachdem Shakespeares Spiel zu Ende ist. St. John Hankins *The Wing at Elsinor* und St. John Ervines *The Lady of Belmont* sind aufschlußreiche Beispiele dafür, daß solche Epiloge das Geschehen bei Shakespeare nachträglich zu erhellen bemüht sind.

– Eine Deutung besonderer Art enthalten die Interpolationen, die als klärende Einschübe an einer bestimmten Stelle des Dramas verankert sind und gewissermaßen als Interludien die bei Shakespeare ausgesparten Hintergründe für eine besonders auffällige, aber nicht hinreichend motivierte Entwicklung darlegen.

– Eine völlig neuartige Bewertung der Ereignisse stellt sich ein, wenn das Geschehen der Vorlage aus der Perspektive einer anderen Figur dargeboten wird. In Tom Stoppards *Rosencrantz and Guildenstern Are Dead* finden sich die beiden Randfiguren aus Shakespeares Drama unversehens im Mittelpunkt einer für sie unverständlichen Handlung wieder. G.W. Stoniers *Ophelia*, Thomas Morris Badens *Ophelia* und C.P. Taylors *Ophelia* interpretieren Shakespeares *Hamlet* aus der Sicht Ophelias.

– Das Nachkonstruieren der Fabel unter gewandelten Bedingungen, das spielerische Experimentieren, was geschehen wäre, wenn z.B. die Liebe

zwischen Romeo und Julia einen anderen Verlauf genommen hätte, konstituiert einen Typus, der in David Pinners *If: A Plague on Both Your Houses*, aber auch in G.B. Shaws *Cymbeline Refinished* seinen Ausdruck gefunden hat.
– Ein nicht unerheblicher Anteil von Bearbeitungen entfällt naturgemäß auf Modernisierungen und Aktualisierungen mit zumeist politischer Tendenz. Peter Ustinov hat seine Liebesgeschichte zwischen Romanoff und Juliet vor dem Hintergrund des Ost-West-Konflikts der 50er Jahre angesiedelt. Die Rolle der verfeindeten Parteien wird in Andrew Davies' *Rohan and Julie (Romeo and Juliet in Northern Ireland)* von den Katholiken und Protestanten übernommen. Donald Howarths *William Shakespeare's "Othello Sleges Blankes"* spielt in Südafrika, Paul Ablemans *The Black General* und Charles Marowitz' *An Othello* im Amerika der Gegenwart.
– Aber nicht nur die gegenwartspolitische Aktualisierung, auch die Entkonkretisierung, die Verlegung des Geschehens in einen zeitlich wie biographisch nicht mehr genau identifizierbaren Raum, läßt sich in Bearbeitungen antreffen. John Bowens *Heil, Caesar!* versucht, die abstrakte politische Moral aus Shakespeares Drama ohne einen konkreten Zeitbezug zu destillieren.
– Parodien, Travestien und Burlesken dienen häufig dem Ziel, eine übertriebene Ehrfurcht vor dem Klassiker abzubauen. Diese Respektlosigkeit zeichnet sowohl Maurice Barings *The Rehearsal* als auch Robin Maughams *Mister Lear* aus. In Barings Stück bringen die drei Hexen, Banquo und Lady Macbeth ihre Rollen derart durcheinander, daß nur Shakespeare persönlich die Fäden wieder entwirren kann. Maughams Drama macht Shakespeares Tragödie zur Komödie um einen alternden Schriftsteller, dessen zwei ältere Töchter erfolglos gegen ihren Vater und seine jüngste Lieblingstochter opponieren. In Michael Greens *All's Well That Ends As You Like It* gewinnt die Parodie Züge der kritischen Auseinandersetzung mit Shakespeares Komik, indem die historische Distanz zwischen Komödienszenen bei Shakespeare und ihrer für den zeitgenössischen Zuschauer kaum noch verständlichen Wirkung herausgespielt wird.
– Das Bestreben, den Zuschauer fortwährend aus eingefahrenen Sehweisen herauszuschockieren, zeigt sich in den Collagen und Montagen wie etwa Charles Marowitz' *The Marowitz Hamlet* oder Tom Stoppards *The Fifteen Minute Hamlet*. Marowitz zwingt sein Publikum zur Aufgabe der gewohnten Identifikation mit dem Text Shakespeares, indem er die Handlungsstruktur aufsprengt und in diskontinuierlichen Fragmenten neu zusammensetzt. Stoppard montiert Kernzitate aus *Hamlet* zu einem parodistisch verkürzten Dialogspiel, das seinerseits eine Satire auf Collage- und Montagebearbeitungen zu sein scheint.
– Eine nur noch lockere Verbindung zur Vorlage charakterisiert Bearbeitungen wie Arnold Weskers *The Merchant*, Edward Bonds *Lear* oder Bernard Kops' *The Hamlet of Stepney Green*. Hervorstechendstes Merkmal dieser Stücke ist, daß sie auch als selbständige Beiträge zur Gegenwartsdramatik anerkannt werden wollen und auch ohne die Folie der Shakespeareschen Vorlage gelesen werden können.

III

Es dürfte kaum ein Zufall sein, daß *Hamlet* mit fast 50 Bearbeitungen an der Spitze der modernen dramatischen Nachgestaltungen liegt. Die akademische *Hamlet*-Kritik hat in der literarisch-dramatischen insofern ein Pendant, als beide sich sehr umfänglich mit dem auseinandersetzen, was T.S. Eliot das unlösbare Rätsel Hamlets genannt hat. Über kein anderes Werk Shakespeares ist so viel geschrieben worden wie über *Hamlet*. Das Spektrum der literaturwissenschaftlichen *Hamlet*-Deutungen ist so bunt wie das der dramatischen Adaptationen.[27] Die Mehrzahl der Interpretationen basiert auf einer Charakteranalyse des Helden, dessen Rätselhaftigkeit die unterschiedlichsten *approaches* hervorgerufen hat. S.T. Coleridge sah in *Hamlet* die Tragödie des reflektierenden Menschen, den die Tiefe seines geistigen und seelischen Lebens am Handeln hindert. Ernest Jones diagnostizierte einen ausgeprägten Oedipus-Komplex als die Ursache von Hamlets Melancholie und Untätigkeit. Andere Forscher glaubten, Hamlet selbst als Quelle des Übels betrachten zu dürfen, da er durch seinen Zynismus und sein Mißtrauen die Welt zerstöre. D.G. James erblickte in *Hamlet* die Tragödie des neuzeitlichen Intellektuellen sowie seines Fragens, Forschens, der Niederlage des reinen Verstandes und der Unsicherheit des Glaubenslosen. *Hamlet* ist als existentialistisches Stück verstanden worden, das sowohl die letztliche Unsicherheit des Menschen als auch die dennoch von ihm geforderte Verantwortung aufzeige. Gleichzeitig wurde das Drama als religiöse Allegorie aufgefaßt, in der der Kampf der Menschheit gegen das Böse ausgetragen werde. Wieder andere Kritiker, für die das Problem der Rache im Vordergrund steht, untersuchen vor allem den Zusammenhang von privater Rache und göttlicher Gerechtigkeit und Vorsehung. Jan Kott und T. Eagleton haben den sozialpolitischen Aspekt der Tragödie hervorgehoben: *Hamlet* präsentiere eine Welt, die sich als Gefängnis öffentlicher Zwänge beschreiben lasse, in der das Gesetz „homo homini lupus" herrsche, Anpassung verlange, der Mensch manipuliert werde. Der Dänenprinz erscheint in diesem Kontext als ein Mensch, der sich wenigstens die Freiheit der Gedanken erhalten möchte.[28]

Die didaktische *Hamlet*-Literatur artikuliert naturgemäß die Probleme, wenngleich nicht alle Fragestellungen, der akademischen *Hamlet*-Kritik. Robert Ornstein leitet seine Überlegungen zur Methodik der *Hamlet*-Interpretation mit der Bemerkung ein: "What is there left to say about *Hamlet*? The millions of words already written make cowards of us all when we try to discuss the play."[29] Zwar mag ein Großteil der in der akademischen *Hamlet*-Kritik diskutierten Probleme auf der Bühne irrelevant erscheinen, der Lehrer, der seinen Schülern die Tragödie des Dänenprinzen nahebringen soll, wird jedoch mit einer Reihe von Fragen rechnen müssen, die die Lektüre des Dramas aufwirft. Denn

> for most of us, the theatre which really counts is neither the Elizabethan nor the modern, but the classroom itself, where the soliloquies generally fall to the teacher and the dialogue often "goes halting off" like Benedict's four senses.[30]

Es muß der jeweiligen Unterrichtssituation überlassen bleiben, ob man den Einstieg in das Drama über die von Robert R. Hellenga vorgeschlagenen Fragen: "Is Hamlet really mad?" oder "Why doesn't he kill Claudius at his prayers?"[31] wählt oder über die von William Fidone bevorzugte Grundsatzdiskussion:[32]

> (...) why do we study Shakespeare? What value could he possibly have for us in apparently so different a society? Is there really any significance in the study of an obscure Danish prince who couldn't or wouldn't make up his mind? Why concern ourselves with the struggles of a madman, six or seven centuries ago, to fulfil his ambitions?

oder, ausgehend von einer Zusammenstellung unterschiedlicher Stellungnahmen zum Stück, über eine Aufgabe wie die folgende:[33]

> Assuming that you are a local newspaper critic asked to write an article on *Hamlet*, indicate what you feel, in terms of your own experience, is the value (or the lack of value) in reading the play.

Ziemlich sicher dürfte sein, daß zu irgendeinem Zeitpunkt der Diskussion u.a. das Problem einer stimmigen Charakterdeutung und das Verhältnis Hamlets zu Ophelia Gegenstand des Gesprächs werden. Hier nun scheinen mir die Chancen für die Nutzung von Bearbeitungen als Erklärungs- und Verständnishilfen zu liegen. Gegenüber literaturwissenschaftlichen *study aids* haben solche literarischen Interpretationen den Vorzug, daß sie den kreativ-fiktionalen Spielraum im Umgang mit Texten ausloten, ohne deshalb weniger begründet oder plausibel zu sein. Die dramatisch-adaptierende Deutung kann mit poetischer Freiheit einsetzen, wo die wissenschaftliche spekulativ und unseriös werden müßte. Damit ist gleichzeitig der Stellenwert umrissen, der Adaptationen im Shakespeare-Unterricht zukäme: sie hätten die literaturwissenschaftlichen Arbeitsmaterialien nicht zu ersetzen, sondern von Fall zu Fall zu ergänzen. Freilich erfordert die Einbeziehung von Bearbeitungen den Mut, den man nicht eigens zu rechtfertigen gezwungen sein müßte, solange die Erziehung zum Lesen ein Bildungsziel auch des Englischunterrichts ist, – Schülern zusätzliche Lektüre abzuverlangen. Der Weg zum Verständnis Shakespeares führt nun einmal über die Arbeit an ihm.

IV

1. Auch wer die Ermahnung Robert Ornsteins im Ohr behält und sich bei der Analyse *Hamlets* vorrangig auf das konzentriert, was Shakespeare gestaltet, nicht was er ausgespart hat[34], wird bei der unausweichlichen Frage "What happens in *Hamlet*?" Mühe haben, seinen Schülern zu erklären, weshalb der von des Gedankens Blässe angekränkelte und dreieinhalb Akte lang zaudernde Hamlet nach seiner Rückkehr aus England plötzlich zu einem zielstrebig Handelnden wird. Aus Shakespeares Drama erfahren wir verhältnismäßig wenig über die inneren Beweggründe, die diesen Umschwung bewirkt haben könnten. Die plausibelste Erklärung, daß Hamlet nach der Entdeckung des

Anschlags auf sein Leben durch Rosencrantz und Guildenstern nun endlich zum Handeln gedrängt worden sei, will nicht so recht zu dem auf Argumentieren, Fragen und Abwägen bedachten-Wesen des Prinzen passen. Denkbar ist jedoch eine Erklärung, die Herbert Read in seinem am 20.4.1947 gesendeten Funkdrama *Thieves of Mercy*[35] vorgelegt hat. Reads dramatischer Dialog ist die Rekonstruktion einer Episode, die sich in Shakespeares *Hamlet* zwischen IV, 4 und IV, 6 zuträgt. In IV,4 überbringt ein Matrose Horatio die Nachricht, daß Hamlet wieder wohlbehalten in Dänemark angelangt ist und sich seiner beiden Bewacher dadurch entledigt habe, daß er sich während eines Angriffs als einziger auf das Deck des Piratenschiffs flüchten konnte und einige Tage in der Gefangenschaft der Seeräuber zugebracht habe. Der Brief endet mit dem Satz: "They dealt with me like thieves of mercy; but they knew what they did; I am to do a good turn for them." Aus diesem Brief extrapoliert Read eine Episode, deren Beitrag zur *Hamlet*-Deutung darin zu suchen ist, daß sie an einer zentralen Stelle des Dramas die bei Shakespeare ausgesparten Gründe für den Wandel im Verhalten des Prinzen zu erhellen bemüht ist. Die Schlüsselfunktion der Szene erklärt sich daraus, daß uns Hamlet bis zu seiner Verbannung nach England als Zweifler und Grübler entgegentritt, nach seiner Rückkehr jedoch von einer ganz anderen Sinnesart beseelt ist.

Read postuliert, daß sich die entscheidende Wende in Hamlet auf dem Piratenschiff vollzogen haben müsse. Die Frage, die er in seinem dramatischen Dialog beantworten möchte, lautet demzufolge: "What happened to Hamlet on the pirate ship?" (101). Der Brief Hamlets an Horatio impliziert nach Auffassung Reads eine diskussionsartige Auseinandersetzung, in deren Verlauf Hamlet von den Piraten gelernt habe:

> Is it possible that Hamlet learned a lesson from these thieves of mercy — that he found among them a rough conception of justice, of honour, of reality or whatever, which suddenly illuminated his own problem, and gave him a now undeviating sense of purpose? (102)

Die Struktur dieses kurzen Hörstücks ist ganz auf den Widerstreit zweier Meinungen ausgerichtet. In der dramatischen Debatte an Bord des Piratenschiffs steht Hamlet, die Verkörperung des neuen Renaissancemenschen, "the mythical hero of our modern consciousness", dem Kapitän gegenüber, der gleichfalls als universale Figur, als "the outlaw, the enemy of society, the nihilist" (103) porträtiert ist. In beiden werden unterschiedliche Lösungen der gleichen Konfliktsituation vorgestellt. Wie Hamlet hat der Kapitän Vater und Mutter verloren. Aber es bedarf keines Anrufs aus dem Jenseits, um ihn zur Vergeltung des erlittenen Unrechts an der ihm feindlichen Welt, der er sich wie Hamlet entwachsen weiß, anzuspornen. Hamlet schreckt vor der Ausführung seines Racheauftrags zurück, weil er erkennt, daß sein Handeln ihn ebenso schuldig werden läßt wie sein Zaudern. Der Kapitän gehört wie Laertes zur Familie der Tatmenschen, die auch dann handeln, wenn sie einsehen, daß der Weg zum Ziel über neues Unrecht führt. Zögern und Überlegen sind dem Kapitän fremd:

Hamlet: You would not wait to consider the act?
Captain: No: nor consider it when done. There is no place for meditation in my trade. (104)

Der Primat der Aktion, den der Kapitän als Notwendigkeit auf seiner kleinen Gegenwelt des Schiffes propagiert, kennt keine Zweifel: "Doubts? I have no doubts. I act, or I don't act, on the instinct" (106). Hamlet nötigt diese von keinerlei Skrupel geprägte Lebenseinstellung Bewunderung ab: "You have your liberty, no cankering doubts, no lusts, no anguish – only action and rest, rest and action" (106). Für den Kapitän ist der Instinkt das Naturgesetz, dem er ohne Zögern folgt:

Captain: The instinct matches the action: there is no interval.
Hamlet: In what a state of nature do you live, with blood and judgment beating to the same rhythm! And there is no aftermath? No tug of the wounded conscience?
Captain: (...) In my tarry sea-cradle there is no sin but cowardice, and no restraint but fear. To do or not to do, that is the only question. (107)

Der unkomplizierte Ehrenkodex des Kapitäns erlaubt auch keine Unterschiede in der Behandlung des Unrechts. Claudius und Gertrude sind für ihn gleichermaßen schuldig: "In my province, a rat is a rat" (107). Diese Moral, in der Wollen und Handeln noch nicht durch den Intellekt entkoppelt sind, kann der Renaissancemensch Hamlet zwar nicht akzeptieren, aber sie fasziniert ihn: "Oh happy man, that has no divinity to contend with (...)" (107). Es ist diese Faszination, verbunden mit der Einsicht in die Unannehmbarkeit der Prinzipien des Kapitäns, die in Hamlet schließlich die bohrenden Fragen in den Entschluß zur Tat einmünden läßt. Doch Hamlets Wille zur Aktion ist nicht als Lösung seines Gewissenskonflikts mißzuverstehen. Hamlet rafft sich – gleichermaßen an seinem Gewissen vorbei – dazu auf, den Racheauftrag auszuführen, weil ihm bewußt geworden ist, daß es keinen Ausweg aus dem Dilemma gibt außer durch den eigenen Tod. Read gibt zwei Sätzen in Shakespeares *Hamlet* eine neue Interpretation. Der erste stammt aus dem Brief Hamlets an Horatio: "They dealt with me like thieves of mercy; but they knew what they did (...)". Das Geschenk der Seeräuber besteht darin, daß sie Hamlet die letzten Zweifel an der Lösbarkeit des Konflikts auf einem anderen als dem Weg der Selbstopferung ausräumen. Hamlet kehrt gefaßt nach Elsinore zurück. Der zweite Satz, auf den Reads dramatische Diskussion ein neues Licht wirft, fällt nicht weit vor dem Schluß der Tragödie. Es ist Hamlets Ausspruch: "The readiness is all".

2. Hamlets janushaftes Wesen steht auch im Mittelpunkt einer gleichfalls funkdramatischen Bearbeitung, die der unter dem Pseudonym Michael Innes publizierende Shakespeare-Philologe J.I.M. Stewart mit *The Hawk and the Handsaw* (1948)[36] verfaßt hat. Auf dem Höhepunkt der psychoanalytischen Interpretationswelle geschrieben, bemüht sich dieses spannende Hörstück erklärtermaßen darum, das Geheimnis Hamlets vor einer allzu mechanischen und einseitigen Erklärung zu retten, indem es in einem fiktiven Spiel Hamlet

selbst mit den Erklärungsversuchen seines Charakters durch die psychoanalytische Shakespeare-Kritik konfrontiert:[37]

> How, we may wonder, would they have influenced Hamlet? Would they have helped him to resolve his perplexities, or would he have found in these rationalising speculations only a further prompting to doubt and hesitation?

Die dramatische Beantwortung dieser Frage bedient sich des Nachspiels, jenes Typus von Bearbeitungen, der nach Abschluß der bei Shakespeare geschilderten Ereignisse angesiedelt ist. *The Hawk and the Handsaw* verdankt seinen Titel der Entgegnung, mit der Hamlet in II, 2 sein sonderbares Verhalten gegenüber Rosencrantz und Guildenstern rechtfertigt: "I am but mad north-north-west; when the wind is southerly, I know a hawk from a handsaw". Das Geschehen spielt 40 Jahre nach Hamlets Tod. Fortinbras ist König über Dänemark, Horatio sein Kanzler. Die kleine Gruppe wird um den inzwischen ebenfalls alten schottischen Doktor Mungobungo erweitert, dessen Beschlagenheit in allen Fragen der Melancholie und Psychologie ihn zu einem glaubhaften Vorläufer des modernen Psychiaters macht. Die Anlage des Stücks ist relativ unkompliziert. In die Unterhaltungen des Doktors mit seinem Famulus und in das darauf folgende Gespräch des Königs mit seinem Kanzler und dem Arzt werden jeweils entscheidende Szenen aus Shakespeares *Hamlet* eingeblendet. Die Rekapitulation der Szenen durch die Schauspieler bei Hofe hat hauptsächlich die Funktion, dem Doktor Gelegenheit zur Diagnose von Hamlets Krankheit zu geben: "His disorder lay open to me, and from each stage of it could I, his physician, prognosticate the next" (27).
Die Beendigung der Darbietung durch die Schauspieler leitet den Hauptteil des Dramas ein. Fortinbras, der hier, ohne aus seiner Königsrolle zu fallen, als Fragesteller auftritt und mit seinem Bemühen, das rätselhafte Wesen Hamlets zu verstehen, die Fragen der *Hamlet*-Kritik verkörpert, möchte von Horatio eine Erklärung für den zwiespältigen Charakter seines Vorgängers: "Were there two Hamlets: dreamer and doer, doubter and fanatic pattern of courtesy and babbler of foul jests in maidens' laps?" (37). Und wie Fortinbras die nicht verstummenden Fragen, vertritt Horatio das Arsenal der unbefriedigenden Erklärungsversuche der *Hamlet*-Kritik: "He was something of a philosopher and something of a poet — betwixt-and-between sorts both, where madness stands in question" (37 – 8).
Fortinbras kann die Stärke, die ein Königsmord erfordert, nicht mit dem schwächlichen Zweifel an der Rechtmäßigkeit der Tat in Einklang bringen: "I say that the young prince had means and strength and purpose too but that there lurked in the metal of that purpose some flaw that broke the blade" (39). Die Frage nach dem Nährboden des Zweifels und der Unentschlossenheit bringt den Doktor ins Spiel, der nach seiner fehlgeschlagenen Behandlung von Lady Macbeth auch den an Melancholie leidenden Hamlet betreut hat. In den sich nun anschließenden Szenen, die den Bericht des Arztes durchbrechen, wird ein bei Shakespeare nicht enthaltenes Zusammentreffen des verstörten Hamlet mit dem Doktor unmittelbar nach dem Mord an Polonius – die

Wachen durchstöbern das nächtliche Schloß auf der Suche nach dem Prinzen
– rekapituliert. Nach anfänglichem Mißtrauen gesteht Hamlet dem Arzt seine
Absicht, Claudius zu ermorden. Hamlet hat Mühe, seinem auf Fakten und
Beweise pochenden Gesprächspartner eine stichhaltige Begründung seines
Verdachts und seiner Intention zu geben. Immer wieder muß er sich ironisch
nach der Haltbarkeit seiner Beschuldigungen gegen Claudius fragen lassen.
Hamlets Hinweis, daß ihm der Geist seines toten Vaters den Auftrag zur
Rache erteilt habe, ist dem naturwissenschaftlich, auf der Grundlage von
Ursache und Wirkung argumentierenden Jünger des Äskulap Beweis genug:
"You need physic for the mind" (49).

In dem mit Spannung und Dramatik gestalteten Zusammentreffen wird Hamlet Schritt für Schritt in die Rolle des Patienten gedrängt, dessen frühkindliche
Erlebnisse maßgeblich für den augenblicklichen Zustand verantwortlich
gemacht werden. Während Hamlet vergeblich die Faktizität des Erlebten und
die Beweiskraft von Zeugenaussagen für die Richtigkeit seiner Behauptungen
ins Feld führt, zwingt ihn die unbeirrbare Logik des Psychiaters nach und nach
zu einer Offenlegung von Kindheits- und Jugenderinnerungen. Das Netz des
Psychoanalytikers zieht sich immer enger. Die Auslotung des Un- und Unterbewußten fördert zutage, daß das zufällige Miterleben des Liebesaktes zwischen dem von Hamlet verehrten Vater und der zum Inbegriff alles Fraulichen
apostrophierten Jugendfreundin Hamlets sowie die Lektüre von *The Murder
of Gonzago* es waren, die den Wunsch nach Tötung des Vaters und des
Vaterersatzes Claudius weckten. Als Hamlet sich nicht länger gegen die
Preisgabe seines Innersten wehren kann, öffnen sich die Schleusen der Erinnerung:

> *Hamlet:* They slept – she in the seeming pure grace of a sainted thing ...; he, my
> father – and this it was that in my rage and terror drove me to unendurable stress –
> he, I say, in a strange posture of helplessness, as if at my childish mercy; (...). In
> that moment could I have killed him whom I loved. (...) I ran from the orchard in
> tempestuous grief and would by no means speak or be comforted. And then the
> girl, awakened and following in some shame gave me to distract my mind the
> book I have marked – that same *Murder of Gonzago* that tells of a king killed in
> his orchard – aye killed – because of some love borne to a woman. (67)

Doch in dem Augenblick, da der Arzt mit seiner Diagnose das innerste Wesen
Hamlets seziert und bloßgelegt zu haben glaubt, gewinnt Hamlet seine
Beherrschung zurück. Die Situation verkehrt sich. Der Patient geht zum
Angriff auf den Arzt über. Waren die vorangegangenen Szenen eine Psychoanalyse Hamlets, so steuert seine Entgegnung auf den Versuch, sein ganzes
Wesen, Denken und Handeln auf eine mit medizinischer Logik rekonstruierbare Sequenz von psychischen Reminiszenzen zurückzuführen, auf das
zentrale Anliegen des Stücks zu. Hamlet macht geltend, daß ein solches
Psychogramm seiner Motive ihn seiner Würde und Willensfreiheit beraubt, da
es ihn als willenloses Objekt den chaotischen Kräften des Unterbewußten
ausliefere:

Hamlet:... what has this powerful art of yours achieved? It has called up yet further questionable shapes — ghosts that nigh palpable to my seeming now, may yet fade at cock-crow, even as my father did. My father's spirit methought appeared to me from purgatorial fires. (...) But the shades that you have summoned come from a different place of pain, from the stricken mind of a child whose agony, suffered without desert, now deviously fathers my every seeming act of mature will. (...) Is not this, now, a preposterous show of things, that the man should be dancing ever to the unlicked lad's forgotten tune; the lad be commanded still by the puking babe; the babe, belike be bound by accidents beyond the portals of the womb? Does no man aim, in truth, where he fancies that his reason points the bolt? This, narrowly scanned, oppugns all order and degree; it whips the lid off Chaos! (69 – 70)

Es ist nicht schwer, die im Gewand der dramatischen Fiktion verkleidete Kritik, die in zwei Richtungen zielt, zu übersetzen. Hamlet wehrt sich gegen die Entmündigung, die eine derartige Abhängigkeit vom Unterbewußten nach sich zieht. Den psychischen Zwängen des Unterbewußten setzt er den Primat des Bewußtseins, der Willensfreiheit und der Persönlichkeit entgegen. Die tiefenpsychologische Interpretation seiner Motive greift zu kurz, weil sie die Komplexität der Beweggründe auf psychische Gesetzmäßigkeiten einschrumpft. Der zweite Einwand gegen die Diagnose des Doktors stammt von Fortinbras. Vielleicht, so beschließt er die Ausführungen des Arztes, habe die Eröffnung der Interdependenz von Denken und Handeln und den schlummernden Kräften des Unterbewußten in Hamlet mehr Zweifel geweckt als ausgeräumt, denn das Fatale an der Diagnose des Arztes für Hamlet sei gewesen, daß sie ihm die Hoffnung auf die Transzendenz genommen habe. Der Aufweis der Bedingtheit des Handelns durch die Triebkräfte der Seele habe ihm den Glauben an die Orientierung an einer Welt "beyond the moon" geraubt und ihn als ziellosen "dweller wholly amid things corruptible" (72) zurückgelassen. Die Konsequenzen einer von Freud inspirierten Hamlet-Deutung könnten kaum anschaulicher dargestellt werden.

3. Hamlets Verhältnis zu Ophelia gehört zu den unbestreitbaren Problemen des Dramas. Es ist deshalb nicht verwunderlich, daß sich gleich drei Bearbeitungen mit dem Titel *Ophelia* der Person und dem tragischen Schicksal von Hamlets Jugendgefährtin zuwenden. G.W. Stoniers *Ophelia*[38] zählt ebenso wie Herbert Reads *Thieves of Mercy* zu den frühen Auftragsarbeiten für das Dritte Programm der BBC. Die insgesamt zehn Szenen sind die Schilderung des *Hamlet*-Dramas aus der Perspektive Ophelias, deren menschlich anrührende Tragödie, Wahnsinn und Tod im Vordergrund stehen. In Shakespeares *Hamlet* treffen wir Ophelia nach dem Spiel im Spiel erst in IV,5 wieder, als sie bereits von Wahnsinn gezeichnet ist. Stonier versucht in seinem Drama die Frage zu beantworten, welche Gründe zu Ophelias geistiger Umnachtung geführt haben.

Die kurze Szenenfolge beginnt unmittelbar im Anschluß an die Aufführung von *The Murder of Gonzago*. Der aufgebrachte Claudius schmiedet Pläne, um die Absichten hinter Hamlets gespieltem Wahnsinn herauszufinden. Ophelia, die unter den verwirrenden Eindrücken des Geschehens vor und während der Aufführung wie betäubt erscheint, begegnet dem Zuhörer als verängstigtes Geschöpf, das das erdrückende Schweigen und das dunkle Intrigengeflecht nicht länger erträgt. Der echten Verstörtheit Ophelias steht der vorgetäuschte Wahnsinn Hamlets gegenüber. Hamlet behandelt Ophelia auch nach dem beleidigenden Auftritt während des Spiels ohne ersichtlichen Grund als Prostituierte. Wie verletzend dieses Verhalten ist, erweist sich in der Szene, in der Ophelia die Ereignisse seit *The Murder of Gonzago* und besonders die Beleidigungen Hamlets in einem Brief an den in Paris weilenden Laertes schildert. Die ganz aus der Sicht Ophelias dargebotene Rekapitulation der Vorgänge am Hof gestattet einen Einblick in die Verwundbarkeit einer durch das Geschehen zutiefst betroffenen Liebenden:

> *Ophelia:* Why? I ask myself. What have I done? Let him charge me and I will try to undo it, whatever it is. There are plots, maybe; I don't understand them. I am innocent! I love him as once we loved one another. I swear it. God is my witness.
>
> (121)

Ophelia erscheint hier nicht als der Lockvogel Saxos, sondern als das unschuldige Opfer, das sich von ihrem Geliebten, an dem sie nach wie vor hängt, nicht nur verlassen, sondern in aller Öffentlichkeit brüskiert sieht. Stonier, der sich bei der Zeichnung der menschlichen Enttäuschung und Verzweiflung Ophelias jeglicher Sentimentalisierung enthält und ganz auf die bei Shakespeare vorgegebenen Fakten beschränkt, benötigt keine tiefenpsychologische Motivation, um die Tragik seiner Hauptfigur glaubhaft zu machen. Die atmosphärisch von Melancholie geprägte Briefepisode kontrastiert wirkungsvoll mit der äußeren Aktion: Horatio und die Soldaten durchkämmen das nächtliche Schloß auf der Suche nach Hamlet, der sich mit der Leiche des ermordeten Polonius auf der Flucht befindet. Die sechste Szene bildet den dramatischen Höhepunkt des Funkspiels. Ophelia und Hamlet treffen auf einer dunklen Treppe des Schlosses zusammen. Hamlet, der fürchten muß, erneut in eine Falle zu tappen, belauscht und entdeckt zu werden, wittert einen Hinterhalt:

> *Hamlet:* (...) Perhaps, while the squad goes mudlarking, you are sent to trap me? Ophelia will fetch him with her pretty ways – and no scandal! But there has been enough skirmishing behind the screen for one evening. (128)

Die Bitterkeit der Zurückweisung wird verstärkt durch den Vorwurf Hamlets, Ophelia habe schon einmal als williges Werkzeug der Gegenpartei gedient. Die menschliche Tragödie Ophelias resultiert aus dem Zusammenstoß zweier unversöhnlicher Gegensätze. Während Ophelia zu Recht auf ihre Unschuld pocht, die ihr wahres Wesen ausmacht, muß Hamlet, um seinen Auftrag nicht zu gefährden, eben jene Vorsicht anwenden, die unmenschlich wirkt. Ebensowenig wie Ophelia sich verstellen und ihre Liebe zu Hamlet verleugnen kann, ist Hamlet unter dem Zwang der Verhältnisse in der Lage, sein wahres Gesicht zu zeigen. Als Hamlet schließlich Ophelias Liebe auf eine Stufe mit der Gertrudes zu Claudius stellt, trifft er sie in ihrem verletzlichsten Wesenskern. Angesichts dieser inneren Tragödie ist die jähe Entdeckung Ophelias, daß

Hamlet nicht den Höfling Rosencrantz, sondern Polonius, ihren Vater, getötet hat, nur noch der äußere Anlaß, der ihre Sinne verwirrt. Die Abschiedsszene, in der Hamlet durch Horatio Ophelia einen Blumenstrauß zuschickt, ist gleichsam als retardierendes Moment vor der Katastrophe konzipiert. Ophelia hofft, daß in dem Strauß eine Nachricht verborgen ist. Ihre unerschütterliche Liebe läßt sie glauben, daß sie sich in Hamlet geirrt hat. Doch es gibt keine solche Nachricht. Das politische Kalkül der Umwelt nimmt keine Rücksicht auf menschliche Gefühle. Claudius hat Hamlet zusammen mit Rosencrantz und Guildenstern nach England in die Verbannung geschickt. Hamlet geht ohne Abschied von Ophelia, die nicht wissen kann, daß er bald nach Elsinore zurückkehren wird. Die Tragödie nimmt den Verlauf, der uns aus Shakespeares *Hamlet* bekannt ist. Es bleibt Horatio vorbehalten, das Epitaph über eine private Liebe zu verlesen, die in den politischen Zwängen der Haupt- und Staatsaktion zugrunde geht.

4. In T.B. Morris' Einakter[39] zerbricht Ophelia an den disparaten Ansprüchen, die die Umwelt an sie stellt. In Hamlet verliebt, von ihm zurückgestoßen, von Gertrude als Mittel zum Zweck der Auskundschaftung Hamlets verplant, von Polonius vor einer Verbindung mit dem Dänenprinzen gewarnt, von ihrer Mutter zur Heirat gedrängt, sucht Ophelia "nothing more than peace/In this ... discordant clamouring" (35). Wie Morris ist C.P. Taylor[40] um eine schärfere Konturierung der bei Shakespeare blassen Frauengestalt bemüht, auch wenn die Rezensentin des *Observer* anläßlich der Uraufführung 1977 dem Stück gravierende Schwächen bescheinigte.[41] Taylor verteidigte sein Stück, in dem er "the crisis of adolescence where the conflict between the real and the ideal world reaches its height" zum Thema erhob, gegen diese Anschuldigung:[42]

> I don't know if you are aware of this, but only a small minority in Britain enjoy Shakespeare. The majority find his language, preoccupations, plots etc., boring and irrelevant to their lives. *Ophelia* was an attempt to take a theme of Shakespeare's and make it immediate and relevant to contemporary audiences.

In seinem zugegebenermaßen nicht ganz einfachen Drama läßt die bereits verwirrte Hauptgestalt die bei Shakespeare nicht enthaltenen Ereignisse Revue passieren, die zu ihrer Umnachtung geführt haben. Die durch diese Perspektive gebrochene diskontinuierliche Szenenfolge enthüllt zwei jugendliche und von einem utopischen Idealismus beseelte Protagonisten. Während sich Hamlet von der Realität kompromittieren läßt, weil er die Unmöglichkeit begreift, sie zu ändern, wird Ophelia das Opfer der Enttäuschung über diesen Kompromiß. Sie zerbricht an der Wirklichkeit, rettet sich aber den Traum von der unerreichbaren Utopie in ihren Wahnsinn.

V

Bearbeitungen sind sicherlich nicht die Lösung aller Probleme der Shakespeare-Behandlung im Englischunterricht. In dreierlei Hinsicht jedoch scheint mir die Berücksichtigung von Adaptationen nützlich zu sein:

– Sie können – z.B. unterstützt durch bildkünstlerische und musikalische Verfremdung – die historische Distanz zwischen einem 380 Jahre alten Text und der Erfahrungswelt der Schüler überbrücken helfen, indem sie das Weiterleben Shakespeares in den zahlreichen Variationen seines Werks in der Gegenwartsdramatik sichtbar machen.
– Sie können Erklärungs- und Deutungshilfen des Stücks in literarischer Form bieten.
– Damit verbunden scheint die Chance nähergerückt, daß im Englischunterricht auch über Shakespeare *gesprochen*, d.h. in englischer Sprache diskutiert, Sprach- und Literaturunterricht stärker aufeinander bezogen werden kann. Auch wer über aktualisierte, modernisierte oder trivialisierte Versionen Shakespearescher Dramen spricht, redet über Shakespeare. In zeitgenössischem Englisch abgefaßt, oftmals einzelne Kernszenen oder das ganze Drama aus- bzw. umdeutend und überpointierend, aber gerade damit auf zentrale und bis heute weiterwirkende Fragen hinlenkend, könnten diese Adaptationen die historische Distanz als positive Qualität erlebbar machen.

Dem Einwand, daß diese Bearbeitungen die subtile künstlerische Komplexität des Originals auf eine negative Eindeutigkeit zumeist in Form von tagespolitisch aktualisierten Aussagen verengen, ist entgegenzuhalten, daß Bearbeitungen keineswegs nur aus kurzlebigen Modernisierungen bestehen und daß jede Realisierung eines Shakespeare-Dramas auf der Bühne gleichfalls eine Vereinseitigung darstellt. Shakespeares Dramen existieren nicht bloß als Text, sondern vor allem als Partituren, die auf der Bühne gespielt werden wollen. Wie Werner Habicht gezeigt hat[43], läßt sich ein Shakespeare-Drama als System von Signalen begreifen, das sehr unterschiedliche Aufführungserlebnisse zu inaugurieren vermag. Diese im Verlauf der Theatergeschichte immer wieder anders gearteten Interpretationen eines Dramas lassen sich rechtfertigen, weil die konkreten Realisationsanweisungen für den Regisseur und Schauspieler weniger aus den Regieanweisungen, als vielmehr aus der Poesie Shakespeares selbst herausgearbeitet werden müssen. Eine theaterorientierte Sicht, die in dem vorliegenden Text die Aufforderung zur theatralischen Umsetzung erkennt, wird zugeben, daß jede Aufführung auf der Bühne stets die Entscheidung zwischen Alternativen bedeutet, da Regisseur und Schauspieler andere Bedeutungsnuancen zugunsten der von ihnen vertretenen Auffassung abblenden. Bereits die einzelnen gestischen, mimischen oder stimmlichen Akzentuierungen beinhalten ja unterschiedliche Interpretationen und Festlegungen der Textsignale in eine bestimmte Richtung. Die ideale objektive Realisation, die die gesamte Bedeutungsfläche eines Dramas zur Wirkung bringt, ist die Fiktion einer ganz auf den Text konzentrierten Philologie. Das Theater interpretiert, bezieht Stellung, wie Charles Marowitz, einer der erfolgreichsten Shakespeare-Adaptatoren, mit Recht hervorhebt:[44]

> The "dispassionate view" and "critical humility" (...) are virtues for the critic or the scholar, not the theatre director who cannot afford to be "objective" and "impartial"; who in fact must be highly personal and fiercely biased. An interpreta-

tion is precisely that: a dogmatic assertion on the part of the interpreter that the play can mean what he says it does.

Wenn mithin die Tendenz zur Vereinseitigung ein nicht zu eliminierendes Begleitmoment der praktischen Realisierung von Shakespeare-Originalen auf der Bühne ist, kann der Adaptation, die ihrerseits die Bloßlegung einer bei Shakespeare angelegten oder vermuteten Sinnschicht von einem vorgefaßten Standpunkt aus zum Ziel hat, nicht vorgehalten werden, was sie ausdrücklich bezweckt. Und wenn schon der jeweils andersgearteten semantischen Extrapolation des Regisseurs und Schauspielers während der Aufführung eines Dramas „Erkenntniswert"[45] zukommt, dann ist zu vermuten, daß die Vielzahl der gegenwärtigen Interpretationsversuche in Gestalt von Bearbeitungen gleichfalls einen Beitrag zur besseren Kenntnis Shakespeares leisten:[46]

> (...) wenn durch sie – wie immer vereinseitigend und provozierend – eine unmittelbar gegenwärtige Reaktion auf Shakespeare künstlerisch aktiviert worden ist, so haben sie ihren Beitrag zum lebendigen Shakespeare-Bild von heute geleistet, indem sie auch das Spannungsfeld zwischen heutiger Reaktion auf Shakespeare und seiner historischen Bedingtheit ins Bewußtsein gerückt haben.

Jede Bearbeitung ist eine Herausforderung, die zu einer Wiederbegegnung mit dem Original zwingt: "It combats the assumptions of the classic with a series of new assumptions and forces it to bend under the power of a new polemic. And of course, it doesn't always win."[47] Vielleicht ist damit ein Schritt auf dem Weg getan, den uns die Herausgeber der First Folio gewiesen haben, als sie nach der Darlegung ihrer Editionsprinzipien und der Gründe für ihre Wertschätzung des Schauspielerkollegen Shakespeare ihr Vorwort mit den Sätzen beschlossen:

> Reade him, therefore; and againe, and againe: And if then you doe not like him, surely you are in some manifest danger, not to vnderstand him. And so we leaue you to other of his Friends, whom if you need, can bee your guides: if you neede them not, you can leade your selues, and others. And such Readers we wish him.

Anmerkungen

1 Vgl. R. Ahrens, „Die Tradition der Shakespeare-Behandlung im Englischunterricht", *Anglistik und Englischunterricht*, 3 (1977), 13.
2 Vgl. R. Freifrau von Ledebur, „Die Shakespeare-Lektüre in den Curricula der reformierten Oberstufe", *Anglistik und Englischunterricht*, 3 (1977), 63.
3 Vgl. etwa J. Hengesbach, „Shakespeare im Unterricht der Preußischen Gymnasien", *Die Neueren Sprachen,* 9 (1896), 514.
4 Vgl. Saarland, Curriculum, 1-En-131-0676-08.
5 Vgl. R. Freifrau von Ledebur, „Die Shakespeare-Lektüre", 66.
6 *Schulreform NW Sekundarstufe II: Arbeitsmaterialien und Berichte*, Heft 4 II: Curriculum Gymnasiale Oberstufe Englisch, 2. Ausgabe, 32.
7 M. Draber, „Ein Beitrag zur Methodik des Shakespeare-Unterrichts", *Neuphilologische Monatsschrift*, 3 (1932), 205; zit. nach R. Ahrens, „Die Tradition", 21.
8 R. Haas, „Shakespeare als pädagogische Herausforderung", *Shakespeare-Jahrbuch (West) 1976*, 128 – 129.

9 Vgl. Th. Finkenstaedt, „Shakespeare zwischen Wissenschaft und Unterricht – Sechs Fragen an die Schule", *Anglistik und Englischunterricht*, 3 (1977), 55.
10 Vgl. R. Ahrens, „Die Tradition", 27. Vgl. dagegen A. McLean (ed.), *Shakespeare in the Classroom: Resources and Media Aids*. Prepared for the April, 1977, Teaching Symposium (University of Wisconsin, Parkside, o.J.).
11 R. Ahrens (Hrsg.), *William Shakespeare: Didaktische Modelle* (München, demnächst).
12 Vgl. W. Clemen, „Zur Methodik der Shakespeare-Interpretation", in: A. C. Weber (Hrsg.), *Sprache und Literatur Englands und Amerikas*, Bd. 2 (Tübingen, 1956), 83 – 84.
13 H. Combecher, „Zur Verbindung von Werk und Epoche Shakespeares im Unterricht", *Mitteilungen des ADNV*, 15 (1962), 157.
14 R. Haas, „Shakespeare in Wissenschaft und Unterricht", in: *Anglistikstudium und Englischunterricht* (Heidelberg, 1963), 39.
15 Vgl. H. Mainusch et al. (Hrsg.), *Lehrerfortbildung und Lehrerweiterbildung in der Bundesrepublik Deutschland: Modell Anglistik* (Bern/Frankfurt, 1976), 22.
16 Vgl. R. Haas, „Shakespeare als pädagogische Herausforderung", 138 – 150.
17 Vgl. R. Haas, ebd., 145 – 147.
18 R. Ahrens, „Die Tradition", 32.
19 R. Freifrau von Ledebur, „Die Shakespeare-Lektüre", 72.
20 Vgl. H. Prießnitz, „Anglo-amerikanische Shakespeare-Bearbeitungen des 20. Jahrhunderts: Ein bibliographischer Versuch", in: ders. (Hrsg.), *Anglo-amerikanische Shakespeare-Bearbeitungen im 20. Jahrhundert* (Darmstadt, 1980), 413 – 432.
21 T. S. Eliot, *The Sacred Wood: Essays on Poetry and Criticism* (London, 1920, 1976), 49.
22 Vgl. H. Prießnitz, „Adaptationen auf der englischen Bühne der Gegenwart", in: H. Kosok (Hrsg.), *Drama und Theater im England des 20. Jahrhunderts* (Düsseldorf, 1980), 186 – 197.
23 Vgl. B. Brecht, „Heilig machen die Sakrilege", *Gesammelte Werke, Bd. 15: Schriften zum Theater I* (Frankfurt, 1968[2]), 335.
24 Vgl. P. Hacks, „Über das Revidieren von Klassikern", *Theater heute* (1975), 125.
25 Vgl. etwa K. Muir, "The Pursuit of Relevance", *Essays and Studies* N. S., 26 (1973), 2043; E. Salmon, "Shakespeare on the Modern Stage: The Need for New Approaches", *Modern Drama*, 15 (1972), 305 – 319. In der Kunst- und Musikwissenschaft scheint man dem Phänomen schon länger kritische Aufmerksamkeit zu widmen. Vgl. etwa: J. Handschin, „Zur Frage der melodischen Paraphrasierung im Mittelalter", *Zeitschrift für Musikwissenschaft*, 10 (1928), 513 – 559; F. Lederer, *Beethovens Bearbeitungen schottischer und anderer Volkslieder*, Diss. (Bonn, 1934); H. Boettcher, „Bachs Kunst der Bearbeitung dargestellt am Tripelkonzert a-moll", in: A. Morgenroth (Hrsg.), *Von deutscher Tonkunst: Festschrift zu Peter Raabes 70. Geburtstag* (Leipzig, 1942), 88 – 106; H. Engel, „Erfindung oder Arbeit? Bearbeitung – in alter und neuer Zeit", *Das Musikleben*, 1 (1948), 39 – 42; F. Oberborbeck, „Original und Bearbeitung. Versuch einer Klärung der Terminologie", in: W. Vetter (Hrsg.), *Festschrift [für] Max Schneider zum achtzigsten Geburtstag* (Leipzig, 1955), 347 – 355; Z. Lissa, „Ästhetische Funktionen des musikalischen Zitats", *Musikforschung*, 19 (1966), 364 – 378; T. Kneif, „Zur Semantik des musikalischen Zitats", *Neue Zeitschrift für Musik* (1973), 3 – 9; M. Schwager, "A Fresh Look at Beethoven Arrangements", *Music and Letters*, 54 (1973), 142 – 160; H. J. Feurich, „James Lasts Bearbeitung des 2. Satzes von Beethovens ‚Pathétique' (Op. 13); Gedanken zur Funktionsbestimmung unterhaltungsmusikalischer Stilmerkmale", *Musik und Bildung*, 7 (1973), 184 – 189; D. Rexroth, „Bearbeitung und Transkription", *Hi Fi-Stereophonie*, 13 (1974), 508, 510, 514; T. Kneif, „‚Roll Over Beethoven': Zur Beethoven-Rezeption in der Rockmusik", *Musik und Bildung*, 10 (1976), 535; W. Hahn, „Pop-Classics: Ein Vergleich zwischen Original und Bearbeitungen – J. S. Bachs Choralsatz ‚Jesu bleibet meine Freude' im Griff der Popularmusik", in: W. Gundlach und W. Schmidt-Brunner (Hrsg.), *Praxis des Musikunterrichts: 12 Unterrichtseinheiten für die Primar- und Sekundarstufe I* (Mainz, 1977), 182 – 196; R. McMullen, *Mona Lisa: The Picture and the Myth* (Boston, 1975); Wilhelm-Lehmbruck-Museum der Stadt Duisburg (Hrsg.), *Mona Lisa im 20. Jahrhundert* (Duisburg, 1978).

26 Diese Übersicht ist folgenden Vorarbeiten verpflichtet: U. Broich, „Montage und Collage in Shakespeare-Bearbeitungen der Gegenwart", *Poetica*, 4, 3 (1971), 333 − 360; D. K. Gros Louis, *Shakespeare By Many Other Names: Modern Dramatic Adaptations*, Ph. D. Thesis (University of Wisconsin, 1968); R. Cohn, *Modern Shakespeare Offshoots* (Princeton, N. J., 1976). Vgl. auch B. v. Lutz, *Dramatische ‚Hamlet'-Bearbeitungen des 20. Jahrhunderts in England und den USA*, Diss. (Saarbrücken, 1979).

27 Auf Bearbeitungen in Romanform sei nur am Rande hingewiesen. Vgl. etwa: I. Murdoch, *The Black Prince* (London, 1973); M. Innes, *Hamlet, Revenge!* (London, 1937); A. Hayter, *Horatio's Version* (London, 1972); W. McIlvanney, *Remedy Is None* (London, 1966).

28 Vgl. I. Schabert (Hrsg.), *Shakespeare-Handbuch* (Stuttgart, 1972), 554 − 555; W. Erzgräber (Hrsg.), *Hamlet-Interpretationen* (Darmstadt, 1977).

29 R. Ornstein, "Teaching *Hamlet*", *College English*, 25 (1964), 502.

30 R. R. Hellenga, "*Hamlet* in the Classroom", *College English,* 35 (1973/74), 32.

31 Vgl. R. R. Hellenga, "*Hamlet* in the Classroom", 32.

32 W. Fidone, "An Above-Average Class Studies *Hamlet*", *English Journal*, 45 (1956), 472.

33 W. Fidone, ebd., 472; weitere Einstiegsfragen finden sich bei P. A. Knapp, "'Stay, Illusion', or How to Teach *Hamlet*", *College English*, 36 (1974), 76.

34 Vgl. R. Ornstein, "Teaching *Hamlet*", 505 − 506.

35 H. Read, "Thieves of Mercy", in: R. Heppenstall (ed.), *Imaginary Conversations: Eight Radio Scripts* (London, 1948), 97 − 110. Alle Seitenangaben im Text beziehen sich auf diese Ausgabe.

36 M. Innes, "The Hawk and the Handsaw", in: R. Heppenstall and M. Innes, *Three Tales of Hamlet* (London, 1950), 11 − 73. Alle Seitenangaben im Text beziehen sich auf diese Ausgabe.

37 M. Innes, "Introduction", in: R. Heppenstall and M. Innes, *Three Tales*, 15.

38 G. W. Stonier, "Ophelia", in: R. Heppenstall (ed.), *Imaginary Conversations*, 111 − 136. Alle Seitenangaben im Text beziehen sich auf diese Ausgabe.

39 T. B. Morris, "Ophelia", in: J. W. Marriott (ed.), *The Best One-Act Plays of 1948-49* (London, 1950), 11 − 43. Die Seitenangabe im Text bezieht sich auf diese Ausgabe.

40 C. P. Taylor, *Ophelia* (Oxford, 1977. Unveröffentlicht).

41 Vgl. V. Radin, "Spotlight on Ophelia", *The Observer*, 30.10.1977, 30.

42 Brief des Autors an den Verfasser vom 11.12.1977.

43 Vgl. W. Habicht, „Zum Shakespeare-Bild heute − Tendenzen und Impulse neuerer Shakespeare-Forschung", *Anglistik und Englischunterricht*, 3 (1977), 43.

44 Ch. Marowitz, "Salmon Out of Season", *Wascana Review*, 7, 1 (1972), 6.

45 W. Habicht, „Zum Shakespeare-Bild heute", 45.

46 W. Habicht, ebd., 51.

47 Ch. Marowitz, "Introduction", in: *The Shrew. Freely Adapted from William Shakespeare's "The Taming of the Shrew"* (London, 1975). 23.

Rudolf Nissen

Samuel Beckett: *Krapp's Last Tape*

I

Beckett nennt seinen Helden „Krapp". *'Crap'*, als *taboo word*, *slang*, bedeutet schlicht „Scheiße" (man erinnere des Protagonisten beklagenswerte *"bowel condition"*), davon abgeleitet „Abfall", „Müll", auch „Kram", „Unsinn", „Quatsch" (*"a load of crap/codswallop/rubbish"*). Offenbar geht es um eine höchst defiziente *condition humaine*. Der Nebenton des Am. E. „Fehlwurf" (in *craps*, einem Glücks- und Würfelspiel) oder des schottischen „Gipfel", „höchste Erhebung", fügt dem ironische Glanzlichter hinzu.

Man darf wohl davon ausgehen, daß einer *native audience* diese „sehr ernsten Scherze" (Goethe) nicht entgehen. Der deutsche Englischlehrer hat, nach einigen Oberstufenkursen, Holden Caulfields *"David Copperfield and all that crap"* im Ohr. Er wird sich fragen, *if Krapp is crap*, oder, wenn er das Stück als ganzes treffen will, *if it's all crap – or all Krapp*: Einladung, der perspektivischen Illusion des Textes identifikatorisch anheimzufallen – oder Einladung, auf die bequeme Art geistreich zu sein, alles einfach *"crap"* zu nennen?

Es ist unbequem, sich den komplexen Identifikationspatterns dieses Stücks auszusetzen. Der Mißerfolg, den Kollegen immer wieder mit *Krapp's Last Tape* verzeichnen, erstaunt nicht. Man liest, oder man hört (von einer Schallplatte)[1] und liest, was nur als Libretto szenisch-sinnlicher Realisation Sinn hat: Seiner Sinnlichkeit und also seines Sinns beraubt, wird der Text zum Vorwand. Er betrifft den Schüler nicht.

Was ist zu tun? – Man muß kein „Mediot" (H. Pürschel) sein, um zu erkennen, daß der Ausgangseinfall des Autors didaktisch übertragbar, entwicklungsfähig ist. Beckett reduziert Lebenserfahrung und Welt auf das, was einer auf einem Tonband hört – hineinhorchend, fragend. Er reduziert die Möglichkeiten szenischen Spielhandelns auf der Bühne auf dieses Fragen – und der Zuschauer (Mit-Hörer!) fragt mit ihm. Reduzieren wir sinngemäß weiter: Vermitteln wir *Krapp's Last Tape – on tape* (*or, rather, cassette*) und zunächst nur dies! Das kommunikative Handlungsspiel des Unterrichts, mit dem bloßen Hörtext konfrontiert, wird den Fragen des Protagonisten, den (impliziten) Fragen des Autors, den eigenen Fragen über den Protagonisten „nach-fragen". Kommentar- und deutungslos, im Ansatz sogar textlos – Verblüffung, die in Fragehaltung umschlägt – Rekonstruktion von Sinn in der (Lern-)Gruppe – die dadurch zu einer Gruppe von Betroffenen wird.

Let's play it cool! – Bevor wir dieser Fährte eines (vielleicht) glücklichen Einfalls weiter folgen, sollten wir das Übliche tun: das übertragbar für jeden Unterricht mit Texten dieser Art Gleiche. Auf jener Basis wird sich dieser Einfall zu legitimieren und zu bewähren haben.

Becketts Monodram macht unterrichtlich die gleichen Vorüberlegungen nötig und bereitet die gleichen Schwierigkeiten wie andere literarische Texte, speziell Theaterstücke (Sprechhandeln zugleich Lernobjekt und Lerntätigkeit, „Spiel"-Texte als Kontext didaktischer Handlungsspiele – in der Fremdsprache). Gewisse seiner Merkmale lassen es aber für fremdsprachenunterrichtliche Behandlung besonders geeignet, ja: wertvoll erscheinen (das Tonband: Hörverstehen als Sinnsuche; – dazu: analytischer Textaufbau, Stiltyp des „Absurden"). Genaueres Hinsehen erschließt sowohl die Antinomien wie die Perspektiven der Arbeit mit diesem Text *und Texttyp*. – Sehen wir also genauer hin![2]

II

1. Sprechhandeln, (Fremd-)Sprachenlernen, Text

Krapp's Last Tape fungiert in diesem Zusammenhang zunächst einmal als fremdsprachenunterrichtlicher Text. Und es ist ein literarischer Text. Vorweg also: Was besagt das?

Wir lernen handelnd. Unterrichtliche Vorstrukturierung und Steuerungsverfahren sind nichts ohne die antwortenden, selbstverantworteten Impulse der Lernenden.[3] Ein Vorgehen, das solchen Impulsen nicht Raum läßt, das nur auf Nachvollzug angelegt ist, kann nicht hoffen, mehr als momentane Spuren zu hinterlassen. Ein Vorgehen allerdings, das nur noch Raum läßt, das keinerlei Stütze mehr vermittelt (kein „Lerngeländer"), wird nichts bewirken, das zu hinterlassen sich lohnt. Raum, der zugleich Stütze vorgibt, hat die Eigenschaft von Rahmen: Schülerimpulse „spielen" – als Optionen innerhalb unterrichtlicher Rahmen-Vorgaben, die das freie Spiel der Äußerungen begrenzen, es vorbereitbar und steuerbar machen. Die Rahmen-Vorgaben des fortgeschrittenen Fremdsprachenunterrichts stellen jeweils dessen Text und/oder Thema dar.

Sprachliches Handeln, das in dieser Weise „frei" ist, bringt das Subjekt des Lernens, den Schüler, ein, wo es nur darum zu gehen scheint, dessen Objekt, den Text, zu verarbeiten. Dabei „verwirklichen sich" Texte in Bezug auf Rezipienten. Ihre Verarbeitung – in einem „Rezeptionsgespräch" (J. Kreft)[4] – bringt sie „zu sich selbst". Zugleich bringt sie den Schüler „zur Sprache" – innerhalb des durch sie definierten Verstehens- und Ausdrucksfeldes: ihres *Kontextes*.

Dies gilt für Sprachunterricht allgemein. Es gilt in erhöhtem Maße für *fremd*sprachliches Sprachhandeln. Fremdsprachliches Sprachhandeln ist immer zugleich fremdsprachliches Lernen, verarbeitet immer zugleich textuell oder kontextuell Vor-Erfahrenes. Durch die „Oberfläche" inhaltlich-gedanklicher Elemente und Ordnungen hindurch beziehen sich auch relativ sicher wirkende fremdsprachliche Schülerimpulse sichernd oder fragend auf die in Frage stehenden Elemente und Ordnungen der fremden Sprache – insbesondere auf diejenigen, die den jeweils besprochenen Inhalt tragen: als je diesen oder jenen Kontext.

Literarische Texte nun repräsentieren Kontexte, die in besonderer Weise auf verarbeitende Impulse hin angelegt sind. Sie deuten, indem sie darstellen, und sind ihrerseits – sprachlich – deutendem Zugriff offen. Im kommunikativen Handlungsspiel *fremdsprachenunterrichtliches Lerngespräch* wird sich dies Sprachspiel offener Optionen immer wieder auf ein Produkt zu verengen: es zielt auf gegenständliche (Lern-)Ergebnisse – die wiederholbar, aber auch widerrufbar sind! Literarische Texte gewähren Bedeutung, Anhalt, Äußerungsrahmen und Äußerungsstütze sowohl für „explorierende" wie für ergebnisgerichtete Schülerrede. Die Arbeit mit ihnen ist entsprechend als „natürliches" Thema des fortgeschrittenen Englischunterrichts nicht totzukriegen. Nur im Umgang mit fremdsprachlichen Dramen, speziell vom Typ *Krapp's Last Tape*, klappt da manchmal etwas nicht. – Wir wissen, warum.

2. Spiel und Kontext

Krapp's Last Tape ist ein dramatisches Spiel besonderer Art. Wir sagten bereits: Dramatisches „Spiel" aktualisiert einen freien sinnlichen Kontext von Text; der Dialog, der „Text im engeren Sinne", hat lediglich Libretto-Funktion. Wie die Lehrbuchdialoge auf der Unterstufe. Ohne die Dimension sinnlich erfahrenen Handelns, der sprechhandelnd erzeugten Fiktion auf der Bühne, gibt er – außer unterrichtlichem Zuviel (!) – zu wenig her. Je reiner er im Druck die Form dieses Spiels erfüllt, desto weniger stellt er sie dar. Desto eher schrumpft er im Kommentargespräch, als „bloßer Text", auf so etwas wie Bedeutung ohne Belang: wirkt langweilig.

Bühnentexte „be-deuten" mehr als andere Texte.[5] Ihre Plurimedialität hält sie offen für die Zugriffe potentieller (und wirklicher) Darsteller, Regisseure und Zuschauer. Konventionelle lesetext-gemäße Erarbeitung wäre offenbar unangemessen. Unterrichtliche „Durchnahme" Szene für Szene oder nach Kernstellen oder -szenen kann gewiß vieles einfangen – nur offenbar nicht den sinnlichen Geschmack, der diesen Texten (aussage-prägend) inhärent ist.

Bühnentexte sagen weniger als andere Texte. Als Kontexte freier interpersonaler Akte gehen sie, in des Wortes doppelter Bedeutung, den Rezipienten sehr direkt an, geben ihm aber, da ohne Erzähldistanz, kaum mehr Kommentar- und Bewertungshilfen als entsprechende real erfahrene Lebenssituationen. Sie deuten nicht – als „bloßer Text" –, indem sie darstellen: weder auktoriale Einlagen noch andere Stützen bieten sich aus dem Kommentar- und Erzählumfeld, das Prosatexte prägt. Der Leser (!) ist der direkten Rede der vorgestellten Charaktere direkt konfrontiert. Die Charaktere eines Stücks aber – wie wir alle – sprechen sich aus, ohne sich „auszubuchstabieren". Der Rezipient wird selbst suchen und finden (formulieren!) müssen, was zu finden und zu fassen (zu formulieren) er besser geeignet ist als sie – den *Untertext* dessen, was sie sagen und tun: er wird produktiv, sprachlich produktiv werden (müssen).

Unterrichtlich wäre ein auf diesen Tatbestand gegründetes Vorgehen, angesichts der erhöhten sprachlichen Bewußtheit *fremd*sprachlichem Spielhandeln

gegenüber, sowohl unter fremdsprachendidaktischen wie unter allgemein pädagogisch-psychologischen Gesichtspunkten begrüßenswert — wenn's gelingt, den sinnlichen „Spiel"-Kontext unterrichtlich mit „ins Spiel" zu bringen.
Im Falle *Krapp's Last Tape* steht dem nichts im Wege — im Gegenteil: Sein Darstellungsaufbau, sein Darstellungsstil und seine Darstellungspointe legen ein solches Vorgehen und Gelingen geradezu nahe.

III

Ausgezeichnete Kontexte — ausgezeichnete Spiele

- *Krapp's Last Tape* ist ein analytisch aufgebauter Text.
- Das Stück gehört gattungsmäßig zum sog. „Absurden Theater".
- Seine Handlung gründet sich auf das suchende Abhorchen eines Tonbandes durch jemanden, der — verzweifelt nachfragend (*"What remains of all this misery?"*) — zu sich selbst unterwegs ist.

Der Text ist also in mehrfacher Weise ausgezeichnet, „markiert": dreifach Basis für eine unterrichtliche Erarbeitung, die auf die Erfahrung einer sinnlichen Vorstellung geht (was gedankliche Bedeutung nicht aus-, sondern einschließt), dreifach Basis für eine Verarbeitung dieses Stücks als „Spiel"-Text (statt als „Lesetext").

1. Texte von *analytischem* Bau bringen ihre Vorgeschichte in die Entwicklung der Story ein: indem sie sie einholen. Sie wiederholen auch sprachlich (!), was ein Rezeptionsgespräch einzuholen und zu wiederholen hätte. Der die Sprache lernende Rezipient erführe in der Haltung eines *discovery learning* — das sprachliche „Exploration" einschlösse — über immer neue Rückgriffe sprachliche „Umwälzung" und Klärung als Vehikel weiterreichender Klärungen.
Literarische Texte umgrenzen ein Feld; Texte von analytischem Bau reizen in das Spiel von Variablen hinein, das dieses Feld definiert. In einer Art rationaler Schlangenbeschwörung rufen sie zugleich die Vergangenheit und ihre Rätsel herauf. Wir kennen die Geschichte des Ödipus, Kleists *Zerbrochenen Krug*, Nabokovs *Pale Fire* — und natürlich auch, jene Beschwörung aufs Großstädtisch-Vertraute reduzierend, die Personifikation jener Suche: den Detektiv.[6] *Krapp's Last Tape* stellt, über die auf *sachliche Aufhellung* (durch einen Detektiv) und die auf *Sinn* bezogene Suche (Typ „Parzival") hinaus, die Frage nach der *eigenen Geschichte und Identität* bzw. deren Sinn. Dem Schüler, als Heranwachsenden, ist diese Frage vom einen Ende der Geschichte her so bedeutend wie dem Protagonisten vor seinem Tonband vom anderen. Beide fragen nach ihrem „*Basaltext*".[7] Im Grunde sucht jeder in der Suche sich selbst.
Krapp's Last Tape ist als analytischer Text besonderer Art zugleich bildend und lern-intensiv einzusetzen. Die kontextuelle Äquivalenz dessen, was der

Held im Stück tut, mit dem, was der Lernende tut, wenn er über das Stück und seinen Helden spricht, ist bemerkenswert; beide suchen und fügen zusammen, in Richtung auf Ordnung, System, Sinn ... Sprachliches Lernen vollzieht sich als Interiorisierung der in Spiel und Kontext vervielfältigten und also wiederholt erfahrenen sprachlichen Feld-Ordnungen. Methodisches Vehikel dieser Erfahrung ist das Tonband bzw. die Tonkassette. Der Vorgang ist als analytischer definiert durch seine immer wieder auf ein Tonband zurückbeziehende Schritt-für-Schritt-Qualität: er werde entsprechend vermittelt.

2. Was man auf der Bühne hört und sieht, kann falsch und kann irreführend sein – im Theater und draußenvor. Theaterstücke nehmen Herausforderungen des Lebens vorweg und legen produktive Reaktionen nahe. Das *absurde* Theater konfrontiert mit dem Trivialen, Üblichen, Alltäglichen und riskiert, statt kritischer Nachdenklichkeit Impulse des „Erledigen-" oder „Abtun-Wollens" zu mobilisieren. Man sucht sich „frei zu halten" in dem, was dem (falschen) Anschein nach sich von selbst versteht, – Krapp versteht, daß all dies Krapp (oder *crap*?) war, – und versteht eben dies nicht: und sucht nun wirklich. Die sinnliche Präsenz des Erfahrenen, die mehr ist als der „Text" des Stücks, sollte dem Rezipienten so zusetzen, wie sie den Protagonisten beunruhigt.

Krapp's Last Tape reduziert Handlung, Handlungsrahmen und Charaktere auf eine äußerst vereinfachte Situation, eine handelnde (?) Figur und ihr Gegenüber, das Tonband, – ihr *alter idem* und Vehikel der Suche nach dem versinkenden Ich: Krapps Aufspaltung in drei „Stimmen und Stufen" begründet eine Befragung der eigenen Vergangenheit, in die der Rezipient hineingezogen wird.

Dies legt einen „explorierenden" Umgang mit der Sprache und ein symbolisches Verständnis nahe, eine *Deutung in Sprache* (hier: in der Fremdsprache). Der Rezipient wird konfrontiert mit einem (Handlungs- und Spiel-)Text, der ausschließlich durch seinen *Untertext* Sinn ergibt; die Fragehaltung des Lernenden wird unterstützt durch das zentrale Motiv des Stücks – der Held selbst ist auf der Suche nach seinem *Untertext*.

3. Der besondere didaktische Rang und Wert dieses Stücks gründet sich aber, über diese kompositorischen, form- und typspezifischen Merkmale hinaus, vor allem auf ein inhaltliches Kriterium. Das Allgemeine erscheint hier ganz konkret, ganz und gar persönlich-individuell – und trägt dennoch weiterhin allgemeine Züge: genera isierbar. Krapp besitzt eine reale, ausgearbeitete individuelle Biographie. Sie ist geradezu das Feld seiner verzweifelten Suche (und Schüler können, mit- und nach-fragend, deren Elemente zusammenstellen!). Es handelt sich nicht lediglich um eine Reihe „allgemein-menschlicher" Versatzstücke der Erinnerung, wie so oft in Texten dieser Art. Die Situation, der Vorgang, der „Held" sind konkret vorstellbar und immer sprachlich bezeichenbar (also unterrichtlich zu verarbeiten). Man könnte sich vorstellen, dem Protagonisten real zu begegnen; und so begegnet man ihm hier: als

wirklicher „dritter Person", die spricht; als realem Gegenüber und Vexierspiegel eigener Unruhe. Er „funktioniert" als Figur der Distanzierung und/oder Identifikation und ist durchaus mehr als bloß ein geeigneter Stoff analytischer und interpretatorisch evaluativer Übungen (− obwohl er auch für Exerzitien dieser Art genügend hergibt).

Die Bühne allerdings ist Bühne von Bewußtsein. Die Dimension der Zeit manifestiert sich in einem Bühnenrequisit, das eben die Zeit wieder „aufhebt" (− in Bewußtsein): dem Tonband. Das Tonband hat sowohl technischmediale wie − als letztes Gegenüber − geradezu personale Funktionen. Es öffnet den in zeit-loses Schweigen auslaufenden Lebensaugenblick nach rückwärts, eröffnet über die Sprache einen Raum sprachlichen Zugriffs und sprachlicher Suche. Der Rest ist nicht Schweigen; der Rest ist Sprache.[8]

Der Rezipient fragt weiter, wo bzw. wenn der Text endet: die Fragen Krapps, die Fragen über Krapp, die Fragen über Krapps letztes Band. *Das letzte Band*: auch im Unterricht. Und auch in der Fremdsprache. Individuelles und Allgemeines, Außenwelt und Bewußtsein, Dasein und Erinnerung, Sprechen und Verstummen verbinden sich einfach, deutlich und bestimmt. Unterrichtliche Rezeption, entsprechend geführt, könnte je einen der Pole ergreifen und, konkret daran arbeitend, das je andere erfahren lassen: unmittelbar, ganzheitlich und persönlich.

Krapp ist unterwegs zu sich selbst; der Schüler auch. Voller Zweifel. Krapp − oder *crap*? − Oder ein "undiscovered country" jenseits der Sprache? Am Ende ist das Wort.[9]

IV

Krapps „Spiel" − Spiel(e) um Krapp − im fortgeschrittenen EU

Der Wert einer didaktischen Analyse steht und fällt mit ihrer methodischen Pointe. Das folgende orientiert sich an den beiden klassischen Modellen, dem bildungstheoretischen und dem lerntheoretischen, ohne sich mit der Diskussion um deren Revision und Weiterbildung aufzuhalten[10]: *the proof of the pudding is not in the making but in the eating.*

1. Nach Klafki wären zunächst eine Reihe von Voraussetzungsfragen zu beantworten, die zusammenfassend etwa darauf hinauslaufen, ob und in welcher Weise der gewählte Gegenstand die Schüler etwas angehe − als dieser eine Gegenstand, der einen so oder so strukturierten Zusammenhang einer Erkenntnis, eines Wissens, einer Erfahrung repräsentiert. Fachspezifisch gewendet: Wie ist durch bedeutsame „Auslöser" und/oder „Aufhänger" ein bedeutungsvoller Kontext *als sprachlicher* in den Frage- und Reflexionshorizont der Schüler zu bringen?

> *Was* baut sich *wie*, fremdsprachlich verfremdet und vertraut, im Bewußtsein des Hörers/Zuschauers/Lernenden auf, und *wofür* steht das dann? − Geräusche/Vorgänge, eine Situation, Bühnen-Handeln, der Held, der in Frage gestellte Held ...: Wie „spielt" der Kontext? Wie spielt er mit dem Rezipienten, wie mit dem

Protagonisten, wie der Protagonist mit sich? Und was spielt hinein, was mit? Wird ihm – so oder so – „mitgespielt"?
Warum tut er dies alles?
Welche allgemein bedeutende Erfahrung teilen wir mit dem Protagonisten bzw. wird uns „mit-geteilt"? Ist sie bedeutend genug, um sich in der Fremdsprache, sorgfältiger also und ein wenig „von fern", mit ihr auseinanderzusetzen?

Daß der hier zu erörternde Kontext bedeutend sei, sollte oben klar geworden sein. Daß er auch dem Schüler etwas bedeute, setzt voraus, daß er versteht, daß hier seine Sache verhandelt wird. Ein Mensch in der Situation radikaler Selbstbefragung – er kennt das. Daß diese Selbstbefragung sich ahistorisch und außergesellschaftlich erfährt, ist zugleich ihr Problem und ihre (im Gespräch zu hinterfragende) Wahrheit.[11] Die seinem Alter angemessene Konzentration auf radikal persönliche Perspektiven (und deren „existentielle" Gefährdungen) ist eins, sein Wissen um den gesellschaftlich vermittelten (und gefährdeten) Charakter aller persönlichen Entwicklung ein anderes. Daß aber unter dem Anspruch derartiger Befragung der immer wieder triviale Lebensalltag persönliche Züge und eine Art Transparenz auf diese Wahrheit hin gewinnt, ist eine Entdeckung, die offenbar nicht nur lohnt, sondern auch, richtig serviert, als Frage reizt.

Die Schüler (und der Lehrer) werden einem Kontext konfrontiert, an dessen *Schlüsselwörtern* sich Beobachtungen, Nachfragen, Einsichten ankristallisieren werden (bzw. sollten):

- (box/spool/tape//"to switch on/off"//wind tape back/forward)
- to look back/to record/to separate the grain from the husks/darkness/light/night/day/crap/dust/all my dust/
- (bowel) condition/my old weakness/
- memorable/crest of the wave/the fire (in me)/incomparable/to sing/happiness/moments/
- to curse/to fumble/
- silence

Die Aussagen der Schüler zur Aussage des Textes gliedern sich zu bestimmten *Aussagefeldern:*

- Somebody (old, untidy, moving about uncertainly, but apparently looking for something) is alone with himself. – What does he do?
- Somebody listens, throughout the play, for a voice which he recognizes as his own. – What, actually, does he hear?
- Somebody keeps a kind of "tape diary". – Why? – For what purpose, and to what end?
- Somebody listens, questioningly, into his own past. – Why? – And again: To what end?

Sie ordnen sich in Richtung auf kommunikative Sinnakzente, auf bestimmte *Aussageordnungen:*

- *Correspondences*
  (the *focus* widens and narrows; the *situation* deepens and becomes shallower, at the same time / the *attention* switches from the trivial to the serious and significant vice versa / all kinds of "leitmotif *echoes*" appear)

- *Psychological Nuclei*
  (*searching* – for what? / for something incomparable / for "what remains" …//
  helplessness – he laughs = doesn't understand?)
- *Symbolism*
  (– *the lamp*: darkness/light; day/night; midnight and after;
   – *eyes*: incomparable; "Let me in";
   – *the punt and the water*: the drifting; "all moved, and moved us, gently";
   – *the tape itself*, and the boxes)

Ob und wie weit die auditiv-sinnliche, die sprachlich-ausdrucksmäßige und die kognitive Erfahrung des Stücks auch zur rhythmischen Erfahrung eines Kunstwerks von dynamischem Eigen-Sinn wie *Krapp's Last Tape* weiterzuführen ist, wird jeweils nach Lerngruppe, Lernstand und kommunikativem Anlaß zu entscheiden sein. Das Stück ist charakterisiert durch rhythmische Schübe uneinheitlich zielgerichteter Tätigkeit (die „Pausen"!), Äußerungen, Äußerungseinlagen im Wechsel mit Äußerungen bis hin zum Fast-Abbruch, danach: triumphierendes, folgenloses In-den-Vordergrund-Treten der gesuchten und wieder gefundenen (Ton-)Einlage.

2. Didaktische Analyse nach W. Schulz fragt nach Zielen, Inhalten, Methoden und Medien und versteht deren Zusammenhang als Wechselbezug. Die Analyse nach Klafki beschrieb (legitimierte) *Krapp's Last Tape* unter dem Gesichtspunkt seines didaktischen Gehalts und seiner geistig-gegenständlichen Struktur – als *(fremd)sprachlichen Kontext*. Im gleichen Zusammenhang ergab sich bereits eine Entscheidung über die Medienwahl.
Ein Aspekt der Unterrichtsvorbereitung (im Klafkischen Sinne) ist geklärt, ein anderer vor-entschieden. Bleibt, den Zusammenhang als Wechselbezug zu kennzeichnen und Verfahrensfragen zu entfalten: über Methodik zu sprechen. Aus diesem zweiten Aspekt unterrichtlicher Vorbereitung ergeben sich Erprobung und Durchführung unmittelbar.
Wir wollen den Lernenden als Subjekt des Lernvorganges, den Lerngegenstand als kommunikativen Rahmen, inhaltliche Entscheidungen als sprachliche, Schüleräußerungen als Optionen bzw. Alternativen und gedankliche Klärung als Funktion wechselseitig aufeinander bezogener Schüleräußerungen[12] – am Beispiel *Krapp's Last Tape*. Dazu ist, im Sinne einer allgemeinen Regel, zunächst einmal nötig, den „Gegenstand" aus einem *Ergebnis* (fachlicher, gar wissenschaftlicher Vor-Arbeit) in *Prozesse* zurückzuübersetzen: zunächst innere, dann nachfolgend äußere – unterrichtliche.[13] Die sprachlichen (weitgehend: lexikalischen) Entsprechungen sachlich-gegenständlicher Gehalte wären als variable Prozeßkonstituenten des Lerngesprächs zu begreifen, die Medien als dessen „Träger", die Lehr-/Lern-Aktivitäten als Mittel nicht nur seiner Realisation, sondern auch seiner Gliederung. Aufbau und Form des Textes geben ein Lerngeländer, eine Fragerichtung und einen Grund zum Fragen und Nachfragen vor: in der Bestimmung, daß in Fragehaltung und (im Gespräch) entdeckend gelernt werden soll, schließt sich der Kreis; Inhalte, Ziele und Medien wirken ineinander.

Zugleich ist damit der zweite entscheidende Schritt auf den Lernenden zu getan: *Prozesse* sind (hat man sich nur einmal angewöhnt, sie überhaupt ins Auge zu fassen) als komplexes Ensemble verschieden-gerichteter *Akte* zu verstehen. Und zu planen. Unterrichtliche Planung, die nicht mit der Angabe bzw. Charakteristik der erwarteten Lernaktivitäten, dem Wie und Wohin ihrer Auslösung, Steuerung, Festigung/Sicherung und endlichen Übertragung beginnt, verdient diesen Namen nicht. Dies gilt für linear vorstrukturierende ebenso wie für feldbezogen „offene" Planung.

Die Schüler sollen den Gegenstand, diesen (fremd)sprachlichen Kontext unmittelbar (durch die Sinne, ohne das Dazwischen eines Textes) erfahren und sich unbefangen (ohne das Dazwischen gesellschaftlich vermittelter Vor-Urteile) darüber äußern. Und die Schüler sollen mit ihren Äußerungen (und an ihnen) *arbeiten*: zugleich die thematische Erfahrung und die dazugehörigen Mittel er- und verarbeiten. Das erstere legt bestimmte Formen der Präsentation nahe, das zweite bestimmte Formen des Umgangs mit dem Text. Die Arbeitsform selbst sollte man vielleicht − in Anlehnung an entsprechende Bezeichnungen in der Fachliteratur − das *entdeckend-entwickelnde Verfahren* nennen.

Es ergeben sich drei *Lernphasen*, die in den *Erarbeitungsschritten* des Unterrichts vielfältig überlappen:

− Die Phase der *Präsentation* und *Evokation*

Das dramatische Spiel gibt die Rolle frei für Schauspieler und Regisseur; die unterrichtliche Präsentation vom Tonband gibt den Text frei für das Unterrichtsspiel „Gespräch" − *in den Grenzen des Textes*: wenn der Ansatz so offen ist, daß auch Vor-Meinungen der Schüler (über Beckett, über das Stück, über Gelesenes, das langweilig oder ungenießbar schien) die Auseinandersetzung mit dem bloßen Höreindruck nicht färben. Notfalls gar nichts über die Kassette sagen, Text zurückhalten, hören und entdecken lassen − was soll das, was macht der da, wessen Stimme ist das denn nun ...? Und schließlich, in einer Pause (wahrscheinlich in Verbindung mit dem auditiv doppelsinnigen "Krapp", S. 32/Z. 43): „Das is' aber'n komisches Stück *Listening Comprehension*, das Sie da haben!" − Die Schüler werden es seltsam finden, dann seltsam genau, insbesondere in den Zuordnungen und Entsprechungen; und sie werden dem, was hier als so viel leerer (Hör-)Raum um eine Person herum sich aufbaut, nachgehen, nach-denken wollen. Insbesondere bei dem für *Listening Comprehension* kennzeichnenden Abbrechen an bestimmten Stellen, den Pausen, dem zweiten Hören von Teilen: Präsentation wird „von selbst" zur Evokation[14], der Unterrichtende braucht bloß sammeln, vergleichen, ordnen, zusammenfassen, deuten zu lassen ...

− Die Phase des *Entdeckens* und „*Explorierens*"

Dabei geht es niemals (wie heute oft zu hören) um „Informationsentnahme", „sauberes", d.h. detail-genaues stoffliches Verstehen. Auf Bedeutsames und

Bedeutung gerichtetes Hören hört textbezogen, aber *selektiv*, schließt Beleg und Zitat nicht aus, sondern ein und bezieht sich ganzheitlich (eher *holistic* als *integrated*) auf Sachverhalte, Situationen, Charaktere. Es setzt an „Stellen" an, Kristallisationspunkten des Verstehens oder Gesprächs, die dann verschiedene Rezipienten verschieden beurteilen mögen (− ein Gesprächsanlaß mehr!). Von diesen aus entdeckt − oder wenigstens „exploriert" − der Schüler, zusammen mit den anderen Mitgliedern der Lerngruppe, den Sinn von Wörtern, einen Kontext, den Großkontext des Werks, das Werk als Werk ... im schönsten Fall: sich selbst − im Spiegel aller dieser Gegenüber.
Er entdeckt im Nacheinander: Aus einer wirklichen Szene mit einem wirklichen Tonband wird eine Art „Tonband-Innenraum". Bedeutung, die nicht „bedeutet", sondern ist. *"Incomparable"*.
Er entdeckt, was er entdeckt, in konkreten Erarbeitungsschritten, im Anschluß an die Präsentation des Textes:

a) bis S. 32 unten, Z. 45: produktives Hör-Verstehen − nicht „Hörverstehen" im üblichen Sinne; ohne Druckvorlage, sogar noch ohne Wissen um deren Existenz;

b) bis S. 33 unten, Z. 38: verstehendes Hören bei Kenntnis des mittlerweile erratenen und erörterten kontextuellen Zusammenhanges; aber immer noch ohne Druckvorlage;

c) bis S. 35 untere Mitte, Z. 33: *listening and reading for gist* nach Vorlage des gedruckten Textes; verschiedene Kristallisationspunkte sind hier möglich;

d) bis S. 36, Z. 28: in gleicher Weise wie c);

e) bis zum Schluß: *ad libitum.*

− Die Phase des *Verarbeitens* und *Sicherns*

Evokation evoziert − und was da vorgebracht wird, kann man sammeln, vergleichen, ordnen, zusammenfassen, d.h. *verarbeiten* lassen. Wenn's kommt. Dazu helfen das zweifache Hören, stichwortartiges Mitschreiben (Üben!), Vokabelhilfen des Lehrers, Erarbeitungen von Tafelanschrieben, die Vorgriffe, Rückgriffe und Wechselverweise des Gesprächs, der strenge Textbezug, Formulierungen von Zwischenergebnissen und regelmäßige Ergebnis-Kurzprotokolle als schriftliche Hausaufgabe für alle. Ohne wenigstens „immanente" Ergebnissicherung kein Transfer! Im Fremdsprachenunterricht führt „Exploration" zum *final draft* oder ins Leere.
Nach Abschluß der Hörphasen a) und b) wäre entsprechend ein *Arbeitsblatt* einzugeben, nach welchem man eine Reihe verschiedener Essaybearbeitungen thematisch festlegen und wahlweise (jeder Schüler je eine Kombination aus A − F) als Hausarbeiten aufgeben könnte:

    A. INTRODUCTION: *A Listening Experiment*
        (Noises and a voice // The protagonist − the situation: What does he do? − What does he say? // A second voice? What does it reveal?)

    B. FIRST QUESTIONS:
        What kind of a text? // Suspense? // How is it possible Beckett doesn't normally produce this effect?

C. FIRST OBSERVATIONS:
— *Literary elements*: the symbolism of darkness and light, the day and the night, his name (– is he crap?), dust ...
— *significant details:* his searching, his singing, his memories, his drinking, the combination of the trivial (his bowel condition, his eating habits) and the sublime (the death of his mother, love, the inescapable question/problem behind it all)
— *significant phrase*: to separate the grain from the husks
— *structure of the perspective*: the illusion of looking forward to something in the text (in life?) and the illusion you might get something out of your past: Has *Man* a future?
And as it is his own personal past — who is he, anyway?

D. FURTHER QUESTIONS:
— *Reader's questions*: What is he looking for in his search? // What does he mean — *"Incomparable"*?
— *the questions in the text* — what do they indicate? "Did I ever sing?" (Why does he in the end? And why that kind of song?) //"What remains of all that misery?" (What indeed? And: Was it misery?)

E. FURTHER OBSERVATIONS:
— What does the rest of the play add to this impression? And does the *reading* (having only listened to it beforehand) add anything?

F. FINAL QUESTION:
What's all that meant to mean — what's it there for?

3. In allen diesen „Spielen um Krapp" tut der Schüler nicht nur etwas, er handelt. Er handelt produktiv. Sein Handeln baut Sinn auf. Er handelt sprachlich, genauer: fremdsprachlich; bestimmte zielsprachliche Bestände werden „umgewälzt"; er lernt diese Sprache. Und er erfährt durch eben dies Handeln, wie sich eine menschliche Dimension und Perspektive schrittweise vertieft.
Am (entscheidenden) Schlußteil erfährt er dies frei, ohne jede weitere unterrichtliche Forderung oder sogar Erwartung, ohne Risiko und Kontrolle: um seiner selbst willen.

V

"What remains ...?" — *Formale und inhaltliche Ziele*

Dies alles wäre als Hör- und Formuliertraining beschreibbar. Gewisse Sprach- und Aussagefelder (Selbstfindung, Selbstwert, Selbstverwirklichung angesichts von Mitmensch, Welt, Zeit, Tod; Begrenztheit, Endlichkeit, Bedingtheit alles „eigenen" ...) würden rezipiert, ausgebaut und „umgewälzt". Auch als eine Art von Umgang mit einem literarischen Text wäre das Verfahren darzustellen. Und zweifellos wäre zu zeigen, wie — im Wechsel vom Rezeptions- zum Evaluationsgespräch — hier begründendes und Stellung nehmendes Sprechen in der Lerngruppe geübt wird.
Aber das alles wäre natürlich auch am Beispiel anderer Texte oder Materialien zu leisten. Wie bei einem bedeutenden Menschen die persönliche Begegnung

mehr vermittelt als alle Argumentation, Information oder Übung, so ist es hier die Begegnung mit der „Individualität" des Werks, die den Lernenden wirklich erreicht – oder erreichen kann; was also ist deren Inhalt?
„Wovon man nicht sprechen kann, darüber muß man schweigen." (Wittgenstein) – Muß man? – Krapp kann dies nicht. Das Stück aber endet in Schweigen. Das Worüber dieses Schweigens ist sein Wort. – Sein letztes?
Wir erinnern eine Reihe älterer europäischer Modelle des Verstehens: Die Suche ist mehr als das Finden, die Frage mehr als die Antwort(en), das Ganze mehr als die Summe seiner Teile. Krapps Versuche, seine Vergangenheit auf-, ab- und wegzuarbeiten, scheitern: *"... he fumbles ..."* Aber sie scheitern nicht, weil da nichts wäre, sondern weil im Hören und durch alles Hören hindurch, in der Suche selbst, das Gesuchte schon da, bereits gefunden ist. Dies allerdings läßt sich rational nicht aufarbeiten, auflösen: von Krapp nicht und vom Lernenden nicht (daher der offene Schluß der Unterrichtseinheit). Er hat sich, jenseits alles Sagbaren, im Unsäglichen angesiedelt, *"effing the ineffable"* (P. Roe). Krapp *ist* das letzte Band.[15]

Der Ohrwurm des *"Thirty-nine today"* am Abend des Lebens – "Night is *drawing nigh-igh"* – konfrontiert mit den großen einfachen Sinnfragen *vor* allen konkreten Lebensvollzügen: der Rezipient erfährt dies, Krapp lauschend, der Krapp lauscht, zugleich von innen *und von außen* – wie sich das für erzieherischen, „bildenden" Umgang gehört.

Was bleibt, wenn Individualität (Krapp) an ihre Grenze (*crap*) gerät, ist Poesie: das Echo im Zuhörer; das einfache Nachbild; die genaue, clownische Musikalität des Aufbaus ... – des stichomythischen Spiels von Altersstimme, Tonbandstimme und „Pausen" – und des Nicht-Ausgesprochenen, das durch alles Aussprechen und Suchen, der Stille, die durch alles Suchen und Sprechen, des Sprechens selbst, das durch die Stille hindurch alle Antworten schuldig bleibt. Die *Form* hat allen Inhalt in sich aufgesogen und wird zum eigentlichen *Medium von Sinn* (vgl. die These von H. Laass!)[16]: Bewußtseinskunst, an der Grenze der Sprache etwas verbürgend, das personal beziehbar und nachvollziehbar bleibt. Also auch (und auch in der Fremdsprache) lehrbar. Etwas bleibt. – *The tape runs on in silence.*

Und es bleibt, natürlich, ein Verfahren. Die (nur scheinbare) Individualität des Grundeinfalls schmiegte sich der Individualität des Werks an. In seiner entfalteten Form, medial „gebrochen", ist das sich ergebende Verfahren mit Gewinn auf andere Kontexte übertragbar.[17] *Man nehme ...*

Anmerkungen

1 Vgl. für Sprechplatten allgemein die Kataloge der Fa. Polyglotte (4000 Düsseldorf 1 – Postfach 2301 47); hier: Samuel Beckett, *Krapp's Last Tape*; Sprecher: Donald Davie. – Ich zitiere nach der Schulausgabe: *"Krapp's Last Tape* by Samuel Beckett", in: G. Reichert (Hrsg. u. Verf.), *Reading Modern Drama*. Reihe: Unterrichtsmodelle für die Sekundarstufe II, H. 1: *Texte*, 31 – 36; dazu: *Unterrichtsmodell*, H. 2, 30 – 44 (Frankfurt: Hirschgraben, 1975; Best.-Nr. 6605 u. 6610). – Engl. Orig. ausg.: London: Faber, 1959; Ppb. 1965; dreisprachige Werkausgabe: Frankfurt: Suhrkamp, 1963. – Separatdruck:

S. Beckett, *Das letzte Band / La dernière bande / Krapp's Last Tape*. Deutsche Übertragung von E. u. E. Tophoven, Englische Originalfassung, Französische Übertragung von Samuel Beckett (Frankfurt a. M.: Suhrkamp, 1974; suhrkamp taschenbuch 200). – Sekundär dazu: (B. Henrichs), „Samuel Beckett, Das letzte Band", *DIE ZEIT*, Nr. 2, 4. Januar 1980 (Zum Titel Nr. 60 aus der Liste der „100 Bücher", ohne Verfasserangabe); G. Hensel, *Samuel Beckett*, Friedrichs Dramatiker des Welttheaters, Bd. 62 (Velber: Friedrich, 1968), 66 – 70.

2 Das im folgenden – aus einem in dieser Weise exemplarisch gemeinten Ansatz – geschilderte Verfahren ist in mehreren Grundkursen der reformierten Oberstufe, jeweils im 4. Semester (!), erprobt worden. Es funktioniert.

3 Vgl. für alles folgende: R. Nissen, „Zur ‚Normierung' fremdsprachenunterrichtlicher Fach- und Zielleistung", *Neusprachliche Mitteilungen* (4/1978), 25 – 36. – R. Nissen, „Phasen und Formen des textverarbeitenden Lerngesprächs im Englischunterricht", *MS* (1980 a), Veröffentl. gepl. in *Neusprachliche Mitteilungen*. – R. Nissen, „‚Spiel' und Ernst schriftlicher Leistung im Englischunterricht auf der Sekundarstufe II", *Die Neueren Sprachen* (1980), 464 – 479 (1980 b).

4 Vgl. d. Hinw. in Nissen (1980 a).

5 Vgl. für alles folgende: P. G. Buchloh/ H. Groene / B. Schik (Hrsg.), *Moderne englischsprachige Dramatik in Hochschule und Schule*, Beiheft zu *Literatur in Wissenschaft und Unterricht* (Kiel: Englisches Seminar der Universität, 1978); darin bes.: B. Schik, „Das Drama im Englischunterricht der reformierten Oberstufe: Vorschläge zu einem Interpretationsverfahren", 38 – 53, vgl. bes. 38 ff; H. Groene, „Kommunikationswissenschaft und Drameninterpretation", 63 – 74, vgl. bes. 65 f. – Dazu: H. Groene/B. Schik, „Das Drama im Englischunterricht: Überlegungen zur Didaktik und Methodik", in: H. Groene/ B. Schik (Hrsg.), *Das moderne Drama im Englischunterricht der Sekundarstufe II: Grundlegungen, Interpretationen, Kursprojekte* (Königstein/Ts.: Scriptor, 1980), 11 – 13. – Vgl. auch die „*Introduction*" zu H. Buss/ B. v. Lutz/ K. Schäfer, *Modern One-act Plays – Model Interpretations: Tom Stoppard, James Saunders, Harold Pinter* (Stuttgart: Klett, 1980), 6 – 8; R. Hayman, *How to Read a Play*, Eyre Methuen Drama Books (London: Methuen, 1977).

6 Vgl. A.A. Leont'ev, *Psycholinguistik und Sprachunterricht* (Stuttgart: Kohlhammer, 1974; Urban-Tb. 194), 51f. – Und: R. Nissen, *Kritische Methodik des Englischunterrichts*, Teil I: Grundlegung (Heidelberg: Quelle & Meyer, 1974), 179ff., spez. 181, u. 229.

7 Zum Begriff vgl. R. Nissen, *Kritische Methodik*, 303f.

8 Vgl. das „Wir gebären rittlings über dem Grabe. Der Tag erglänzt und dann von neuem die Nacht", aus: *Warten auf Godot*. Dieser *Glanz* erklärt die immer neue Faszination bei Aufführungen und – häufig – der unterrichtlichen Durchnahme: Eine negative Deutung des Krappschen Schicksals und des Krappschen Selbstverständnisses (*failure, comfort, wreck, emptiness, decline, fatigue*; vgl. G. Reichert [Hrsg. u. Verf.], *Reading Modern Drama*, H. 2: *Unterrichtsmodell*) verfehlt offenbar etwas, das – bei auditiver Präsentation – der Schüler als wesentlichen Gehalt wahrnimmt.

9 Vgl. H. Vormweg im „Nachwort" zur Reclam-Ausgabe von S. Beckett, *Embers – Aschenglut*, engl. u. dt. (Stuttgart: Reclams Universal-Bibliothek, Nr. 7904, 1970), 47 – 48. – In der Tat läßt sich *Krapp's Last Tape* deuten als eine Kontrafaktur der Eingangssätze des Johannes-Evangeliums, in allen 4 Entfaltungsschritten – "(1) In the end will be the Word. And the Word will be with Man. And Man is the Word. (2) The same will in the end be with Man." – und dem, was folgt: Säkularisation und „Endspiel" dessen, was vor über 600 Jahren mit Meister Eckarts Johannes-Exegesen begann.

10 Hier genüge der Hinweis auf: H. L. Meyer, *Leitfaden zur Unterrichtsvorbereitung*, Scriptor Ratgeber Schule, Bd. 6 (Königstein/Ts.: Scriptor, 1980), 122 – 129, 314 ff., 349; auch für Nachweise zu Klafki und Schulz.

11 Für die *andere* Wahrheit einer Konfrontation dieses „Spiels" mit den Stößen und Schüben einer realen Welt vgl. das außerordentliche Hörspiel von Tom Stoppard, *Albert's Bridge* (Text plus Kassette: Stuttgart: Klett, 1980; Hrsg./Bearb.: H. Groene), ähnlich wie *Krapp's Last Tape* zu erarbeiten.

12 Vgl. d. Hinw. in Nissen (1980 a).

13 Vgl. H. Weber, „Von der didaktischen Interpretation zum Unterrichtsentwurf", *Praxis* (1969), 1 – 12 (Zitat H. Rumpf: 7). Und: H. Weber (Hrsg.), *Aufforderungen zum literaturdidaktischen Dialog* (Paderborn: Schöningh, 1979), 112 – 118.
14 Begriff nach C. F. van Parreren (vgl. R. Nissen, *Kritische Methodik*, 291 f.).
15 Siehe oben Anmerkung 9: "...And Man *is* the Word." Vgl. dazu: L. Ben-Zvi, "Samuel Beckett, Fritz Mauthner and the Limits of Language", *PMLA* (March, 1980), 183 ff. (s. auch H. Laass in Anmerkung 16, dort: 70, Anmerkung 21).
16 Grundlegend: H. Laass, *Samuel Beckett: Dramatische Form als Medium der Reflexion* (Bonn: Bouvier, 1978), 4. Im Unterschied zu Laass betone ich den individuellen Pol der „musikalischen Struktur" (vgl. bei Laass 44 – 45, 73 – 78, 79, 86, 114) solcher „Spiele" des Bewußtseins (103 f., 108, 112, 133 – 134, bes. 140 – 142). Vgl. auch W. Hildesheimer, *Wer war Mozart? – Becketts „Spiel" – Über das absurde Theater* (Frankfurt: Suhrkamp, 1966), 88.
17 Siehe Anmerkung 11.

Hans Weber

Arthur Miller: *Incident at Vichy*

I

Die Ausstrahlung des Fernsehfilms *Holocaust* Anfang 1979 ist vermutlich vielen im Gedächtnis geblieben. Jene vier Fernsehabende hatten eine Resonanz, wie sie vorher hierzulande nicht zu beobachten gewesen war. Die Einschaltquoten lagen ungewöhnlich hoch, 32.000 Anrufe gingen bei den ARD-Stationen ein, leidenschaftlich wurde über *fiction* und *facts*, über die geschichtliche Wirklichkeit und ihre Zubereitung zu einer Fernsehserie im Hollywoodstil diskutiert. Ob die Betroffenheit am Ende doch nur ein Strohfeuer war, wie Skeptiker behaupteten, oder ob die Dramatisierung tatsächlich eine dauerhafte Durchbrechung von Abwehr- und Verdrängungsmechanismen zuwege brachte – darüber sind wohl nur Spekulationen möglich. Ein Lehrstück waren die *Holocaust*-Sendung und ihr kritisches Echo aber auf jeden Fall, und zwar nicht zuletzt deshalb, weil es gerade auch literaturdidaktische Fragen waren, die so ausgiebig erörtert wurden, wenn auch weitgehend außerhalb der Zunft.

Eine systematische Aufarbeitung der *Holocaust*-Debatte unter literaturdidaktischen Gesichtspunkten kann hier nicht versucht werden. Einige damals vorgetragene Auffassungen lassen sich aber in Erinnerung rufen. Es gab erhebliche Einwände gegen die *Form* dieses Fernsehfilms. Walter Jens etwa hielt Vorgänge, wie sie sich hinter der Vokabel von der „Endlösung" verbergen, für im Grunde gar nicht verfilmbar, am wenigsten „nach der Art einer privaten Chronik". Immerhin ließ er sich aber auf die Überlegung ein, daß der Film „als Einstiegsmöglichkeit für Millionen Lebende, denen Millionen Ermordete aus dem Blick geraten waren", gewirkt haben mochte. Dem alten Gedanken von der propädeutischen Funktion der Literatur gab er schließlich die Wendung, selbst eine unbefriedigende Fiktionalisierung sei immer noch besser als gar keine, vorausgesetzt, „man diskutiert kontrovers weiter und versucht am Ende zu leisten, was hierzulande bisher versäumt worden ist: Mit Hilfe der Fiktion Faktenerhellung zu treiben und der rationalen Bewältigung des Problems einen Vorschuß an Parteilichkeit und Subjektivität zu geben – *mea res agitur.*"[1]

Eben wegen dieser von *Holocaust* hervorgerufenen Erschütterung sahen andere Kritiker die künstlerischen Mängel des Films überhaupt als unerheblich an. Marion Dönhoff z.B. nahm die Gelegenheit wahr, einer als intellektuell und elitär gekennzeichneten Kunstbetrachtung die „Überschätzung und Überbewertung des Ästhetischen auf Kosten des Moralischen" vorzuhalten. Sie verwarf derlei Einwände, „als ob diesen ästhetischen Kategorien gegenüber der moralischen Dimension und Botschaft dieses Films auch nur die geringste Bedeutung zukäme". Das war seinerseits extrem formuliert, aber die Tatsache, daß die jahrzehntelange Apathie endlich durchbrochen zu sein schien, ließ ihr die Abqualifizierung der Mittel, mit denen dieser heilsame Effekt erzielt worden war, als verfehlt erscheinen.[2] In der Tat: die individualisierende, idealtypische Nachzeichnung der Abläufe machte dasjenige vorstellbar und mitvollziehbar, was zuvor, sofern überhaupt, nur zerebral-analytisch zur Kenntnis genommen worden war. Es bedurfte offenbar der Unbefangenheit amerikanischer Fernsehroutiniers, um der an ein Massenpublikum gerichteten Dramatisierung jene „lakonische Gestaltlosigkeit" einer Episodenfolge im Stil der *soap opera* zu geben, die, wie Reinhard Lettau anläßlich der amerikanischen Premiere fand, „ohne eine Spur falscher Prätention" der historischen Wirklichkeit noch am angemessensten war und die wohl auch erklärt, warum *Holocaust* in über 30 Ländern zum Weltereignis werden konnte.[3] Lettau kam, angesichts einer verbreiteten Tendenz zur „Fetischisierung der künstlerischen Mittel", 1979 nochmals auf *Holocaust* zurück. Er rechnete den Film zu den Hervorbringungen, „bei denen es einzig und allein um die Notwendigkeit geht, Kenntnisse zu verbreiten – gleichgültig, mit wie brüchiger, heiserer, kunstloser Stimme", ein Standpunkt, der auf der auch *literaturdidaktisch* bedenkenswerten Prämisse beruht, „daß es etwas gibt, das wichtiger ist als die Kunst, leider."[4]

Nun steht der Literaturunterricht sicher normalerweise nicht vor dem Dilemma, um angestrebter „moralischer" Wirkungen willen triviale Texte in Kauf nehmen zu müssen. Einzelaspekte eines Werkes mögen zwar umstritten sein, aber seine Zugehörigkeit zur Literatur „im engeren Sinne" gilt doch in der Regel als selbstverständliche Voraussetzung. Die Gefahr liegt hier vielmehr darin, daß man gerade *wegen* dieser klaren Grenzziehung dem erwähnten Hang zur „Fetischisierung der künstlerischen Mittel" erliegt. Moralische Wirkungen beim schulischen Umgang mit Literatur gelten vielfach als suspekt. Stattdessen werden Schüler, wenn man einem Bericht Michael Bludaus folgt, neuerdings angehalten, das Gelesene „durch die textlinguistische Mangel (zu) drehen." Was aber eintritt, wenn Lerninhalte von „Lebenshintergründen und Verwendungszusammenhängen" gereinigt werden, wenn das Schüler-Ich „in den Lerninhalten nicht vorkommt", hat der Pädagoge Horst Rumpf eindringlich dargelegt: „Man hat nichts, worüber man reden könnte, weil die Einlagerung verschiedener Lebenshintergründe gesperrt ist." Der Schüler als „Werkstück – zur gefälligen Bearbeitung", um mit Rudolf Nissen zu reden, „er wird sich bedanken", konkret: er wird schweigen (und kommt dabei, wenn solche Verweigerung im Englischunterricht stattfindet, auch sprachlich kaum noch weiter), oder er paßt sich resignierend auch dieser Form der Fremdbestimmung an. Die Texte ihrerseits werden als „Turngeräte" mißbraucht (Lothar Bredella) und haben dann natürlich ebenfalls nichts mehr zu sagen.[5]

Auch in diesem Punkte war die Auseinandersetzung um *Holocaust* aufschlußreich. Als die vor der Kamera versammelten Fachleute sich über mangelnde Authentizität, über Unstimmigkeiten im Detail und eben auch wieder über die

Machart des Films mokierten, mischten sich die Zuschauer empört ein. Ihnen war der Millionenmord am Beispiel der jüdischen Familie Weiß nachfühlbar gemacht worden. Nun wollten sie von sich, ihrem eigenen Anteil an Schuld und Verantwortung reden. Die „Objektivität" der Experten erschien ihnen da fehl am Platz. Gewiß: bloße Emotion ist noch keine „Trauerarbeit", aber was Dokumentationen und Berichte, wissenschaftliche Analysen und didaktische Bemühungen offenkundig nicht oder nicht hinreichend bewirkt hatten, wurde durch die Fiktion erreicht: Tatsachen wurden überhaupt endlich zur Kenntnis genommen, Erklärungsversuche kamen in Gang, die persönliche Bedeutung der Ereignisse wurde als Problem erkannt und artikuliert.

Die langfristigen Resultate der *Holocaust*-Erfahrung, das ist zuzugeben, sind nicht meßbar, so wenig, wie ein Lehrer ein zuverlässiges *feedback* erwarten kann, wenn er Intentionen verfolgt, die der sog. „Operationalisierung" entzogen sind.[6] Daß es aber andererseits leichtfertig war, wie z.B. Fritz J. Raddatz „kein Wort (zu glauben) von der wachgerüttelten Nation, vom Aufstand des Gewissens, von Reue und Scham und jäher Fähigkeit zu trauern"[7], wurde insbesondere auch an Schülerreaktionen deutlich. Bei der jungen Generation war zwar ein Erschrecken über die Schuld der Väter keineswegs generell vorauszusetzen. Die unterrichtliche Aufarbeitung erwies sich vielmehr oft als ausgesprochen mühsam. Aber die von Jens erwartete Faktenerhellung „mit Hilfe der Fiktion" fand doch weithin statt, und zwar in einer Intensität, um die sich Fächer wie Geschichte, Politik und Religion zumeist vergeblich bemüht hatten. Die Schwierigkeiten rührten daher, daß gewisse aus der öffentlichen Diskussion bekannte Rezeptionsmuster auch hier zum Vorschein kamen, Widerstand gegen den von der Fiktion ausgehenden Identifikationszwang in vielfältiger Form: z.B. als Vorwurf, das Grauen sei noch viel schlimmer gewesen und *Holocaust* folglich eine Verfälschung der Wirklichkeit, oder als Beanstandung des „Schnulzencharakters", insbesondere aber auch als Weigerung, die Unvergleichbarkeit von Auschwitz anzuerkennen. Das konnte im Extremfall so klingen: „Es reicht jetzt, wir haben genug gesehen, man hört viel zuviel von der Judenvernichtung, das Problem wird aufgebauscht und ausgeschlachtet, man soll die Sache endlich auf sich beruhen lassen, die Deutschen bekommen einen schlechten Ruf, außerdem ist das nicht nur bei uns in Deutschland passiert; ausgerechnet die Amerikaner, die selbst viel Dreck am Stecken haben."[8]

Man sieht: die Verbreitung von Kenntnissen kann selbst oder gerade dann noch anstrengend genug sein, wenn, wie im Falle von *Holocaust*, ein emotionaler „Vorschuß" für die argumentative Auseinandersetzung vorhanden war. Wer sich diesem Thema im Unterricht stellt, wird auch die gewandelte innere Verfassung der heutigen Schülerjahrgänge in Rechnung stellen müssen, das geringer gewordene oder auf andere Probleme gerichtete kritische Engagement, die Neigung zum Rückzug ins Private. Zu bedenken bleibt ferner, in welch schwieriger Gefühlslage gerade junge Deutsche sich befinden können, welche Mühe es ihnen macht, unter dem Eindruck täglicher Gewaltakte in aller Welt die Ausrottung der Juden *nicht* gegen die Verbrechen anderer

aufzurechnen. Aber man wird doch das Thema nicht verschenken dürfen, schon deswegen nicht, weil auch die nicht mehr persönlich belastete Nachkriegsgeneration nicht aus der deutschen Geschichte aussteigen kann. Sie wird akzeptieren müssen, der Nation anzugehören, die das, was *Holocaust* zu rekonstruieren versuchte, teils ausgeführt, teils, mit unterschiedlichen Graden der Informiertheit und des Einverständnisses, hingenommen hat.
Das bringt unsere Überlegungen näher an die Belange des Faches Englisch und auch expliziter an die Absicht dieses Beitrags heran, *Incident at Vichy*, das 1964 unter dem Eindruck der Frankfurter Auschwitzprozesse entstandene Stück des amerikanischen Dramatikers Arthur Miller, für den fremdsprachlichen Literaturunterricht zu empfehlen und zu erschließen.[9] So wenig ein nationales Identitätsbewußtsein unter Verdrängung von Auschwitz möglich wäre, so wenig läßt sich dieses Wissen aus dem Bewußtsein anderer Nationen verbannen. Allein 120 Millionen Amerikaner haben *Holocaust* gesehen. Der dem Drehbuch zugrundeliegende Roman von Gerald Green erreichte zur Zeit der Fernsehübertragung in Amerika eine Auflage von fast 2 Millionen Exemplaren. Und auch die dort fiktional verarbeiteten Fakten sind weltweit bekannt. Die gewiß unterschiedlich gründliche Kenntnis dieser Geschehnisse ist, wie die Erinnerung an den Film, Bestandteil des Bildes, das andere Völker von uns haben. Wenn von der „kulturellen Kompetenz" gesprochen wird, die der Fremdsprachenunterricht ausbilden soll, davon also, daß die Schüler zumindest elementare Vorstellungen von der fremden Kultur als einem System von Konventionen, Überlieferungen, kollektiven Einstellungen etc. erhalten sollen[10], dann sollten sie dabei auch auf die Spiegelung der eigenen Nation im Bewußtsein der anderen vorbereitet werden.
Landeskunde als der immer nur bescheiden realisierbare Versuch, in geordneter Weise Informationen über die Lebenswirklichkeit jener Menschen zu vermitteln, deren Sprache gelernt werden soll, darf der Erörterung heikler Tatbestände nicht aus dem Wege gehen. Deutschlernende Amerikaner wären vielleicht gut beraten, z.B. von dem Argumentationsmuster Kenntnis zu haben, wie es in der oben angeführten Schüleräußerung erscheint, von der Neigung also, Auschwitz gegen die Indianerausrottung oder Vietnam oder Hiroshima oder anderen „Dreck", den die Amerikaner „am Stecken haben", aufzurechnen. Und unsere englischlernenden Schüler wiederum sollten vielleicht wissen, daß "courses on the Holocaust are taught at close to a thousand American colleges and secondary schools. A Presidential commission has recommended construction of a national Holocaust memorial-museum in Washington, D. C. And children can now play a board game called 'Gestapo' which simulates the moral pressures Jews felt in Europe three decades ago."[11]
Zumindest aber sollten sie nicht länger Anlaß bieten für das wohl nicht unbegründete Urteil, die Deutschen stünden den Ereignissen der Nazizeit häufig sprachloser gegenüber als ihre ausländischen Gesprächspartner. Schüler sollten also, schlicht gesagt, über Auschwitz nachgedacht haben, aber sie sollten, was nicht weniger wichtig wäre, sich zu diesem Thema auch *auf englisch* äußern können. Einübung in mehrfachem Sinne ist also nötig, nicht

als Indoktrination, sondern als Anleitung zu einer auch sprachlich sicheren Darlegung von Tatsachen, Erläuterungen und Urteilen. Damit wird der didaktische Begründungszusammenhang nicht unzulässig verkürzt. Es widerspricht nicht der tieferen Rechtfertigung des Themas, wenn ein in der angedeuteten Weise moralisch und landeskundlich motivierter Englischunterricht versucht, Schüler zugleich auch recht praktisch auf die jederzeit denkbare Konfrontation mit einem Deutschlandbild vorzubereiten, auf das *Holocaust* von nicht zu unterschätzendem Einfluß war und ist.[12]

Dazu sind *Texte* erforderlich, und wenn die *Holocaust*-Rezeption eines verdeutlicht hat, dann sicher dieses: es sollte sich dabei um *fiktionale* Texte handeln, vielleicht ergänzt und gestützt durch Sachtexte zu einzelnen im Rezeptionsgespräch aufgeworfenen und mit ihrer Hilfe dann auch formulierbarer gemachten Problemen, aber jeweils mit einem *literarischen* Werk im Mittelpunkt, das die Vorstellungskraft der Schüler anregt, ihre Aufmerksamkeit auf anschauliche Figuren und Vorgänge lenkt, die Artikulation der eigenen „Lebenshintergründe" und Urteilsweisen herausfordert und also das Rezeptionsgespräch als Verständigungsvorgang auslöst und diesen zugleich inhaltlich wie sprachlich „speist". *Incident at Vichy* könnte ein solcher Text sein.

II

Dem Stück liegt ein Vorfall zugrunde, von dem Miller schon ein Jahrzehnt vor der Abfassung des Textes erfahren hatte:[13]

> About ten years ago a European friend of mine told me a story. In 1942, said he, a man he knew was picked up on the street in Vichy, France, during a sudden roundup of Jews, taken to a police station and simply told to wait. (...)
> In the police station the arrested man found others waiting to be questioned, and he took his place on line. A door at the front of the line would open, a Vichy policeman would beckon, a suspect would go in. Some soon came out again and walked free into the street. Most did not reappear. The rumor moved down the line that this was a Gestapo operation, and that the circumcised would have to produce immaculate proof of their Gentileness, while the uncircumcised would of course go free.
> The friend of my friend was a Jew. As he got closer and closer to the fatal door he became more and more certain that his death was near. Finally, there was only one man between him and that door. Presently, this last man was ordered into the office. Nothing stood between the Jew and a meaningless, abrupt slaughter.
> The door opened. The man who had been the last to go in came out. My friend's friend stood paralyzed, waiting for the policeman to appear and beckon him into the office. But instead of walking past him with his pass to freedom, the Gentile who had just come out stopped in front of my friend's friend, thrust his pass into his hand, and whispered for him to go. He went.
> He had never before laid eyes on his savior. He never saw him again.

Miller hielt sich an das Handlungsgerüst dieser wahren Begebenheit bis hin zu dem im Titel gemeinten Zwischenfall: ein Mann, der nach dem Verhör das provisorische Haftlokal hätte verlassen können, weil er Nichtjude ist und einwandfreie Papiere besitzt, gibt seinen Passierschein einem Juden, der dadurch an seiner Stelle freikommt. Von den zehn bei einer Straßenrazzia Aufgegriffenen, die mit den deutschen und französischen Handlangern der „Endlösung" und einem Cafébesitzer das Bühnenpersonal von *Incident at Vichy* bilden, entgeht nur noch einer dem Schicksal, nach der Vernehmung in ein Vernichtungslager nach Polen transportiert zu werden. Dieser, ein mit den Vichy-Behörden zusammenarbeitender Geschäftsmann, kann offenbar seine Verbindungen ausspielen, während ein Zigeuner und sechs der jüdischen Opfer (ein Elektriker, ein Kellner, ein Maler, ein Schauspieler, ein fünfzehnjähriger Junge und ein alter Jude) einer nach dem anderen im Inspektionsraum verschwinden und nicht wiederkehren. Zuletzt bleiben nur der irrtümlich festgenommene „Arier", dem Miller die Gestalt eines vor den Nazis aus Österreich geflohenen Aristokraten gibt, und ein jüdischer Psychiater, der dann dessen Passierschein erhält, zurück. Das Stück endet damit, daß die Verfolgung des Entkommenen aufgenommen wird und die nächste Streife neue Gefangene zur Fortsetzung der „Säuberungsaktion" einliefert.

Vielleicht gelingt der Zugang zu diesem Text und zu Millers Absichten am leichtesten, wenn man zunächst erkennt, worum es sich hier *nicht* handelt. Die während des Krieges durchgeführten Deportationen dienen dem Dramatiker zwar als Stoff, und er verwendet, wie gesagt, für die szenische Umsetzung dessen, was das Stück vermitteln soll, den Situationsrahmen einer ihm zugetragenen Geschichte. Daß es aber schließlich überhaupt zu der kreativen Verarbeitung jenes Vorfalls kam, führt Miller selbst darauf zurück, daß er die Möglichkeit erkannte, mit der Entwicklung und Umformung des Tatsachenmaterials "some personal preoccupation of (his) own" zu verfolgen.[14] Dieses individuelle Anliegen des jüdischen Autors Miller bestand nun aber weder darin, in *Incident at Vichy* ein Schwarz-Weiß-Bild zu zeichnen, um das Publikum etwa zur einseitigen Parteinahme für die Opfer zu überreden, noch auch darin, den Fürsten von Berg, der zugunsten des Arztes Leduc auf Freiheit und Leben verzichtet, naiv-idealistisch als Vorbild hinzustellen. Es fehlt im Stück gewiß nicht an Vorgängen von empörender Brutalität, und Miller kalkuliert wirkungssicher Vorstellungskraft und Informationsstand der Zuschauer (oder Leser) ein, wenn er außerdem Konzentrationslager (299) und Verbrennungsöfen (314), Verhaftungen (324) und Menschenjagden (297) im Dialog erwähnen läßt. Dennoch gilt sein Interesse nicht eigentlich den Naziverbrechen als solchen. Was sich ihm vielmehr als Beobachter der Auschwitzprozesse bestätigte und was ihm dann auch den Schlüssel zu jenem *incident* in die Hand gab, waren Auffassungen über die moralische Natur des Menschen, zu denen er nach 1957, dem Erscheinungsjahr der wichtigen "Introduction" zu den *Collected Works*[15], in zunehmendem Maße gelangte.

Unmittelbaren Bezug zu Thema und Gehalt des Stücks haben z.B. die 1958 verfaßten kritischen Anmerkungen zur Bühnenfassung des *Tagebuchs der Anne Frank*.[16] Miller bemerkte, daß das Publikum das Theater mit dem Gefühl der Genugtuung ("gratification") verließ, der Befriedigung darüber, von den zweifellos zu Herzen gehenden Vorkommnissen doch nicht eigentlich betroffen zu sein. In *Incident at Vichy* versuchte Miller, selber den auf den ersten

Blick vielleicht befremdlichen Forderungen gerecht zu werden, die er nach der Distanzierung von *The Diary of Anne Frank* aufstellte:

> What was necessary in this play to break the hold of reassurance upon the audience, and to make it match the truth of life, was that we should see the bestiality in our own hearts, so that we should know how we are brothers not only to these victims but to the Nazis, so that the ultimate terror of our lives should be faced – namely our own sadism, our own ability to obey orders from above, our own fear of standing firm on humane principle against the obscene power of the mass organization. Another dimension was waiting to be opened up behind this play, a dimension covered with our own sores, a dimension revealing us to ourselves.

Millers "preoccupation" lag also darin, es nicht dabei bewenden zu lassen, die Unmenschlichkeit der unbestritten Bösen vorzuführen, sondern den Zuschauern zugleich auch die moralische Bedenklichkeit ihrer eigenen Motive und Verhaltensweisen bewußt zu machen. Der Massenmord an rassisch definierten Minderheiten und die solche Inhumanität wiederum illustrierende Behandlung französischer Juden und Zigeuner erscheinen in dieser Sicht als gewiß schreckliche, aber eben *symptomatisch* zu verstehende Beispiele für einen wesentlich grundsätzlicheren anthropologischen Befund. *Incident at Vichy* zielt darauf ab, diesen Befund mit den Mitteln des Theaters ans Licht zu bringen.[17]

Wie das Stück gemeint war, deutete Miller in einem Interview so an:[18]

> Well, that play applies. Put it this way – the occasion of the play is something that happened twenty years ago. The play is about tomorrow morning. There's a difference between the occasion of a play and what it is about.

In dem kurz nach der New Yorker Premiere erschienenen Artikel "Our Guilt for the World's Evil"[19] wurde er schon mit der Überschrift deutlicher. Er zögerte dort auch nicht, die *message*, die das Stück für seine eigenen Landsleute enthielt, in Klartext zu übersetzen, etwa so:

> Let the South alone for a moment – who among us has asked himself how much of his own sense of personal value, how much of his pride in himself is there by virtue of his not being black? And how much of our fear of the Negro comes from the subterranean knowledge that his lowliness has found our consent, and that he is demanding from us what we have taken from him and keep taking from him through our pride?

Er lenkte damals auch bereits die Aufmerksamkeit auf die amerikanische Mitverantwortung für das, was sich in Vietnam abspielte, indem er an Pressephotos erinnerte, die von Amerika ausgerüstete Südvietnamesen bei der Folterung von Gefangenen zeigten. Sein Fazit: "There is no way around this – the prisoner crying in agony is *our prisoner*".

Kommentare und Veranschaulichungen wie die hier zitierten haben sicher auch im Unterricht ihren Nutzen, allerdings wohl nur als Ergänzung zu den Konkretisierungen, die der Text selbst in großer Fülle enthält und von denen aus die Schüler im Rezeptionsgespräch zur gedanklichen Quintessenz des Stückes vorzudringen hätten. Es geht dabei um die Umsetzung eines literarischen Werkes in fremdsprachlichen Unterricht, vergleichbar der Umsetzung in eine Theateraufführung oder eine wissenschaftliche Analyse. Bevor dafür ein Konzept vorgeschlagen werden soll, sind jedoch noch einige Bemerkungen zu den Dramen Millers im allgemeinen und zu *Incident at Vichy* im besonderen zweckmäßig.

Millers umfängliche dramentheoretische und kritische Äußerungen lassen sich wie eine Art literaturdidaktisches Kompendium lesen. Für ihn ist das Theater ein Instrument der Aufklärung, der Vermittlung von Wahrheiten, die das Zusammenleben der Menschen betreffen, ein Medium, dessen Auftrag darin liegt, Weltverständnis und Selbsterkenntnis des Publikums zu fördern. Er grenzt sich mit solchen Auffassungen bewußt von anderen Autoren und Strömungen des zeitgenössischen Theaters ab. Wenn er etwa den Zweck des Dramas als "the creation of a higher consciousness" bestimmt, so betont er dort sogleich auch, daß das Ziel eben nicht bloß "a subjective attack upon the audience's nerves and feelings" sein dürfe.[20] Es kann nicht überraschen, daß er z.B. das "theater with the blues" der 50er Jahre, dessen prominentesten Vertreter er in Tennessee Williams sieht, wegen des dort gepflegten "cruel, romantic neuroticism" ablehnte: "All conflict tends to be transformed into sexual conflict. (...) The drama will have to readdress itself to the world beyond the skin, to fate"[21] – eine Vorstellung, die er dann mit *Incident at Vichy* und *After the Fall* (ebenfalls 1964) oder vier Jahre später mit *The Price* einzulösen suchte.

Die Nachhaltigkeit der von dramatischer Literatur vermittelten Einsichten wird von Miller allerdings im Laufe der Jahre skeptischer beurteilt. Während er 1956 überzeugt war, das Drama biete "the ultimate possibility of raising the truth-consciousness of mankind to a level of such intensity as to transform those who observe it"[22], und auch noch in der "Introduction" dem Theater die soziale Funktion zutraute, "to reveal him (i.e. man) to himself so that he may touch others by virtue of the revelation of his mutuality with them"[23], äußerte er sich Ende der 60er Jahre weniger zuversichtlich, ohne jedoch seinem aufklärerischen Selbstverständnis grundsätzlich abzuschwören:[24]

> I want to tell them the truth as I see it, and I think inevitably they are stretched and anguished and perhaps come to share a certain kind of suffering which their lives would never make them conscious of. And out of suffering sometimes comes a little wisdom, but it's all very uncertain. The pre-Hitler Germans were the greatest lovers of good theater in the world. (...) To think that a work of art is going to overthrow ignorance, for example, or the absence of charity or something else, that's a pretty impossible dream. But it can help unveil reality, the present in history, and that is very important.

Obwohl Miller sich hier nicht auf ein bestimmtes Stück bezieht, könnten doch die an die Lektüre von *Incident at Vichy* zu knüpfenden Erwartungen kaum treffender formuliert werden, gerade auch wegen der zurückhaltender gewordenen Einschätzung möglicher Bewußtseins- und Einstellungsveränderungen. Es müßte im Rezeptionsgespräch mit deutschen Schülern in der Tat darauf ankommen, die im Text angebotenen Deutungen der historischen Ereignisse ("the truth as I see it") zu erfassen, das Stück als Aktualisierungsversuch zu erschließen ("the present in history") und den Schülern dabei vielleicht einen Zuwachs an Welt- und Lebensorientierung ("a little wisdom") zu vermitteln.

Incident at Vichy ist in der Kritik als "an illustrated essay" charakterisiert worden.[25] Daran ist soviel richtig, daß das Stück als Kette von Diskussionen abläuft, in denen es in immer neuen Brechungen um die gedankliche Bewältigung der Situation geht, in die die Figuren sich versetzt finden. Die von Miller angestrebte "higher consciousness" der Adressaten wäre im Literaturunterricht so zu erreichen, daß die widersprüchlichen Ansichten der Figuren reproduziert, erläutert und kritisch gewertet werden. Dabei ist allerdings zu beachten, daß die von Schülern gern angewandte *psychologische* Erklärung fiktiver Figuren hier nicht weit führen würde. Das herausragende Merkmal der Hauptfiguren ist ihre Eloquenz. Sie sind Intellektuelle, wie der Psychiater Leduc, oder Künstler, wie der Maler Lebeau, der Schauspieler Monceau und der sich selbst als "essentially a musician" (304) sehende Fürst von Berg, oder zur Artikulation ideologischer Überzeugungen fähige Figuren wie der Elektriker Bayard und, auf der Gegenseite, ein deutscher Rassenexperte (der „Professor"). Auch ein nach Vichy abkommandierter Wehrmachtoffizier (der „Major") verfügt in einer der heftigsten Auseinandersetzungen (329 – 332) über bemerkenswerte rhetorische Mittel. Es gibt dagegen nur wenige Angaben zu den Biographien der Figuren, an sorgfältiger Charakterzeichnung war Miller hier offenkundig kaum interessiert. Es könnte deshalb hilfreich sein, den Schülern Ausführungen wie die folgenden zugänglich zu machen und sie dann bei der Erarbeitung des Stücks erkennen zu lassen, daß in *Incident at Vichy* eine besonders konsequente Anwendung der hier vertretenen Auffassungen vorliegt:[26]

> You see, I don't think you can look at dramatic characters the way you look at people. They aren't really individuals. They are a set of conflicting relationships on the stage. (...) The author really puts before the audience a certain limited group of questions to which he is prepared to give responses in the course of the action. It is hoped that through the intense answers that one gives, an imaginary fullness can be conveyed. (...) At best the dramatic character is a vivid dialectical impression. By "dialectical" I mean that when he does one thing, there is a response which in turn creates a counterforce. What I'm dealing with are these constant reverberations. It's rather like physics, I suppose. Every action has a reaction, and there is something wrong about equating these forces with real people.

Von "imaginary fullness" der Charaktere kann in *Incident at Vichy* allerdings nicht gut die Rede sein. Die Figuren sind vielmehr in erster Linie in der von Miller dargelegten Weise „dialektisch" als Sprachrohre für unterschiedliche Haltungen, Standpunkte, Interpretationen konzipiert. Eine Erklärung dafür liegt einmal in der äußerst straffen Konstruktion dieses nach den klassischen Regeln der Einheit von Ort, Zeit und Handlung gebauten Einakters. Differenzierte Porträts ließen sich innerhalb des vorgegebenen Handlungsrahmens schlecht entwickeln. Miller erwähnt aber in einem Interview noch tiefere

Gründe, die ihn davon abgehalten haben, die Figuren realistischer zu profilieren:[27]

> It deals with a group of people who are faced with the need to respond to total destruction, and when that is the situation, you are not in what can normally be called a realistic situation.
> *They're facing death?*
> Yes. Or the possibility of death. And totally senseless death. Death with no reason. And when that happens, you can't imagine people behaving as they would in any other circumstance so that the intensification of all reaction creates a kind of symbolization of people, just when one faces a sudden emergency you act in ways you never dreamed you could act. And those actions go to imprint themselves on others who observe you – a personality which is quite possibly strange to your ordinary personality so that you automatically adopt what you could call a style of behavior. It's that style that this play is written in.

Natürlich stellt sich hier die Frage der Glaubwürdigkeit der Charaktere. Miller stilisiert die Figuren mit der Begründung, Extremsituationen setzten gewohnte Handlungs- und Reaktionsmuster außer Kraft und trieben die Personen zu exemplarischem (in seiner Terminologie: „symbolischem") Verhalten. Es kommt im Stück aber bezeichnenderweise nur zu wenigen Andeutungen von Angst, Panik und Verzweiflung. Das deckt sich mit Millers Ablehnung dessen, was er bei Gelegenheit als "naturalism" bezeichnete[28], und erweist *Incident at Vichy* erneut als einen typischen Miller-Text, in welchem er seine Vorstellungen vom Theater zu verwirklichen suchte:[29]

> I am simply asking for a theatre in which an adult who wants to live can find plays that will heighten his awareness of what living in our time involves. I am tired of a theatre of sensation, that's all. I am tired of seeing man as merely a bundle of nerves. That way lies pathology, and we have pretty well arrived.

Die Kennzeichnung des Stücks als "an illustrated essay" hat also ihre Berechtigung, allerdings nur, sofern damit nicht zugleich gesagt sein soll, es fehle ihm an bühnenwirksamer Gestaltung. Wenn die Schüler wegen der geringen psychologischen Differenzierung der Figuren zunächst vielleicht Mühe haben, sich auf die abstraktere „Dialektik" des Stücks einzustellen, so sollte es doch andererseits nicht schwerfallen, ihren Blick für die technische Meisterschaft zu öffnen, mit der Miller hier bei minimaler Handlung eine Steigerung der Spannung bis hin zum Überrumpelungseffekt des Schlusses erzielt. Er nutzt die von sich aus bereits spannungsträchtige Grundsituation des Wartens vielfältig aus, variiert das Tempo der Verhöre, verwickelt die Figuren in wechselnder Gruppierung in die Kontroversen, gliedert die Dialogsequenzen durch Handlungseinschübe und kontrastiert die ihrerseits erregt geführten Gespräche mit emotional bewegenden Szenen – etwa, um ein Beispiel zu nennen, wenn der Junge von dem französischen Polizeihauptmann in den Vernehmungsraum gestoßen wird (333), wobei Miller die Wirkung dadurch noch erhöht, daß er genau in diesem Augenblick die Akkordeonmusik wiederbeginnen läßt, mit der draußen ein anderes Kind, der Sohn des Wirts, die Gäste beim Mittagessen unterhält (315). Der Höhepunkt wird in einer gegenläufigen Entwicklung in der Weise angesteuert, daß mit der geringer werdenden Zahl der Figuren und der Abnahme der Hoffnung zugleich die Intensität der Auseinandersetzung und die Radikalität der Argumente zunehmen.

Incident at Vichy ist allerdings insbesondere auch wegen seiner Form kritisiert worden. Das Stück wurde als "a moral lecture" oder als "another solemn sermon on Human Responsibility" abgetan.[30] Man weiß von der Allergie gewisser Kritiker gegen Miller, allen voran Robert Brustein, die ihn als moralistisch, eklektisch, formal altmodisch zu attackieren pflegen. Doch auch in einer so ausgewogenen Darstellung wie der neuen Miller-Monographie von Dennis Welland findet sich die Feststellung, daß "the whole subject is handled too dispassionately, too responsibly, and in too low a key for success in the theatre."[31] Man muß sich jedoch solchen Urteilen nicht anschließen, wenn man andererseits sicher auch nicht so weit gehen wird, *Incident at Vichy* nun etwa mit *Death of a Salesman*, *The Crucible* und *The Price* auf eine Stufe zu stellen.[32] Immerhin wurde das Stück aber mit diesen fraglos bedeutenderen Werken für *The Portable Arthur Miller* ausgewählt. Seine Eignung für den Literaturunterricht könnte außer in der thematischen Relevanz gerade auch in seiner Form begründet sein. Auch zu diesem Aspekt der neueren Dramatik hat Miller seine entschiedene und, wenn man will, konservative Meinung kundgetan:[33]

> We're in an era of anecdotes, in my opinion, which is going to pass any minute. The audience has been trained to eschew the organized climax because it's corny, or because it violates the chaos which we all revere. But I think that's going to disappear with the first play of a new kind which will once again pound the boards and shake people out of their seats with a deeply, intensely organized climax. It can only come from a strict form: you can't get it except as the culmination of two hours of development.

Eben eine solche Struktur liegt in *Incident at Vichy* vor. Der verblüffende Schluß, der gleichwohl, wie die genaue Lektüre zeigt, von langer Hand vorbereitet ist, sollte die Schüler in Erklärungsversuche für diesen *incident* hineinziehen, die es wiederum erforderlich machen, die vorhergehenden Argumentationsabläufe zu durchdringen. Die Annahme erscheint nicht unbegründet, daß sie dies mit Interesse und Gewinn tun werden, und zwar weil in *Incident at Vichy* die Bedingung erfüllt sein könnte, die Miller selbst dafür nannte, daß Dramen oder, wie man wohl verallgemeinern darf, literarische Werke ihre Funktion ausüben können:[34]

> You can't depend on their embracing your work because it is art, but only because it somehow reaches into the part of them that is still alive and questing.

III

Die Umsetzung des Textes in *classroom discourse* könnte auf folgende Erkenntnisse hin orientiert werden:
- *Incident at Vichy* ist kein antideutsches Stück.
- Es ist auch kein philosemitisches Stück.
- Es verhindert nicht die „Trauerarbeit" für Auschwitz.

Für die Formulierung dieser kognitiven Ziele wurde die Negationsform gewählt, um damit zugleich bereits anzudeuten, nach welchem Argumentationsmuster und in welcher Richtung das Rezeptionsgespräch ablaufen könnte. Es geht nämlich jedesmal darum, eine durchaus plausible und vom Wortlaut gedeckte Auffassung als am Ende doch nicht haltbar zu erweisen.

- Zwar wird im Text kein Zweifel an der deutschen Verantwortlichkeit für die Judenvernichtung gelassen, aber *Incident at Vichy* ist dennoch alles andere als ein Stück "'about Nazism' or a wartime horror tale".
- Zwar sind Juden die Opfer des antisemitischen Ausrottungsprogramms, aber das Thema des Stücks, "our individual relationships with injustice and violence"[35], wird auch an ihnen exemplifiziert.
- Zwar verliert Auschwitz in der hier eröffneten Perspektive seine Unvergleichbarkeit, aber gerade dadurch könnte im realen Literaturunterricht mit deutschen Schülern erreicht werden, daß das Thema nicht einer neuen Tabuisierung verfällt.

Im folgenden werden diese drei Diskursverläufe nacheinander skizziert. Im Rezeptionsgespräch dürfte es dagegen weder möglich noch auch wünschenswert sein, die thematische Substanz von den Schülern immer so säuberlich analytisch getrennt auf den Begriff bringen zu lassen. Das würde umso schwieriger und auf die Dauer auch gesprächshemmender sein, je klarer sich herausstellt, daß *Incident at Vichy* tatsächlich "the part of them that is still alive and questing" trifft.

1. Die äußeren Voraussetzungen für die im Stück dargestellte Situation sind unzweifelhaft von Deutschen geschaffen. Der Text enthält sowohl eine allgemeine Beschreibung des bis 1942 herbeigeführten Zustands ("Making a prison of Europe, pushing themselves forward as a race of policemen and brutes", 304) als auch detaillierte Angaben vor allem über die Vorgänge in Frankreich. Diese wären von den Schülern in einem ersten Erschließungsschritt zu rekonstruieren. Die von der Pétain-Regierung verwaltete Südzone ist von den Deutschen besetzt worden (287, 321), die Hauptstadt Vichy ist mit Flüchtlingen überfüllt, viele haben gefälschte Papiere (290, 295), die nationalsozialistischen Rassengesetze, in Paris längst in Kraft (Monceau: 300, 322), gelten nun auch hier (298), Juden tauchen deshalb in Verstecken unter (Lebeau: 327, Leduc: 333, 336), es werden Razzien veranstaltet, etwa in Toulouse (297) und nun auch in Vichy. Die hier laufenden Selektionsmaßnahmen stehen unter deutscher Leitung, im Stück wird die Überprüfung der Aufgegriffenen von einem deutschen Professor vorgenommen, ein nicht mehr frontdiensttauglicher Major nimmt anstelle eines SS-Offiziers die Überwachungsfunktion wahr (319). Gerüchte über das Schicksal der Festgenommenen sind im Umlauf, die Annahme, sie seien zur Zwangsarbeit im Lande (297) oder in deutschen Kohlegruben (290) bestimmt, erweist sich als falsch: es finden Menschentransporte nach Polen statt (297), der Name Auschwitz fällt (299), aber auch die

107

Vorstellung, in den Konzentrationslagern arbeiteten die Häftlinge sich zu
Tode, wird – exakt in der Mitte des Textes (314) – durch die noch grauenhaftere Wahrheit korrigiert:

> WAITER, *whispering, staring ahead in shock:* It's not to work.
> LEDUC, *leaning over toward him to hear:* What?
> WAITER: They have furnaces.
> BAYARD: What furnaces? ... Talk! What is it?
> WAITER: He heard the detectives; they came in for coffee just before. People get burned up in furnaces. It's not to work. They burn you up in Poland.
> *Silence. A long moment passes.*

Vorgänge jenseits der anschaulich präsentierten Situation werden auch durch den aus Wien geflüchteten Fürsten von Berg geschildert: jüdische Mitglieder seines Orchesters wurden ermordet (323 – 4, 335). Leduc berichtet von der Entfernung jüdischer Ärzte aus der medizinischen Fakultät in Wien (340).

Die Ungeheuerlichkeit solcher antisemitischen Rechtsbrüche und Gewalttaten "in the middle of Europe, the highest peak of civilization" (289) läßt sich an der Fragwürdigkeit der Auslesekriterien ermessen. Die Behauptung des Professors, die "racial anthropology" sei nicht "capricious" (319), wird *ad absurdum* geführt: wenn Nasenform und Beschneidung die über Leben und Tod entscheidenden Merkmale sind, müßten auch der Fürst von Berg (307) und der Wehrmachtsmajor (318) den Weg nach Auschwitz antreten. "Jews are not a race", wie Leduc feststellt, "they can look like anybody" (306).

Die Frage, die sich unabweislich stellt und um die die Dialoge denn auch kreisen, lautet, wie die von den Nazis betriebene Verfolgung und Ermordung unschuldiger Menschen erklärt werden kann. Die Figuren versuchen in wiederholten Anläufen, ihre Lage zu erfassen und auf Ursachen zurückzuführen. Sie unterscheiden sie nach ihrer Fähigkeit, die Wahrheit zu erkennen, wie auch nach der Stichhaltigkeit der vorgebrachten Interpretationen. Diese müßten im Rezeptionsgespräch nachvollzogen, als „dialektische" Positionen innerhalb der im Stück ablaufenden Auseinandersetzungen erfaßt und auf den Kenntnis- und Erfahrungshorizont der Schüler projiziert werden.

Von den Deutungsversuchen seien hier zunächst diejenigen genannt, die relativ kurz greifen, indem sie die Vorgänge in einen spezifisch *deutschen* Kontext stellen. Der Maler Lebeau etwa sieht die Wurzel darin, daß disziplinierte Arbeit in Deutschland zum Götzen erhoben worden ist (292). Für den Aristokraten von Berg ist der Nationalsozialismus "an outburst of vulgarity" (303), getragen von Leuten ohne Kultur und Geschmack (304), eine Massenbewegung, nach seinem Eindruck zu 99% aus Arbeitern bestehend (312), die in einer Art pervertierter Erotik Hitler ergeben sind (313). Er muß sich allerdings auf widersprüchliche Tatsachen hinweisen lassen, wie denn überhaupt, um es zu wiederholen, die subjektiven Auffassungen der Figuren im Dialog jeweils „dialektisch" vertreten werden – Lebeaus summarisches Geschichtsbild etwa in einer Kontroverse mit Vertretern kapitalistischer Geschäftsmoral, oder von Bergs Anschauungen im Zuge seiner Zurückweisung einer marxistischen Geschichtsdeutung. Die verschiedenen Erklärungsversuche bleiben also im Stück nicht unwidersprochen, wenn Miller auch keine penible Geschichtslektion in der Weise durchführt, daß er z.B. die sicher unhaltbare Gleichsetzung der Nazis mit der deutschen Arbeiterklasse durch eine der Figuren zurechtrücken ließe. Das müßte im Unterricht geschehen, der gerade aus dem beträchtlichen Provokationspotential des Textes zusätzliche Spannung gewinnen könnte. Jedenfalls wäre es verfehlt, Miller für die Anfechtbarkeit einzelner Thesen seiner Figuren haftbar zu machen, wogegen allein schon die bereits erwähnte Tatsache spricht, daß im Aufbau des Stücks die Triftigkeit der Argumente zunimmt bis hin zu Leducs abschließender Diagnose und deren nochmaliger Widerlegung durch die Tat des Fürsten von Berg. Dort, wenn man so will, spricht Miller selbst.

Der Behauptung der Adelsfeindlichkeit der Nazis (302) setzt Leduc also seine gleichermaßen undifferenzierte Ansicht entgegen, die Aristokratie stehe "always behind a reactionary regime" − womit er insofern freilich doch wieder recht hat, als auch von Berg nicht leugnen kann, daß Mitglieder des Adels Anteil an den Verbrechen der Nazis haben, sei es aktiv, wie sein eigener Vetter, der für die antisemitischen „Säuberungsmaßnahmen" an der Wiener Universität verantwortliche Baron Kessler (340), oder passiv, wie die Freunde, die auf die Ermordung seiner Musiker mit Gleichgültigkeit reagierten (335).Und der Schauspieler Monceau erinnert ihn an den Kunstsinn des deutschen Publikums (304):

> MONCEAU: (...) I've played there − no audience is as sensitive to the smallest nuance of a performance; they sit in the theater with respect, like in a church. And nobody listens to music like a German. Don't you think so? It's a passion with them.

Daraus, daß die pauschale Kennzeichnung der Nazis als vulgär und banausisch offenbar unzutreffend ist, ergibt sich für von Berg die Erkenntnis: "Art is perhaps no defense against this", ein Gedanke, der sich auch kritisch auf Millers eigene schriftstellerische Absichten anwenden läßt und dem er selbst, wie erinnerlich, auch keineswegs ausgewichen ist. Monceau leitet seinerseits aus der enthusiastischen Einschätzung des deutschen Theater- und Konzertpublikums die Weigerung ab, an die Verbrennungsöfen zu glauben: "I played in Germany. That audience could not burn up actors in a furnace" (323), was den Adressaten des Textes, die Monceaus Zuversicht als Täuschung erkennen, die Grauenhaftigkeit der von Deutschen verübten Verbrechen nur um so nachdrücklicher ins Bewußtsein bringt.

So wenig also im Rezeptionsgespräch verkannt werden kann, wer die Henker sind, so deutlich wird andererseits aber auch, daß Miller es nicht darauf anlegt, allein die Deutschen an den Pranger zu stellen. *Incident at Vichy* ist kein antideutsches Tendenzstück. Am augenfälligsten zeigt sich das schon darin, daß bei den Razzien und Verhören auch Angehörige der Vichy-Polizei aktiv mitwirken. Sie übertreffen sogar im Stück ihre Auftraggeber noch an Roheit und Eifer:

PROFESSOR, *doubtfully*: You think you two can carry on now?
SECOND DETECTIVE: We got the idea, Professor. *To the Major:* There's certain neighborhoods they head for when they run away from Paris or wherever they come from. I can get you as many as you can handle.
FIRST DETECTIVE: It's a question of knowing the neighborhoods, you see. In my opinion you've got at least a couple thousand in Vichy on false papers.
PROFESSOR: You go ahead, then. (295)

Die Brutalität des Polizeihauptmanns wird besonders herausgestellt: er schleudert den von Todesangst gepackten Kellner in den Vernehmungsraum ("Get in here, you Jew son-of-a-bitch") und schlägt ihn dort (317 − 8), für den Jungen zeigt er kein Mitgefühl (333), der alte Jude wird von ihm und dem Professor zur Inspektion gezerrt (338). Das Verhalten der französischen Bevölkerung reicht von der beflissenen Kollaboration über die Anpassung an die Machtverhältnisse bis hin zur Ungerührtheit der Mehrheit, deren Einstellung Monceau deshalb so glaubhaft schildern kann, weil er sie selber teilt (328):

> MONCEAU, *seeking and finding conviction:* I go on the assumption that if I obey the law with dignity I will live in peace. I may not like the law, but evidently the majority does, or they would overthrow it. And I'm speaking now of the French majority, who outnumber the Germans in this town fifty to one. These are French police, don't forget, not German. And if by some miracle you did knock out that guard you would find yourself in a city where not one person in a thousand would help you.

Dennoch kann *Incident at Vichy* nun auch nicht als antifranzösisches Stück mißverstanden werden, obwohl es gewiß keinen Beitrag zu der inzwischen ohnehin an Glanz verlierenden Résistance-Legende liefert.[36] Miller fragt nach den Gründen des Bösen, aber unter den Kategorien, die eine Antwort möglich machen, ist diejenige der *Nation* in seinen Augen offensichtlich wenig ergiebig. Mitleidlosigkeit wird im Stück von Deutschen wie von Franzosen an den Tag gelegt. Wenn Franzosen die Verbrechen widerspruchslos geschehen lassen, unterscheiden sie sich darin z.B. nicht von Österreichern. Auch von Berg erkennt, daß Erklärungen, die auf vorgeblich nationale Merkmale zurückgreifen, unzureichend sind (313):

> VON BERG: (...) *There is a burst of laughter from within the office. He glances there, as they all do.* Strange; if I did not know that some of them in there were French, I'd have said they laugh like Germans. I suppose vulgarity has no nation, after all.

In dieser Perspektive verwischen sich allerdings unvermeidlich die geschichtlichen Einzel- und Besonderheiten, genauer: sie werden belanglos, was aus dem Munde Monceaus, der sich an den Grundsatz der Legalität klammert, so klingt (327 − 8):

> MONCEAU: (...) The fact is there are laws and every government enforces its laws; and I want it understood that I have nothing to do with any of this talk.
> LEDUC, *angering now:* Every government does not have laws condemning people because of their race.

MONCEAU: I beg your pardon. The Russians condemn the middle class, the English have condemned the Indians, Africans, and anybody else they could lay their hands on, the French, the Italians ... every nation has condemned somebody because of his race, including the Americans and what they do to Negroes. The vast majority of mankind is condemned because of its race. What do you advise all these people — suicide?

Es liegt nahe, daß Schüler sich an Stellen wie dieser festbeißen und das Gespräch möglicherweise vorübergehend vom Text wegdrängen. Das muß aber nicht negativ gesehen werden, im Gegenteil: die von fiktionalen Texten ausgelösten Verständigungsprozesse, hier also über eine in der Tat bedenkliche Gleichsetzung disparater geschichtlicher Vorgänge, können den Literaturunterricht vor der oft beklagten Sterilität bewahren. Die Gefahr des Ausuferns der Diskussion darf gewiß so wenig verkannt werden wie die andere Gefahr, daß die zu einer gründlichen Erörterung nötigen Sach- und Sprachkenntnisse nicht immer bereits vorhanden sind. Dennoch liegt in der *Ernsthaftigkeit* solcher Auseinandersetzungen ihr erzieherischer wie literatur- und sprachdidaktischer Wert. Im übrigen ist es gerade im vorliegenden Fall leicht, das Rezeptionsgespräch zur Äußerung Monceaus zurückzulenken, etwa mit der Frage nach der erklärenden Kraft solcher vermeintlichen Analogien. Es wäre also zu erkennen, daß sie im Grunde nur die Faktizität bestimmter scheinbar vergleichbarer Ereignisse und Verhältnisse bestätigen. Wer so argumentiert, beruhigt sich, wiederum in Monceaus Worten, mit der Feststellung: "It is what the world is" (328).

Aus ganz anderer Richtung versucht der Elektriker Bayard den Dingen beizukommen. Er ist Kommunist, der zu wissen glaubt, "why things happen" (289). Seine Deutungen enthalten sprachlich wie inhaltlich die zu erwartenden ideologischen Klischees:

> The monopolies got control of Germany. Big business is out to make slaves of everyone, that's why you're here. (289)
> The bourgeoisie sold France; they let in the Nazis to destroy the French working class. (309)
> Hitler is the creation of the capitalist class. (313)

Natürlich sind solche Hypothesen nicht weniger anfechtbar als die von anderen Figuren vorgetragenen. Bayard ist dennoch eine der komplexeren Figuren des Stücks. Zwar wird die Wirklichkeit von ihm insofern verfälscht, als er nur *eine* Antwort kennt und gelten läßt ("Class interest makes history, not individuals", 311). Seine Anschauungen werden auch im Dialog kritisiert, etwa durch Leducs Frage, warum die französischen Kommunisten erst seit dem Ende des Hitler-Stalin-Paktes den Krieg als "a sacred battle against tyranny" ansehen (308), oder durch von Berg, der das Vertrauen auf den Sieg der Arbeiterklasse wegen des in seinen Augen proletarischen Charakters der Nazibewegung unverständlich findet. Es wäre aber im Rezeptionsgespräch herauszuarbeiten, daß Miller Bayard nicht nur dadurch in sein thematisches Konzept einordnet, daß er ihn einen weiteren unzureichenden Erklärungsversuch formulieren läßt. Er macht vielmehr auch deutlich, wo die Wurzeln dieser

Hypothese liegen, und treibt dort nun allerdings die Analyse der Zeit wesentlich tiefer. Bayard beschreibt den Zustand der Entfremdung, die Erfahrung der Sinnleere in einer als absurd empfundenen Welt (311):

> BAYARD, *solicitously:* You think a man can ever be himself in this society? When millions go hungry and few live like kings, and whole races are slaves to the stock market — how can you be yourself in such a world? I put in ten hours a day for a few francs. I see people who never bend their backs and they own the planet. . . . How can my spirit be where my body is? I'd have to be an ape.
> VON BERG: Then where is your spirit?
> BAYARD: In the future. In the day when the working class is master of the world. *That's* my confidence.

Aus dem sinnstiftenden Entwurf einer sozialistischen Utopie hofft er die Kraft für die bevorstehenden Leiden zu gewinnen. Den anderen Opfern empfiehlt er: "You'd better ram a viewpoint up your spine or you'll break in half" (310). Seine eigene Glaubensüberzeugung erwächst aus der Erkenntnis von Tendenzen der heutigen Welt, die im Stück noch in zwei weiteren Varianten gekennzeichnet werden.

Der Befund, von Bayard noch als Frage formuliert, erscheint, auf abstrakterer Ebene, in einem abermaligen Versuch von Bergs, die Grausamkeit der Nazis zu erklären (316 – 7). Er deutet dort deren radikale Unmoral, die sie selbst jedoch für eine neue Form der Anständigkeit und Sauberkeit halten ("the nobility of the totally vulgar"), als Ausdruck der Un-Menschlichkeit in dem Sinne, daß sie aufgehört haben, als Personen zu existieren:

> VON BERG: (...) They do these things not because they are German, but because they are nothing. It is the hallmark of the age — the less you exist the more important it is to make a clear impression. I can see them discussing it as a kind of ... truthfulness. After all, what *is* self-restraint but hypocrisy? If you despise Jews the most honest thing is to burn them up. And the fact that it costs money, and uses up trains and personnel — this only guarantees the integrity, the purity, the existence of their feelings.

Die rational nicht faßbaren Handlungen erscheinen als Akte der Selbstbestätigung der Henker, als Reflexe ihrer Gesichtslosigkeit und Banalität. Vielleicht ist dieser Gedanke den Schülern nicht sogleich eingängig, zumal das Gemeinte auch nicht wesentlich klarer wird, wenn von Berg die Rassenfanatiker metaphorisch als "poets" beschreibt oder ihre Motive als "musical" ("people are merely sounds they play"). Was das Verständnis erschweren könnte, ist die These, daß nicht nur die Objekte der Gewalt als Individuen ausgelöscht sind, sondern auch die Täter.

Hier dürfte jedoch der Schluß der an Monceau gerichteten Rede des Fürsten weiterhelfen:

> And in my opinion, win or lose this war, they have pointed the way to the future. What one used to conceive a human being to be will have no room on this earth.

Noch präziser kommt diese Auffassung dann in dem Disput zwischen Leduc und dem Major zum Ausdruck (329 – 332). Leduc fordert ihn auf, seinen

Abscheu gegen die ihm zugemutete Aufgabe (318 − 320) glaubhaft zu machen, konkret: den Gefangenen den Weg nach draußen freizuschießen, wenn nötig, unter Einsatz seines Lebens. Für die Überlebenden wäre ein solcher Sühneakt ein Anlaß, sich seiner als "a decent German, an honorable German" zu erinnern. Leduc verwendet traditionelle Moralbegriffe: Ehrenhaftigkeit, Integrität, Reue als Handlungsantriebe, Respekt und Verehrung als Lohn der guten Tat. Der Major reagiert mit einem Ausbruch von Zynismus:

> MAJOR: It's amazing: you don't understand anything. Nothing of that kind is left, don't you understand that yet?
> LEDUC: It is left in me.
> MAJOR, *more loudly, a fury rising in him:* There are no persons any more, don't you see that? There will never be persons again. What do I care if you love me? Are you out of your mind? What am I, a dog that must be loved?

Die Komplizenschaft mit dem Professor, den er verachtet, rechtfertigt er mit der praktischen Sinnlosigkeit humaner Regungen − er wäre sofort ersetzbar, er hat eine Funktion in einem System, in welchem jeder jeden in Schach hält:

> Tell me how ... how there can be persons any more. I have you at the end of this revolver − *indicates the Professor* − he has me − and somebody has him − and somebody has somebody else. Now tell me. (331)

Miller hat hier unverkennbar Anregungen aus Hannah Arendts *Eichmann in Jerusalem* (1963) und Eindrücke beim Auschwitzprozeß verarbeitet. Das kann hier nicht weiter verfolgt werden, aber es wäre denkbar, *Incident at Vichy* in den Rahmen einer thematisch ausgerichteten Unterrichtsreihe zu stellen und dabei besagtes Buch und weitere Berichte oder Dokumente heranzuziehen. Es liegen aber auch Äußerungen von Miller selbst vor, die die zuletzt erörterten Aspekte verdeutlichen. Die folgenden Auszüge aus zwei Interviews könnten beispielsweise nützliche Impulse für das Rezeptionsgespräch geben:[37]

> Well, I have always felt that concentration camps, though they're a phenomenon of totalitarian states, are also the logical conclusion of contemporary life. If you complain of people being shot down in the streets, of the absence of communication or social responsibility, of the rise of everyday violence which people have become accustomed to, and the dehumanization of feelings, then the ultimate development on an organized social level is the concentration camp.
> I have always felt − and as the years go by I feel even more strongly − that the period of the Nazi occupation of Europe was the turning point of this age. (...) Not only in the political sense, but in the whole attitude of Man toward himself. For example, we discovered after the war − seemingly independently − that there was an immense social pressure to conform, a chilling of the soul by the technological apparatus, the destruction of the individual's capacity for choosing, an erosion of what used to be thought of as an autonomous personality − all this was carried to its logical extremes by the Nazi regime. (...) There is unquestionably a contradiction between an efficient technological machine and the flowering of human nature, of the human personality. It's for that reason that I'm interested in the Nazi machine, the Nazi mechanism.

Das Erkenntnisziel des ersten Durchgangs sollte, wie erinnerlich, in der Einsicht bestehen, daß *Incident at Vichy* die Greuel der Nazis auf einen umfassenderen Horizont projiziert. In den Interviews stellt Miller die technisch-industrielle Entwicklung und die Inhumanität des Zeitalters in einen kausalen Zusammenhang. Das Interesse der Schüler darf wohl gerade hier vorausgesetzt werden, denn die dort und auch im Stück (in dreifacher Nuancierung: durch Bayard, von Berg und den Major) aufgewiesenen Symptome werden heutzutage allenthalben von jungen Leuten als "hallmark(s) of the age" empfunden. Die Anonymität der staatlichen und wirtschaftlichen Machtapparate, die Zunahme von Gewalt und Terror, die Identitätskrise ("How can my spirit be where my body is?") sind vielen von ihnen schmerzlich bewußt. Solche „Lebenshintergründe" (Rumpf) ins Spiel zu bringen, sollte ein Prinzip des Literaturunterrichts im ganzen wie der Lektüre von *Incident at Vichy* im besonderen sein.

Die dort angebotenen diagnostischen Bestimmungen sind aber noch nicht vollzählig erwähnt. Der Schlüssel, der den Zugang zu dem weltweit beobachtbaren Phänomen des Schwundes von Solidarität und Verantwortlichkeit erst wirklich ermöglicht, ist in Millers Verständnis noch universaler und zugleich elementarer als alle bisher angewandten. Eine kaum auffällige Formulierung der eigentlich zentralen *message* findet sich bereits früh im Text (300):

> MONCEAU: (...) War is war, but you still have to keep a certain sense of proportion. I mean Germans are still *people*.
> LEDUC: I don't speak this way because they're Germans.
> BAYARD: It's that they're Fascists.
> LEDUC: Excuse me, no. It's exactly because they are people that I speak this way.

Leduc ist es dann auch, der den anthropologischen Ursprung des Bösen in der Schlußphase der Auseinandersetzung mit von Berg aufdeckt, in formelhafter Kürze – "What scum we are!" (337) – wie in emphatischer Ausführlichkeit (338 – 9):

> LEDUC: (...) I am only angry that I should have been born before the day when man has accepted his own nature; that he is *not* reasonable, that he is full of murder, that his ideals are only the little tax he pays for the right to hate and kill with a clear conscience. (...) Until you know it is true of you you will destroy whatever truth can come of this atrocity. Part of knowing who we are is knowing we are not someone else. And Jew is only the name we give to that stranger, that agony we cannot feel, that death we look at like a cold abstraction. Each man has his Jew; it is the other. And the Jews have their Jews. And now, now above all, you must see that you have yours – the man whose death leaves you relieved that you are not him, despite your decency. And that is why there is nothing and will be nothing – until you face your own complicity with this ... your own humanity.

Das bedarf gewiß der gründlichen Aufarbeitung. Es wäre aber wenig sinnvoll, diese Passagen im Rezeptionsgespräch gewissermaßen frontal anzugehen, obwohl die Unterstellung der eigenen "complicity" mit dem Bösen den Schülern als abstrakte Einsicht einleuchtend genug erscheinen mag. Miller

läßt auch unmittelbar darauf eine einprägsame Illustration folgen. Während aus dem Vernehmungsraum, wo man den alten Juden verhöhnt, hysterisches Gelächter dringt, muß auch von Berg sich sagen lassen, nicht frei von antisemitischen Affekten gewesen zu sein. Seine "responsibility" bestand darin, keine Betroffenheit gezeigt, seinen Einfluß nicht ausgespielt zu haben, als Baron Kessler in Wien die jüdischen Mediziner „entfernte" (340).
Es bieten sich jedoch in *Incident at Vichy* eine Fülle weiterer Möglichkeiten der Veranschaulichung an. Das Stück ist "an illustrated essay" auch in dem Sinne, daß die gehaltliche Substanz in vielfältiger Weise in verbale und nichtverbale Handlungen umgesetzt ist. Leduc bringt im Grunde nur abschließend auf den Begriff, was in der Gegenwart der Bühnenhandlung zuvor von den Figuren teils berichtet, vor allem aber im Umgang miteinander gesagt und getan wurde. Das sollte in einem zweiten Erschließungsgang verfolgt werden, der jedoch, wie auch der verbleibende dritte, hier nur noch angedeutet werden kann.

2. Es müßte klar geworden sein, daß eine antideutsche Polemik nicht in Millers Absicht lag. Nunmehr wäre zu erkennen, daß eine zweite Erwartung, die an das Stück geknüpft werden könnte, ebenfalls nicht erfüllt wird: es ist kein unkritisches Plädoyer für die Opfer. Zwar sichern ihnen ihre ausweglose Lage und das Gebaren ihrer Peiniger die Anteilnahme des Publikums. Episoden wie der Verzweiflungsausbruch des Kellners, die rüde Behandlung des alten Juden und des fünfzehnjährigen Jungen, die Weitergabe des Eherings seiner Mutter an von Berg (321, 328), die Erwähnung von Leducs Kindern (336) oder z.B. der sadistische Einfall des Polizeihauptmanns, sich vor den Ohren der Gefangenen nach den Frühstückswünschen des Professors und des Majors zu erkundigen (295), werden ihre Wirkung nicht verfehlen. Aber mit Ausnahme des Kindes und des alten Juden, die wohl überhaupt vornehmlich zur Erzeugung der angedeuteten Effekte dienen, sind die jüdischen Charaktere keineswegs so gezeichnet, daß sie nun uneingeschränkt Sympathie auf sich ziehen könnten.
Im Rezeptionsgespräch sollte vielmehr einsichtig werden, daß die Beschreibung der moralischen Natur des Menschen auch für die festgenommenen Juden gilt, daß diese, mit einem Wort, ebenfalls ihre "Jews" haben. Wenn Leduc feststellt: "What scum we are!", so bezieht er das Verdikt ausdrücklich auch auf sich selbst. Er hatte den Fürsten gebeten, gegenüber seiner Frau die Verbrennungsöfen nicht unerwähnt zu lassen (334), und erkennt nun, daß Rachsucht dahinter stand — er wäre ja nicht aufgegriffen worden, wenn er nicht für seine Frau ein Schmerzmittel hätte beschaffen wollen (336).
Vielleicht öffnet sich diese Dimension des Textes am leichtesten, wenn man von Lebeaus Urteil: "What a crew! I mean the animosity!" (290) oder von Bayards Aufforderung: "(...) a certain amount of solidarity wouldn't hurt right now" (292) ausgeht und das Verhalten der Figuren beobachtet. Der Geschäftsmann Marchand etwa gibt sich arrogant, rückt von den Flüchtlingen ohne ordentliche Pässe ab (287), hat keine grundsätzlichen Einwände gegen

die Razzien, sondern bemängelt höchstens deren unrationelle Durchführung (290). Er wird in seinem Verständnis für die Besatzungsmacht von Monceau unterstüzt, der ihm dann auch beipflichtet, als er den Zigeuner verächtlich macht (291). Lebeau, der solche Diskriminierung eines Mitgefangenen zunächst noch verurteilt, wendet in seiner Verängstigung wenig später bereits die gleichen Vorurteile an: Zigeuner leben vom Diebstahl und, das ist entscheidend, ihre Verfolgung ohne rechtmäßige Anklage, ohne Nachweis individueller Verfehlung etc. berührt ihn offenbar nicht weiter (298 – 9).

Incident at Vichy bezieht seine dramatische Spannung gerade auch aus dieser Feindseligkeit und Zerstrittenheit der Opfer untereinander, für die sich unschwer weitere Beispiele finden lassen. Die genaue Lektüre der umfassenden Diagnose am Schluß zeigt aber, daß solche "animosity" als das Ergebnis eines noch fundamentaleren Mangels erscheint. Der Psychoanalytiker Leduc führt den bitteren Befund darauf zurück, daß der Mensch noch nicht vernünftig sei, zu wenig von sich wisse, die Wahrheit über sich nicht an sich heranlasse. Die letzte Frage des Fürsten von Berg: "What can ever save us?" (340) hat aus der Sicht Leducs bereits ihre Beantwortung gefunden: Hoffnung ließe sich allenfalls an die Verbreitung von Einsicht und Selbsterkenntnis, an die Überwindung falschen Bewußtseins knüpfen. Er selbst hat diese Hoffnung allerdings nicht.

So betrachtet, sind die Taten der Nazis wie auch die bei ihren jüdischen Opfern auftretenden Mordgedanken und Haßgefühle, die generelle Abwesenheit von Mitgefühl und Solidarität ("that agony we cannot feel, that death we look at like a cold abstraction", 339) der Ausfluß von Blindheit und Unaufgeklärtheit. Miller demonstriert das im besonderen daran, daß er die erkenntnishemmende (und also Menschlichkeit verhindernde) und zugleich subjektiv entlastende und stabilisierende Wirkung von Voreingenommenheiten, ideologischen Setzungen, wirklichkeitsfremden Illusionen vorführt. Deren krasseste Form ist zweifellos der antisemitische Wahn, aber auch z.B. Bayard ist mit seinen Hypothesen in Millers Augen nicht weit von den Abstraktionen der Nazis entfernt. Wenn diese, wie erinnerlich, dem Fürsten von Berg als "poets" erscheinen, die ganz der immanenten Stimmigkeit ihrer Doktrin folgen (316 – 7), so sieht Bayard die Menschen nur als "members of history", als "symbols", d.h. als Exemplare einer Klasse (310). Er springt denn auch bezeichnenderweise Lebeau nicht bei, als dieser den Zigeuner gegen einen „Kapitalisten" in Schutz nimmt (292). Offenbar kommt eine nicht ökonomisch definierte Gruppe wie die Zigeuner in seinem Weltbild gar nicht vor. Ausgerechnet Bayard mahnt dann aber die anderen zur Solidarität.

Es wird im realen Englischunterricht kaum möglich sein, dem Stück alle Pointen abzugewinnen. Der Text erweist sich als unvermutet dicht und komplex. Die vielleicht erstaunlichste Variante, an der Miller sein gedankliches Konzept veranschaulicht, sollte aber auf jeden Fall noch erfaßt und diskutiert werden. Es handelt sich um die paradoxe Erscheinung des jüdischen Antisemitismus. Für diese "complicity" mit den Nazis könnte Miller, wie schon für die Tatsache der „Banalität des Bösen", aus Hannah Arendts Darstellung der

von Eichmann organisierten Judenjagden die authentischen Belege erhalten haben. Jenes gigantische Deportationsprogramm wäre bekanntlich ohne die Mitwirkung örtlicher Judenräte nicht durchführbar gewesen.
Die subtilere Form solcher Übertritte ins gegnerische Lager wird in *Incident at Vichy* vor allem an Monceau gezeigt. Von ihm sagt Leduc: "Your heart is conquered territory" (328). Die psychologische Wurzel liegt in Monceaus Verleugnung seiner jüdischen Identität. Auch bei Lebeau, dem anderen Künstler, tritt dieser Wunsch zutage, kein Jude zu sein. Er greift den alten Juden wegen seines Bartes an (307), eines Kennzeichens, von dem er weiß, daß es antijüdische Ressentiments weckt. Er hat die judenfeindlichen Verleumdungen so in sich aufgenommen, daß er tatsächlich beginnt, sich schuldig zu fühlen (326 – 7). Die Figur des Schauspielers Monceau erschließt sich möglicherweise am besten von der letzten Rolle her, die Miller ihn in Paris spielen läßt: er war die Titelfigur ausgerechnet in Rostands Komödie *Cyrano de Bergerac* (322), jener glücklose Held mit der überlangen Nase, der seinem Rivalen die Liebesbriefe verfaßt und sich der Geliebten auf dem Sterbebett endlich offenbart – ein analoges Schicksal insofern, als auch Monceau die Last der verleugneten Identität abzuwerfen wünscht und sich durch die überstürzte Flucht selbst ausliefert (328). Er verdrängt jedoch diesen Masochismus, indem er ein illusionäres Bild von sich und der Wirklichkeit schafft, in Erinnerung an das deutsche Publikum z.B. die Nachricht von den Verbrennungsöfen als "the most fantastic idiocy I ever heard in my life!" (314) abwehrt, dafür aber Leduc als Psychoanalytiker und als Intellektuellen mit eben den Klischees attackiert, die herkömmlicherweise von Antisemiten benutzt werden: er schmäht ihn als "pessimistic" (301) und destruktiv wegen der für Juden angeblich typischen "Talmudic analysis, and this everlasting, niggling discontent" (328). Für sich selbst glaubt er allen Ernstes, die ihm aus dem Theater geläufige Erschaffung einer Figur aus der Vorstellungskraft auch in der realen Situation praktizieren zu können ("Every actor creates himself", 325). Er nimmt sich vor, dem Professor in der Pose des selbstbewußten Mannes entgegenzutreten, der loyal die Gesetze achtet und einen gültigen Paß vorweisen kann. Wie Miller solche groteske Form der Verblendung beurteilt, geht schlagend daraus hervor, daß die Inspektionen Lebeaus und Monceaus die kürzesten im ganzen Stück sind (332 – 333).

3. Auch der nun noch ausstehende dritte Durchgang soll, wie schon der erste, von einer scheinbar plausiblen These ausgehen, die berücksichtigt, daß das Stück mit *deutschen* Schülern im Englischunterricht erschlossen werden soll. Sie lautet: indem Miller in *Incident at Vichy* die Mitverantwortlichkeit aller Menschen für das Böse in der Welt betont, entlastet er die Nazis und behindert den Versuch, die junge Generation in Deutschland an der „Trauerarbeit" für Auschwitz zu beteiligen.
Als relativ vordergründiger Beleg ließe sich Monceaus oben zitierte Gleichsetzung der „Endlösung" mit der russischen Revolution, dem europäischen Kolonialismus und der Negerdiskriminierung in den USA herausgreifen

(327 – 8). Aber auch wer dagegen hält, daß diese Äußerung zum Habitus einer bestimmten Figur gehört und im Aufbau des Stücks einen geringen Stellenwert hat, muß einräumen, daß Millers zentrale Aussage tatsächlich die Gefahr der Nivellierung der Naziverbrechen in sich birgt. Brusteins Eindruck nach der Uraufführung, Miller schaffe es irgendwie, "to get the Germans off the hook", war nicht ganz abwegig.[38] Die qualitativen Unterschiede werden innerhalb der Bühnenhandlung eher verwischt, denn es ist zweifellos etwas anderes, ob jemand Menschen in einen grauenhaften Tod schickt oder ob er einen Zigeuner beleidigt oder sich wünscht, ein anderer Mensch möge sich mit Selbstvorwürfen quälen, oder es unterläßt, sich von der Gemeinheit anderer wirkungsvoll zu distanzieren. Von jüdischer Seite ist es denn auch als "a failure of taste and judgment" empfunden worden, ausgerechnet die Judenvernichtung als "a metaphor for man's inhumanity to man" zu verwenden.[39]

Für die Rezeption im Literaturunterricht müssen solche u. U. anfechtbaren Aspekte des Textes aber nicht nachteilig sein. Es könnte sich vielmehr erweisen, daß gerade durch die Ausweitung der Perspektive die Chance des Themas wächst, von jungen Leuten hierzulande ernstgenommen zu werden. Wer sie auf die Begegnung mit einem Deutschlandbild vorbereiten möchte, auf dem der Schatten der Hitlerzeit liegt, wird ihnen nicht unbedingt ein Büßerhemd anpassen müssen. Andererseits sollten sie sich aber auch nicht aus der deutschen Geschichte davonstehlen. *Incident at Vichy*, das wäre die Gegenthese, hintertreibt den schwierigen Prozeß der Vergangenheitsbewältigung nicht nur nicht, sondern kann ihn sogar in hervorragender Weise fördern.

Natürlich könnte Millers Vorstellung von der universalen "complicity" auch im Unterricht selbst in Zweifel gezogen werden. Das müßte darauf hinauslaufen, die „Endlösung" als wirklich unvergleichbar anzuerkennen und jede Relativierung zu verwerfen – wogegen an sich wenig einzuwenden wäre, auch wenn das Stück damit gewissermaßen „durchfällt". Bedenklich wäre nur, wenn sich darin eine andere Gefahr abzeichnete, eben jene, die Miller an der Publikumsreaktion auf *The Diary of Anne Frank* auffiel. Auch wer Natur und Ausmaß der über die europäischen Juden gebrachten Katastrophe begriffen hat, könnte diese am Ende doch wieder innerlich von sich fernhalten, indem er sie als monströse Verirrung, in Millers Worten: als "an exceptional condition or as illness" betrachtet.

Millers Absicht bestand aber gerade darin, eine solche Abdrängung des Schrecklichen in die Distanz der Geschichte zu verhindern. Als amerikanischer Autor hatte er dabei nicht zuletzt die Selbstgerechtigkeit seiner eigenen Landsleute vor Augen. Darin liegt übrigens ein wesentlicher Unterschied zwischen *Holocaust* und *Incident at Vichy*. *Holocaust* zeigt eine besonders populäre und einflußreiche Variante des in den USA anzutreffenden Deutschlandbildes, aber dieses ist selbstverständlich erheblich differenzierter. Für den im oben angedeuteten Sinne landeskundlich motivierten Englischunterricht wäre auch das zumindest ein interessantes Nebenergebnis.

Auf deutsche Schüler angewandt, bedeutet Millers Absicht, "the hostility and aggression which lie hidden in every human being"[40] bewußt zu machen, daß das Stück auch ihnen die Möglichkeit eröffnet, ja, es unausweichlich macht, Auschwitz als aktuelles Problem zu durchdenken. Sie begegnen, wie gezeigt wurde, konkurrierenden Auslegungen, die ihnen nicht nur zu der historischen Tatsache des millionenfachen Mordes an unschuldigen Menschen neue Zugänge erschließen können, was für sich bereits ein Gewinn wäre, sondern vor allem zur Gegenwart und damit zu sich selbst.

Der Text läßt keinen Zweifel daran, welches Gewicht den verschiedenen Spiegelungen und Deutungen zugemessen wird. Das Stück strebt mit zwingender Folgerichtigkeit seinem Höhepunkt, dem im Titel erwähnten *incident*, zu. Um dessen Verständnis müßte deshalb das Rezeptionsgespräch in seiner abschließenden Phase bemüht sein. Der Zwischenfall besteht bekanntlich darin, daß der Fürst von Berg seinen Passierschein an Leduc weitergibt. Auch er hat erfahren müssen, von der "complicity" mit den Nazis nicht ausgenommen zu sein (340). Er setzt den Erkenntnisschock in eine Tat um, mit der er seine eigene Frage: "What can ever save us?" beantwortet. Diese unvorhergesehene Wendung wird wahrscheinlich kontroverse Erklärungsversuche der Schüler auslösen. Statt aber ihren Mutmaßungen über die Motive allzu freien Lauf zu lassen, wäre es wichtig, die auf den Schluß vorausdeutenden Stellen im Text aufzusuchen. Von Bergs Entscheidung bleibt auch dann noch erstaunlich genug, was vor allem auf dem krassen Gegensatz zu dem bis dahin im Stück dominierenden und zuletzt von Leduc formulierten Menschenbild beruht, aber es kann deutlich werden, daß sie mit Anschauungen übereinstimmt, die er zuvor geäußert hat.

Bayard gegenüber bekundet er z.B. sein Vertrauen in "a few individuals" (311 – 2). In der Auseinandersetzung mit Leduc verteidigt er seinen Glauben an ethische Wertvorstellungen und verbindliche Verhaltensnormen. Leduc betrachtet Ideale nur als Garnierung der tatsächlichen Handlungsantriebe (338 – 9). Von Berg setzt sich gegen solchen Defätismus zur Wehr: "And yet can one wish for a world without ideals?" (337). Er protestiert gegen Leducs niederschmetternde Bestandsaufnahme (339):

> VON BERG, *angered, above his anxiety:* There are ideals, Doctor, of another kind. There are people who would find it easier to die than stain one finger with this murder. They exist. I swear it to you. People for whom everything is *not* permitted, foolish people and ineffectual, but they do exist and will not dishonor their tradition.

Das ist die vorweggenommene Beschreibung seiner Tat und ihrer Begründung. Er greift damit einmal auf seine Feststellung zurück, unter der Herrschaft der Nazis sei "nothing any longer (...) forbidden" (324), zum anderen ruft die Äußerung eine Stelle in Erinnerung, deren Sinn erst vom Schluß her klar wird (302 – 3):

> LEDUC: (...) So you still take seriously the ... the title and ...
> VON BERG: It is not a "title"; it is my name, my family. Just as you have a name, and a family. And you are not inclined to dishonor them, I presume.

LEDUC: I see. And by responsibility, you mean, I suppose, that –
VON BERG: Oh, I don't know; whatever that means.

Hier erscheint ein an Millers Helden häufig beobachtbares Merkmal: wie für John Proctor (*The Crucible*) oder Eddie Carbone *(A View from the Bridge)* geht es für von Berg um die Wiederherstellung seines Selbstbildes, um die Reinigung des Namens von einem Makel. In Millers Verständnis von Tragik ist der "moment of commitment" entscheidend, der Punkt, an dem die unverwechselbare Individualität des Helden in Erscheinung tritt:[41]

> I take it (...) that the less capable a man is of walking away from the central conflict of the play, the closer he approaches a tragic existence.

Von Berg ist ein solcher tragischer Charakter, was hier nur insoweit noch kommentiert werden soll, daß sein „Idealismus" damit zu einer Art sekundärer Motivation wird. Er rehabilitiert gewiß seine humane Gesinnung, aber er tut das, um dadurch seine Identität zu retten, nicht, um Leduc zur Freiheit zu verhelfen, obwohl er dieses zweifellos bewirkt.

Von Berg widerlegt auch die Ansicht des Majors, Gewissensentscheidungen seien in einer vom Mechanismus der Machtapparate bestimmten Welt sinnlos geworden. Die beiden bleiben auf der Bühne zurück, *"forever incomprehensible to one another, looking into each other's eyes"* (342). Was sie trennt, ist die Sensibilität gegenüber der "responsibility". Der Begriff wird im Text doppeldeutig verwendet. Wenn der Professor klarstellt: "The Army's responsibility is quite as great as mine here" (320), so hat er den dienstlichen Auftrag im Sinn. Indem aber der Major unter Verweis auf den Befehlsnotstand die ihm zudiktierte Rolle weiterspielt, verdrängt er die Einsicht in seine moralische Mitverantwortlichkeit für die spätere Ermordung der Gefangenen. Möglicherweise sichern aber selbst ihn die Abwehrreaktionen – sein Zynismus und die Flucht in den Alkohol – nicht vor den Anfechtungen des Gewissens: wie wäre sonst zu erklären, daß die Entscheidung über den Jungen, wie auch von Berg bemerkt (334), sich unerwartet hinzieht und nach deren endlichem Abschluß der Professor *"upset, by an argument he had in the office, possibly"* (338) aus dem Vernehmungsraum kommt? Am Schicksal des Kindes ändert der Einspruch des Majors, wenn er ihn denn erhoben hat, freilich nichts. Ähnlich doppelsinnig wird der Begriff "responsibility" übrigens auch für die Einstellung des österreichischen Adels gebraucht (302): von Bergs Standesgenossen übernehmen zwar in der Regel keine Ämter, aber sie blieben auch unempfindlich dafür, daß unterdessen ihre "Jews" von anderen umgebracht wurden.

Incident at Vichy, das sollte deutlich geworden sein, steht der argumentativen Auseinandersetzung mit der nationalsozialistischen Judenvernichtung nicht im Wege. Miller thematisiert sein aufklärerisches Anliegen im Text, am sinnfälligsten, indem der „positive" Held das erlebt, was der Dramatiker sich auch vom Publikum erhofft – "a higher consciousness", aus der die fiktive Figur dann auch die Konsequenz zieht. Die Notwendigkeit der Verbreitung von Kenntnissen und Einsichten wird auch von Leduc mehrfach betont: das

Leiden sei "pointless" und "total, absolute waste" und "will be repeated again and again forever" (336), solange daraus keine Lehren gezogen würden, und es komme also darauf an, "to teach others the truth" (339). Miller trägt seinen rationalen Optimismus jedoch ohne Pathos vor.[42] Er macht sich auch keine Illusionen über die Wirkungen der Kunst. Der Major ist Klavierspieler (294), die Gestapoleute hörten zuerst der Orchesterprobe zu, bevor sie den jüdischen Musiker abführten (324). Auf der anderen Seite hat im Stück aber nicht der Skeptiker und Analytiker Leduc das letzte Wort, sondern eine weltfremdnaive Künstlernatur wie der Fürst von Berg. Miller sträubt sich, wie dieser, gegen eine Philosophie der Sinnlosigkeit und Verzweiflung. Er hält unverdrossen an der Überzeugung fest, Verantwortungsgefühl sei "the only thing that prevents total slaughter, violence and nihilism", Erscheinungen der Wirklichkeit, vor denen er, gerade auch in *Incident at Vichy*, keineswegs die Augen verschließt. Nur wendet er sich vehement gegen "the new writers" und das, was er ihren "absolute naturalism"[43] nennt:

> They take glimpses of the surface of life and say, "Isn't life chaotic?" Well, of course it is; I don't know what their discovery is. (...) But the idea that man is simply a creature who is inevitably going to slip on a banana peel and that the only role of the theater is to have him crack his head on the sidewalk in style – I reject that. (...) There is a limit to the absurd viewpoint.

Vielleicht hat Miller recht mit der Vermutung, diese Einstellung lasse sich auf seine jüdische Abkunft zurückführen:[44]

> I did absorb a certain viewpoint. That there is tragedy in the world but that the world must continue: one is a condition for the other. Jews can't afford to revel too much in the tragic because it might overwhelm them. (...) I have, so to speak, a psychic investment in the continuity of life. I couldn't ever write a totally nihilistic work.

Für das hier entwickelte Konzept der Umsetzung von *Incident at Vichy* in Literaturunterricht wurden drei *kognitive* Ziele als gliedernde Gesichtspunkte gewählt. *Affektive* Wirkungen, so sehr man sie ebenfalls erhofft, sind kaum kalkulierbar und deshalb als Leitfaden für das textorientierte Rezeptionsgespräch nicht geeignet. Es erscheint dennoch nicht unbegründet, solche Wirkungen hier zu erwarten, obwohl man mit Miller auch wiederum weiß, wie "very uncertain" sie sind. Daß das Stück die Bewußtseinslage der gegenwärtigen Schülergeneration treffen könnte, Fragen aufwirft, die "into the part of them that is still alive and questing" zielen, ist jedenfalls eine Prämisse der vorstehenden literaturdidaktischen Überlegungen. Die andere besteht darin, daß es auch in die Zuständigkeit des fremdsprachlichen Literaturunterrichts fällt, ja, für seinen pädagogischen wie fachspezifischen Auftrag unerläßlich ist[45], Schüler mit literarisch vermittelten politischen, philosophischen, moralischen Problemen zu konfrontieren. *Incident at Vichy* sollte hierzulande nicht zuletzt deshalb einen Platz unter den fremdsprachlichen Lektüren erhalten, weil, wie Marion Dönhoff am Schluß ihres *Holocaust*-Artikels schrieb[46], „der Teufel nicht zweimal in der gleichen Gestalt (erscheint)" und es darauf ankommt, „Sensibilität gegenüber den akuten Anfechtungen zu entwickeln".

Anmerkungen

1. W. Jens, „Die Verwandlung der Jahrtausend-Katastrophe in eine Trivialität aus Hollywood: Schergen, die Theater spielen ...", *DIE ZEIT*, Nr. 6, 2. Feb. 1979, 12.
2. M. Dönhoff, „Eine deutsche Geschichtsstunde. ‚Holocaust' – Erschrecken nach dreißig Jahren", *DIE ZEIT*, Nr. 6, 2. Feb. 1979, 1.
3. R. Lettau, „Und dann ... Und dann ... Notizen zu der amerikanischen Serie ‚Holocaust'", *DIE ZEIT*, Nr. 25, 16. Juni 1978, 40. – Der Film fand auch sonst kompetente Verteidiger. Leopold Ahlsen etwa, selbst erfolgreicher Hörspiel- und Fernsehautor, bescheinigte der Serie sogar, „vom Buch und von der Realisation her überdurchschnittlich gut gearbeitet zu sein". Auch er zeigte wenig Verständnis für diejenigen, die „mit der Elle ästhetischer Feinsinnigkeit daherkommen". *Die Welt*, 27. Jan. 1979, 24.
4. R. Lettau, „Die Fetischisierung des Neuen. Über Unterdrückung, Folter und Mord. Reinhard Lettaus Bonner Rede", *DIE ZEIT*, Nr. 20, 11. Mai 1979, 48.
5. M. Bludau, „Was wir mit der Textaufgabe aufgeben", *Praxis* (1979), 409. – H. Rumpf, „Schullernen und die Bedrohung der Identität", in: ders., *Unterricht und Identität* (München, 1976), 9 – 28, hier: 13, 26. – R. Nissen, „Wider die Verschulung, Verkursung, Verkrustung des Lernens im Fremdsprachenunterricht", *Praxis* (1980), 352. – L. Bredella, „Der Verstehensprozeß literarischer Texte in seiner Bedeutung für die Frage nach dem Sinn des Literaturunterrichts", in: H. Weber (Hrsg.), *Aufforderungen zum literaturdidaktischen Dialog: Kolloquium zum englischen Literaturunterricht* (Paderborn, 1979), 55 – 87, hier: 56.
6. A. R. Glaap, „Grenzen der Operationalisierbarkeit von Lernzielen im Englischunterricht", *Die Neueren Sprachen* (1974), 381 – 392.
7. F. J. Raddatz, „Rampe als Shiloh Ranch", *DIE ZEIT*, Nr. 11, 9. März 1979, 64.
8. H.-J. Benedict, „Betroffenheit und Abwehr: Schülerreaktionen auf ‚Holocaust'", *Vorgänge* (2/1979), 21 – 24.
9. Wir zitieren im folgenden nach dem Text in: H. Clurman (ed.), *The Portable Arthur Miller* (Harmondsworth: Penguin, 1977), 283 – 342. Das Stück ist ebenfalls enthalten in: Ch. Marowitz (ed.), *New American Drama* (Harmondsworth: Penguin, 1966), 151 – 203. Eine in der Bundesrepublik erschienene Schulausgabe liegt nicht vor.
10. Vgl. K. Otten, „‚Kulturelle Kompetenz' im Englischunterricht", in: H. Weber (Hrsg.), *Aufforderungen zum literaturdidaktischen Dialog*, 88 – 102.
11. K. L. Woodwark, "Debate Over the Holocaust", *Newsweek*, March 10, 1980, 28.
12. Die deutsche Fassung der vierteiligen *Holocaust*-Serie kann bei der Firma Atlas, Duisburg, ausgeliehen werden. Eine Wiederholung der Fernsehübertragung wird vom WDR erwogen. Terminabsprachen bestehen aber offenbar noch nicht. Die *Holocaust*-Diskussion des Jahres 1979 ist vorzüglich dokumentiert in: P. Märtesheimer/I. Frenzel (Hrsg.), *Im Kreuzfeuer: Der Fernsehfilm ‚Holocaust'* (Frankfurt: Fischer, 1979).
13. A. Miller, "Our Guilt for the World's Evil", *The New York Times Magazine*, Jan. 3, 1965, 10 – 11, 48.
14. Interview (1964) mit W. Wager, in: W. Wager (ed.), *The Playwrights Speak* (New York, 1968), 6 – 24, hier: 15.
15. Eine vorzügliche Auswahl aus Millers theoretischen Schriften und Interviews bietet R. A. Martin (ed.), *The Theater Essays of Arthur Miller* (Harmondsworth: Penguin, 1978). Die Ausgabe enthält auch Millers "Introduction" zu den bis 1955 erschienenen Hauptwerken, 113 – 170 (ursprünglich in: *Collected Works* [New York, 1957], 3 – 55). Inzwischen liegt auch eine von W. Hortmann besorgte deutsche Übersetzung des Bandes vor: *Arthur Miller: Theateressays* (Frankfurt, 1981).
16. "The Shadows of the Gods", in: *The Theater Essays*, 175 – 194, hier: 187 (ursprünglich in: *Harper's Magazine* [August 1958], 35 – 43, hier: 40).
17. Miller hat 1980 in dem Fernsehspiel *Playing for Time* (New York, 1981) das Thema der Judenvernichtung erneut aufgegriffen. Das Stück fußt auf dem Erinnerungsbuch der französischen Chansonsängerin Fania Fénelon, die Auschwitz nur überleben konnte, weil

sie zu dem aus weiblichen Häftlingen gebildeten Lagerorchester gehörte. Auf die Kritik der Verfasserin, ihr Buch sei in der Adaptation verfälscht worden, entgegnete Miller mit dem gleichen Argument, das er mehr als 20 Jahre zuvor schon gegen das *Tagebuch der Anne Frank* vorgebracht hatte: "I tried to treat it as a story meaningful to the survivors – by which I mean all of us. I didn't want it to be a mere horror story." (J. Atlas, "The Creative Journey of Arthur Miller", *The New York Times*, Sept. 28, 1980, section 2, 1 + 32, hier: 1). Die deutsche Fassung wurde unter dem Titel *Spiel um Zeit* im ZDF am 9. und 10. März 1981 gesendet. Buchausgabe: *Spiel um Zeit* (Frankfurt, 1981).

18 Interview mit W. Wager (1964), 16.
19 Vgl. Anmerkung 13.
20 "Introduction" (1957), in: *The Theater Essays*, 133.
21 "The State of the Theater" (Interview mit H. Brandon), in: *The Theater Essays*, 223 – 236, hier: 232 (ursprünglich in: *Harper's Magazine* [November 1960], 63 – 69, hier: 68).
22 "The Family in Modern Drama", in: *The Theater Essays*, 69 – 85, hier: 84 (ursprünglich in: *The Atlantic Monthly* [April 1956], 35 – 41, hier: 40).
23 "Introduction" (1957), in: *The Theater Essays*, 122 – 123.
24 R. J. Evans, *Psychology and Arthur Miller* (New York, 1969), 35 – 36.
25 "Waiting Periods", *Saturday Review*, Dec. 19, 1964, 24.
26 R. J. Evans, *Psychology and Arthur Miller*, 29 – 30.
27 Interview mit W. Wager (1964), 19.
28 "Arthur Miller Ponders *The Price*" (Interview mit J. Barthel), *The New York Times*, Jan. 28, 1968, section 2, 1 + 5, hier: 5.
29 "The State of the Theater", in: *The Theater Essays*, 227.
30 *TIME*, Dec. 11, 1964, 51; R. Brustein, "Muddy Track at Lincoln Center", *The New Republic*, Dec. 26, 1964, 26.
31 D. Welland, *Miller: A Study of his Plays* (London, 1979), 106. Empfehlenswerte Interpretationen finden sich auch bei L. Moss, *Arthur Miller* (New York, 1967), 96 – 99, und R. Lübbren, *Miller* (Velber, 1969: Friedrichs Dramatiker des Welttheaters, Bd. 19), 102 – 113.
32 Zu Fragen der Wertung vgl. H. Kosok, „Lektüreauswahl für die Sekundarstufe II aus der Sicht eines Literaturwissenschaftlers", in: H. Weber (Hrsg.), *Aufforderungen zum literaturdidaktischen Dialog*, 13 – 29.
33 "The Art of the Theater II" (Interview mit O. Carlisle und R. Styron), in: *The Theater Essays*, 264 – 293, hier: 281 – 282 (ursprünglich in: *The Paris Review* [Summer 1966], 61 – 98, hier: 84).
34 "The State of the Theater", in: *The Theater Essays*, 235.
35 "Our Guilt for the World's Evil", 10.
36 Unter landeskundlichen Gesichtspunkten ist *Incident at Vichy* doppelt interessant, weil es auch eine heikle Periode der *französischen* Geschichte beleuchtet. Die Scheu, tabuisierte Tatbestände zur Sprache zu bringen, nimmt in Frankreich zwar ab, aber bezeichnend war immerhin, daß *Holocaust* erst ins französische Fernsehprogramm kam, nachdem ein Interview mit dem seit 1945 in Madrid lebenden ehemaligen Generalkommissar für Judenfragen, Louis Darquier de Pellepoix, von *L'Express* veröffentlicht worden war und große öffentliche Erregung verursacht hatte – ein Dokument ungewöhnlicher Verstocktheit und zynischer Arroganz. Vgl. H. Ménudier, „Der Fall Darquier de Pellepoix – oder: Antisemitismus auf französisch", *Dokumente* (2/1979), 157 – 167; ferner: H. Ménudier, „,Holocaust' in Frankreich – ein Lehrstück", *Dokumente* (3/1979), 259 – 268; inzwischen auch: J. Altwegg, „Der Mythos der Résistance bröckelt – Frankreich entdeckt und diskutiert seinen nationalen Faschismus", *DIE ZEIT*, Nr. 13, 20. März 1981, 41 – 2.
37 "The Art of the Theater II", in: *The Theater Essays*, 289. – Interview mit W. Wager (1964), 12 – 13.
38 *The New Republic*, Dec. 26, 1964, 26.

39 R. Winegarten, "The World of Arthur Miller", *The Jewish Quarterly* (2/1969), 48 – 53, hier: 52.
40 "Our Guilt for the World's Evil", 11.
41 "Introduction" (1957), in: *The Theater Essays*, 118.
42 Interessanterweise wird Miller von linken Kritikern vorgeworfen, den Glauben an eine Veränderung der Verhältnisse auf dem Wege politischer und ökonomischer Maßnahmen aufgegeben zu haben. Vgl. E. Mottram, "Arthur Miller: The Development of a Political Dramatist in America", in: R. W. Corrigan (ed.), *Arthur Miller: A Collection of Critical Essays* (Englewood Cliffs, N. J., 1969), 23 – 57.
43 Vgl. Anmerkung 28.
44 "The Art of the Theater II", in: *The Theater Essays*, 292.
45 Vgl. H. Weber, „Literaturunterricht als Fremdsprachenunterricht", in: ders. (Hrsg.), *Aufforderungen zum literaturdidaktischen Dialog*, 112 – 128.
46 Vgl. Anmerkung 2.

Michael Bludau

Roy Minton: *Bovver*

I

Somerset Maugham hielt einst einen Drama-Kurs an der Londoner Universität ab. Seine Ansichten über das, was Drama ist, faßte er so zusammen: "A sure formula for success is to write first a tragedy in five acts. Put it away in a drawer for six months, then change it into a comedy in three acts. Forget it for another year. Then reduce it into a curtain raiser. That done, rush right out and marry a rich American."[1]
Diese Aussage Maughams umschreibt nicht nur die ganze Breite dramatischer Ausdrucksformen, sie stellt auch mit hintergründig-selbstkritischem *sense of humour* die Frage nach der Austauschbarkeit der Inhalte in dramatischen Gestaltungsformen. Wenn man das Zitat auch nicht wörtlich nehmen sollte, so gibt es doch immerhin eine Rechtfertigung dafür, warum man seit eh und jeh im Englischunterricht ausgiebigen Gebrauch von dem Angebot der *one-act plays* gemacht hat. Denn die Grundelemente und Grundkonstellationen des Dramatischen werden hier sozusagen in der Nußschale vorgeführt. Zudem bieten sie sich in einer für den Schüler überschaubaren Weise an. So wundert es nicht, daß schon 1927 Walter Domann auf die unterrichtliche Verwertbarkeit der Einakter hingewiesen hat.[2] Die Griffigkeit des Einakters ist in ihrem Stellenwert für den Unterricht nicht zu übersehen und rückt ihn in die Nähe der ebenso griffigen epischen Form der Kurzgeschichte.
Es ist das Verdienst von Heinz Kosok, in zwei wichtigen Aufsätzen[3] das Feld des modernen englisch-amerikanischen Einakters beackert zu haben. Kosok betonte – anders als der eingangs zitierte Somerset Maugham – die Eigenständigkeit dieser dramatischen Form und schlug – analog zu dem Terminus *Kurzgeschichte* – den Begriff *Kurzdrama* vor. Bedeutsam für den Lehrer, der sich mit Kurzdramen beschäftigen will, ist nach wie vor der von Kosok gemachte Beschreibungsversuch. Danach ist zentrales Gestaltungsprinzip die „Konzentration auf wesentliche Elemente". Dazu gehören nach Kosok:
– die Einheit von Zeit und Ort,
– das Fehlen von Nebenhandlungen,
– der Vorrang der Darstellung der Situation vor der Darstellung der Handlung,
– die Beschränkung auf Krisen- oder Endsituationen,
– die Reduktion der Zahl der Figuren,
– der Verzicht auf runde resp. volle Charaktere und die Beschränkung auf wenige charakteristische Züge in einer krisenhaften Situation,
– die Verdichtung des Dialogs.
Die Auflistung macht deutlich, daß in der Konzentration der Mittel die

Chance gegeben ist, bei der schulischen Behandlung eines Kurzdramas – im Sinne einer didaktischen Reduktion – den Blick der Schüler auf Exemplarisches und Charakteristisches zu lenken und solchergestalt Lernprozesse zu strukturieren.

Zu fragen ist nun, was der Englischlehrer mit einem Kurzdrama im einzelnen erreichen will. Es handelt sich um einen literarischen Text – wie sollen da die Prioritäten bei der Lernzielbestimmung gesetzt werden?

Schon die Tatsache, daß es sich um Literatur im Unterricht handelt, wirft Probleme auf. Gewiß hat sich in den letzten Jahren das Klima wieder zugunsten der Literatur verändert, und die Sammelbände von Herbert Mainusch und Hans Weber[4] scheinen eine neue Schönwetterperiode für Literatur anzuzeigen. Allerdings: Was sich inzwischen in Literatur- und Fachdidaktik, was sich in den Bezugswissenschaften, wie Literaturwissenschaft und Textlinguistik, getan hat, macht die Rückbesinnung auf Literatur im Unterricht nicht zu einer Neuauflage alter Traditionen, sondern ist eine Herausforderung zum Neudurchdenken und zum Aufspüren neuer Wege und Zugänge.

Es ist in diesem Zusammenhang festzustellen, daß die Rückkehr der Literatur in die Schulstube ausnahmsweise nicht das Werk der Bildungsstrategen ist, sondern daß sie vielmehr auf einem allenthalben registrierten Frustrationsgefühl der Schüler gegenüber der einseitigen Überfütterung mit Sachtexten beruht. Es wäre eine interessante Aufgabe für die empirische Erziehungswissenschaft, die Ursachen dieses Phänomens zu analysieren. Hier kann und soll nur der Versuch einer sehr subjektiven Erklärung gemacht werden, ein Versuch, der in seiner Knappheit sich den Vorwurf der Vereinfachung einhandeln wird.

Nach der Mitte dieses Jahrhunderts hat im Denken der westlichen Welt, und hier besonders bei uns in Deutschland, die sog. „Zweite Aufklärung" sich als bewußte Überwindung des Irrationalismus, wie sie sich beispielsweise im Nationalsozialismus manifestierte, verstanden.[5] Die Hinwendung zum Rationalismus war gekoppelt mit der durch technische und wissenschaftliche Erfolge ausgelösten Fortschrittseuphorie. Im Gefolge dieser Entwicklung haben hochgradig abstrahierende Wissenschaften, wie etwa Linguistik und Soziologie, die Gewichtung zum Rationalen hin nachhaltig gefördert. Die Entwicklung ging auch an der Pädagogik nicht vorüber. Die Unruhe der späten sechziger Jahre – obwohl mit Ansätzen zum Ausbruch aus der strengen Rationalität behaftet – hat uns nicht weitergebracht. Politische und sonstige Manifestationen der geistigen Erben dieser Jahre sind nach wie vor schwer lesbare und schwer verständliche Ergießungen des Intellekts und lassen den konkreten Menschen mit seinen vielschichtigen Bedürfnissen draußen in der Kälte der reinen Vernunft stehen. Wen wundert's, daß heute die kindlichen „Stadtindianer" den Ruf nach „Mehr Zärtlichkeit" zu ihrem Schlachtruf gemacht haben.[6]

Bezogen auf den schulischen Unterricht, heißt das: Der Schüler möchte sich in dem, was er in der Schule tut, irgendwo wiederfinden. Er findet sich kaum wieder im mehr oder minder mechanischen Prozeß des Fremdsprachenlernens, er findet sich nur partiell wieder im Umgang mit Sach- und Trivialtexten. Je voller sich die fiktiven Projektionen von Menschen in literarischen Texten anbieten, desto mehr hat der lesende Jugendliche die Möglichkeit, sich in ihnen wiederzuerkennen und sich mit diesen Figuren rational *und* emotional auseinanderzusetzen. Der Zeitungsbericht über einen Jungen, der nach schulischen Mißerfolgen in der Großstadt untertaucht, bleibt für den Jugendlichen nicht mehr als eine Fallstudie, mit der er sich unter psychologischen oder soziologischen Aspekten beschäftigen kann und im Unterricht – vom Lehrer gelenkt – auch muß. Holden Caulfield aus Salingers *Catcher in the Rye* ist dagegen auch heute noch ein schulischer Bestseller, weil dieser Heranwachsende mit seinen Problemen in der dichterischen Gestaltung Fleisch und Blut erhält. Freilich ist diese Realität eine fiktive, aber gerade darin liegt ein anderer Reiz für den Schüler zum Umgang mit Literatur: zwischen fiktiver Gestalt und realem Leser bleibt eine Distanz bestehen, die es dem Leser ermöglicht, sich selbst in der Spiegelung zu erblicken. Im Gespräch über das fiktive Spiegelbild kann der junge Mensch von sich selber sprechen, ohne sich der Schutz- und Abwehrmechanismen zu begeben, die er sowohl den Erwachsenen als auch seinen Altersgenossen gegenüber hat. Dieser „Verfremdungseffekt" ist die große Chance, die Literatur im Unterricht bietet. Sie muß allerdings genutzt werden.

Sie wird sicher nicht genutzt, wenn man den Weg der Vivisektion geht, sei es nun im traditionalistischen literaturwissenschaftlich-philologischen Sinne, sei es im modernistischen strukturalistisch-textlinguistischen. Hinzu tritt das Dilemma, daß der Sprachunterricht von jedem Teilschritt des Lehrgangs einen Zugewinn an sprachlicher Kompetenz fordert, daß aber ein aus einem Dramendialog abgeleiteter *pattern drill* (als Extrem) der Tod der Literatur wäre. Was also tun?

Die Antwort sei in fünf knappen Thesen zusammengefaßt:
1. Derjenige, der im Unterricht einem literarischen Text gegenübertritt, ist nicht nur als *Lerner* in einem Sprachlehrgang oder als *Empfänger* in einem Kommunikationsprozeß zu sehen, sondern vor allem als *Mensch* mit seinen Bedürfnissen, Nöten, Wünschen und Hoffnungen.
2. Im Vordergrund steht also die Begegnung von konkretem Menschen (= Schüler) und fiktivem Menschen (= dichterische Figur). Das Erfahren der menschlichen Faktoren muß eine zentrale Stellung im Umgang mit Literatur haben, weil zwischen der Erfahrungswelt des Jugendlichen, die weit über das hinausgeht, was er in der Zielsprache ausdrücken kann, und der komprimierten Darstellung von Erfahrungen im literarischen Text die größte Kongruenz besteht.
3. Die Begegnung mit Literatur vollzieht sich im Rahmen der Zielsprache. Zwischen dem sprachlichen Niveau des dichterischen Textes, dem Erfahrungsbereich des Jugendlichen und der fremdsprachlichen Kompetenz des Schülers bestehen erhebliche Differenzen, so daß von Kongruenz nur in sehr begrenzten Teilbereichen zu sprechen ist. Fremdsprachlicher Literaturunterricht muß deshalb zunächst die sprachlichen Voraussetzungen

schaffen, um ein Grobverständnis des Textes zu ermöglichen. Da das grobe Erfassen der Struktur und der Problematik den Text in die Erfahrungswelt des jugendlichen Lesers einbezieht, muß der Sprachunterricht die Mittel bereitstellen, die es ermöglichen, das Betroffen-Sein – wie immer das auch beschaffen sein mag – in der Fremdsprache zu artikulieren.
4. Da der literarische Text – besonders der dramatische – den Menschen zum Vorwurf hat, der Mensch aber seinerseits als soziales Wesen ohne einen Kontext nicht existieren kann, muß in der Phase des Feinverständnisses dem Schüler eben dieser sozio-kulturelle Kontext vorgestellt und erfaßbar gemacht werden.
5. Wenn Jurij M. Lotman den dichterischen Text beschreibt als „einen spezifisch gestalteten Mechanismus (...), der die Fähigkeit besitzt, Information in ungewöhnlich hoher Konzentration zu enthalten"[7], dann muß im Literaturunterricht in der Phase des Feinverständnisses der Schüler in die Lage versetzt werden, möglichst viele dieser Informationen der Textstruktur zu entnehmen. Dieses Feinverständnis zu entwickeln, ist sicher ein erstrebenswertes Ziel des Fremdsprachenunterrichts in der Schule, darf aber keineswegs zum Selbstzweck werden und dadurch die elementare Erfahrung von Literatur verstellen.

II

Die theoretischen Prämissen seien nun auf einen konkreten Text, Roy Mintons *Bovver*, bezogen.[8] Zum Inhalt: Im schäbig eingerichteten Wohn-Schlaf-Zimmer eines Mietshauses wohnen Vic und Terry. Vic, Anfang 30, wahrscheinlich ein akademischer *drop-out*, besitzt einen sehr beweglichen Verstand und kann sich auf verschiedenen Sprachebenen des Englischen sicher bewegen. Er ist der intellektuelle Führer, voll aggressiver Ablehnung gegenüber der etablierten Gesellschaft, in manchen Zügen ein Verwandter von Jimmy Porter in Osbornes *Look Back in Anger*. Während Vics Aggressivität intellektuell-verbal ist, zeigt sie sich bei Terry, dem achtzehnjährigen *Skinhead*, auf physisch-brutale Weise. Beide gehen offensichtlich keiner geregelten Beschäftigung nach und versuchen, Auseinandersetzungen mit der von ihnen abgelehnten Umwelt zu provozieren. Das äußert sich gleich am Anfang durch lautes Radiospielen und Gestampfe auf den Fußboden. Als Ergebnis erscheint dann tatsächlich auch einer, der sich provoziert fühlt, nämlich Paul, ein Mitbewohner, "a second-year student, an ordinary, gentle young man, slim, with hair longish but not overdone. He wears spectacles." Alles in allem also: ein Musterknabe aus „gut-bürgerlichem Hause". Und sein politisches Credo lautet: "I am non-violent."
Mit Pauls Auftritt beginnt die eigentliche dramatische Aktion. Er, der sich beschweren will, kommt zunächst über Eröffnungsformeln nicht hinaus, weil er stets von dem ironisch-höflichen Vic zu ganz anderen Gesprächsgegenständen geführt wird als zu denen, über die er eigentlich sprechen möchte. Schließlich gelingt es Paul doch, seine Beschwerde wegen der Lärmbelästi-

gung vorzubringen. Doch auch diese Sprechhandlung funktioniert Vic sogleich um: ob Paul wohl von der Polizei sei und die Radiolizenz überprüfen wolle? Paul wird die Situation langsam unangenehm. Als er sich zurückziehen will, versperren ihm Vic und Terry den Weg. Terry wird jetzt zunehmend aktiv, weniger verbal wie Vic, als vielmehr durch seine bloße physische Präsenz und durch Drohgebärden. Paul muß sich auf einen Stuhl setzen. Die Rollen werden nun umgekehrt: Paul ist der Beschuldigte, Vic der Kläger. Vic versucht, Paul zu suggerieren, daß er krank bzw. geisteskrank sei. Diese psychologische Behandlung bleibt nicht ohne Wirkung auf Paul: *"Gestures helplessly with his hands before getting his words out." 'Bovver'*, d. i. "violence or threatening behaviour, esp. by groups of boys or young men wearing heavy boots for kicking"[9], nimmt beständig an Intensität zu. Vic klagt über Ruhestörungen durch Pauls Parties, wahrscheinlich — so mutmaßt er — homosexuelle Orgien. Gleichzeitig läßt Terry eine Fahrradkette drohend über Paul pendeln. Vic steigert sich in die Rolle eines Vertreters der „guten Bürgerlichkeit", der Paul moralisch verurteilt. Die Handlung treibt ihrem Höhepunkt zu. Paul versucht noch einmal, den Raum zu verlassen, wird jedoch von Terry an den Stuhl gefesselt und weiterhin mit der Kette bedroht. Vic läßt die Maske der ironischen Verstellung fallen und macht deutlich, was er an Paul und seinesgleichen haßt: "You and your mates are a highly privileged mob." Und diese privilegierten Studenten haben kein Recht, auf Terry herabzusehen, denn "(...) he's not so different from you. Not that much. He's young, got energy, gets bored easy — except he hasn't got a bloody chance. So he gets rid of his juices, through bovver."

Und was die Gesellschaft nicht verwirklicht hat, vollziehen nun Vic und Terry an Paul, indem sie ihm das Haar abschneiden, ihm Terrys Stiefel anziehen und ihn so zum "Skinhead" machen. Als sie Paul losbinden, geht dieser zum Spiegel, sieht dort sein neues, sein anderes Gesicht und verfällt in solch aggressive Wut, daß er Vic mit einem Schlag niederstreckt und sich dann mit der Fahrradkette auf Terry stürzt. Als er zuschlagen will, kommt er wieder zu sich: "Nothing — did nothing — non-violent. You ... You ..." Dann zieht er Terrys Stiefel aus und seine Schuhe wieder an. Während sich die beiden anderen Opfer des *bovver* in Schmerzen krümmen, verläßt er den Tatort. Alan Durband sagt in seiner Einführung: "At an offensive word from Terry, the gentle student breaks. The atavistic urge overcomes the intellectual training. Vic, Terry and Paul are blood-brothers after all"(8).

III

Was kann der jugendliche Leser beim Umgang mit diesem Text erfahren? Da ist zunächst das Grundphänomen der Aggression als bedrohliche Kraft im Menschen und im Verhältnis der Menschen zueinander. Begrifflich wird Aggression für den Schüler der Sekundarstufe II nichts Neues sein: sie wird abgehandelt in Fächern wie Religion, Pädagogik, Deutsch, Sozialwissenschaft, Philosophie u.a. Zudem begegnet er ihr auch beständig in seiner

täglichen Erfahrungswelt, sei es in der sekundären Erfahrungswelt der Massenmedien, sei es in der primären seiner persönlichen Lebensbedingungen. Was in *Bovver* vorgeht, ist also für Jugendliche erfahrbar.
Es geht in dem Stück aber nicht allein um Aggression. Hinzu tritt die Frage, ob und wieweit der Mensch so manipulierbar ist, daß er seiner besseren Einsicht völlig zuwiderhandelt. Wieweit können atavistische Instinkte über unsere moderne Rationalität triumphieren?
Der fremdsprachliche Literaturunterricht hat nun die Aufgabe, die als Möglichkeit vorhandene Kongruenz zwischen fiktiver Erfahrung des dichterischen Textes und realer Erfahrung des jugendlichen Lesers auch tatsächlich herbeizuführen. Das bedeutet: der Unterricht muß einmal das Problem in den Fokus des Schülerinteresses bringen, er muß zudem sprachliche Mittel reaktivieren bzw. neu bereitstellen, die Erfahren und Erfassen des Problems ermöglichen. An anderer Stelle[10] habe ich an der Beschäftigung mit Gedichten gezeigt, wie man diesen beiden Aufgaben genügen kann. Der dort vorgeschlagene Weg sieht vor, daß jeweils ein Sachtext mit einem Gedicht gekoppelt wird. Der Sachtext bringt das Problem (das Thema) in das Bewußtsein des Lesers und liefert zugleich modellhafte Hilfen und Vorgaben zur Besprechung des Problems (des Themas). In einem zweiten Schritt erkennt der Schüler im lyrischen Text das Problem (das Thema) des Sachtextes wieder und erfaßt es mit den im ersten Schritt reaktivierten oder neuerworbenen Mitteln seiner Sprachkompetenz. Durch weitere Bereitstellung von Beschreibungs- und Besprechungsvokabular sowie durch methodische Hilfen wird der Schüler in die Lage versetzt, die Feinstruktur zu erfassen, zumindest soweit dies für ein vertiefendes Verständnis des Problems (des Themas) notwendig ist.
Das beschriebene Verfahren muß allerdings modifiziert werden, wenn man es auf dramatische Texte beziehen will. Diese Notwendigkeit ergibt sich aus den quantitativen und qualitativen Differenzen zwischen lyrischen und dramatischen Texten. Würde man die Struktur lyrischer Texte als punktuell, die epischer als linear und die dramatischer als räumlich bezeichnen, so hätte man die Notwendigkeit zu einer abgewandelten Annäherung grob begründet.
Bei der praktischen Erprobung des Verfahrens an Roy Mintons *Bovver* erfolgte der Einstieg nicht über *einen* Text, sondern über ein ganzes *Textbündel*, das die Problematisierung und Sensibilisierung zu besorgen hatte. Die Auswahl der Texte wurde von der Überlegung bestimmt, mögliche Fragen des Jugendlichen an den Text schon vorab hypothetisch festzulegen. Solche Fragen könnten etwa sein: Wie kommt es, daß der sympathisch-nette Durchschnittsjüngling Paul zum Berserker wird? Steckt in jedem von uns ein Gewalttäter? Welche Faktoren können solche dramatischen Veränderungen in einem Menschen bewirken? Zwangsläufig führen solche Fragen in Bereiche der Faschismustheorie und -geschichte hinein. Der Oberstufenschüler ist zwar mit diesen Gegenständen im Unterricht eher über- als unterfüttert, aber dies alles bewegt sich überwiegend in einer rationalen Schicht. In der Begegnung mit einem Text wie *Bovver* kann man dagegen zu emotionalen Schichten Zugang finden. Die Frage: „Steckt nicht in jedem von uns ein KZ-Komman-

dant?" bleibt ebenso wenig bloßes gedankliches Planspiel wie die andere Frage, ob wir, falls wir in eine solche Situation kommen sollten wie Paul, noch rechtzeitig die Stiefel der Gewalt und des Terrors ausziehen würden.

Bei der Auswahl der Texte sollte darauf geachtet werden, daß wir in ihnen *personalization* finden. Das heißt: in einem Zeitungsartikel sollte das Problem nicht akademisch abstrakt abgehandelt, sondern es sollten wirklich lebende Personen in Form kurzer narrativer Einschübe vorgestellt werden. In diesen Episoden wird das Problem exemplarisch demonstriert. Wichtig sind dabei besonders detaillierte Angaben, die die Personen möglichst „lebendig" erscheinen lassen. *Personalization* ist also ein wichtiges Mittel, um auch Sachtexte für den jugendlichen Leser interessant und anziehend zu machen.

Das als Vorspann zu *Bovver* ausgewählte Sachtextbündel bestand unter anderem aus vier TIME-Texten, die kurz skizziert seien:[11]

Battle over Patty's Mind
Der Fall der Patty Hearst war den Schülern noch gut bekannt, besonders weil zu diesem Zeitpunkt durch die Haftentlassung der Name wieder durch die Massenmedien ging. Der Text zeigt, wie der Verteidiger im Prozeß versucht, Pattys Teilnahme an den Gewalttaten der SLA als das Ergebnis von Psychoterror und Gehirnwäsche zu erklären und somit ihre Unschuld (im Sinne von "*not guilty*") zu beweisen. Zu diesem Zweck läßt er eine Reihe anerkannter Kapazitäten als Gutachter in den Zeugenstand rufen. "At one time, said West, Patty was a girl 'whose most important preoccupations' were minor doubts about her upcoming marriage and worries about selecting a silver pattern. Then she was abducted from her own apartment and confined in tiny closets for 57 days. The change, said West, 'was about as violent a transition as I have ever seen'."
TIME, March 8, 1976

How P.O.W.s Judge "TANIA"
Tania war bekanntlich der Kriegsname, den Patty Hearst bei der SLA trug. Die Schicksale von amerikanischen Kriegsgefangenen, vor allem in Korea und Vietnam, wurden von den Gutachtern im Prozeß als Beispiele herangezogen. "They were humiliated, stripped naked, confined in narrow spaces, forced to write life histories that often revealed disastrous childhoods." In dem Artikel bestätigen ehemalige Gefangene, die solcher "persuasive coercion" ausgesetzt waren, daß "a person can be made to do damned near anything under threat if he is determined to remain alive."
TIME, March 8, 1976

My Lai: An American Tragedy
Das Ereignis liegt zwar zeitlich schon weit zurück, hat aber exemplarische und damit zeitlose Bedeutung. Bekanntlich tötete Leutnant Calley mit seiner Einheit bei einem sog. „Vergeltungsschlag" die Bewohner eines vietnamesischen Dorfes, Frauen und Kinder eingeschlossen. Die Kunde von dem Verbrechen gelangte erst mit Verspätung an die Öffentlichkeit. Calley wurde vor ein Militärgericht gestellt und abgeurteilt. Das Gerichtsverfahren war eines der zahlreichen traumatischen Erlebnisse, die in den letzten Jahren das amerikanische Selbstverständnis so stark gestört haben. "The deed was not performed by patently demented men. Instead, according to the ample testimony of their friends and relatives, the men of C Company who swept through My Lai were for the most part almost depressingly

normal. They were *Everymen*, decent in their daily lives, who at home in Ohio or Vermont would regard it as unthinkable to maliciously strike a child, much less kill one."

TIME, Dec. 5, 1969

The Inner Circle
Dieser Text schloß die Problematisierungsphase ab, indem er die Probleme auf eine populärwissenschaftliche Ebene brachte. Der Artikel — von einem Diagramm begleitet — berichtet über psychologische Versuche, die ergeben haben, daß jeder Mensch über eine individuelle Schutzzone verfüge. Ein Eindringen anderer Menschen — ohne Aufforderung oder Erlaubnis — führe zu aggressiven Reaktionen. Interessant ist dabei, daß dieser "circle of protection" umso größer ist, je mehr ein Mensch zur Gewalt neigt. Aber auch bei "nonviolent subjects" führt die Verletzung des inneren Kreises zu irrationalen, unter Umständen aggressiven Reaktionen.

TIME, June 6, 1969

Es dürfte klar geworden sein, wie es gelingen kann, mit diesen Texten Schüler für die vorgegebene Problematik zu sensibilisieren, indem ihr persönlicher Erfahrungsbereich abgerufen und durch zusätzliche Informationen, Anregungen, Provokationen erweitert wird. Daß damit zugleich ein wichtiger Beitrag zur Erweiterung der sprachlichen Kompetenz geleistet wird, sei an einem Beispiel aufgezeigt. In Text 4 finden sich etwa folgende Wörter und Wendungen: *to induce a panic — violent men — to expand into irrational assault — to show increasing tension — to show hostility — nonviolent subject — insulating space — menacing — personal zone — circle of protection.*

IV

So vorbereitet, kann nunmehr mit der Lektüre des Kurzdramas begonnen werden. Bei seiner überschaubaren Länge kann erwartet werden, daß die Schüler zunächst den Text als Ganzes zu Hause lesen. Der Arbeitsauftrag für das erste Lesen sollte sehr allgemein sein: *What is the play about? Make a list of all the points you think to be interesting.*
Auf dem gesammelten Material aufbauend, führt die erste Stunde zu den bereits angeschnittenen Problemen wie *"coercive persuasion" — "violent man versus non-violent man" — "brainwashing" — "changes in one's personality" — "forms of violence"*. Das Gespräch darüber verbindet sich zwanglos mit einer groben Nachzeichnung des *plot*. Dabei können auch Verständnisschwierigkeiten ausgeräumt werden, soweit sie bei der ersten kursorischen Lektüre aufgetaucht sind. Die Schüler sollten allerdings bereits in der Fähigkeit geübt sein, durch *intelligent guessing* auch das Wesentliche eines Textes zu erfassen, bei dem ihnen einzelne Wörter unbekannt sind. Die Fähigkeit, den Sinn eines fremdsprachlichen Textes in groben Umrissen zu erfassen, wird in unseren Schulen leider viel zu wenig geübt, ist dabei aber eine Grundfähigkeit, ohne die eigenständige fremdsprachliche Lektüre nie möglich ist und ohne die man bei einer Konversation mit *native speakers* nie überleben kann.
Ziel der ersten Stunde ist es, daß der Schüler über seine Erfahrungen, Empfindungen, Gedanken, Eindrücke, Assoziationen beim Lesen dieses

Textes spricht, daß er sich nicht als Mini-Philologe oder Mini-Textlinguist äußert, sondern als Mensch, der den Text oder Teile davon annimmt, ablehnt, verwirft, kritisiert, bestätigt, lobt, lächerlich macht, leidenschaftlich verteidigt usw. Heraus kommt dabei eine Stunde, die in ihrer Zufälligkeit sicher das genaue Gegenteil der Systematik einer Examenslehrprobe ist und die für den Lehrer zahlreiche Risiken enthält. Aber selbst − im unglücklichsten Fall − die totale Ablehnung des Textes durch die Schüler wäre immer noch ein echter Anlaß, diese Ablehnung rational zu begründen und emotional zu artikulieren.

Die zweite Stunde konzentriert sich auf die ausführlichen *stage directions*, insbesondere am Anfang des Dramas. Damit wird die Arbeit in unmittelbare Nähe zum Text geführt. Nicht der mehr oder minder globale Eindruck bestimmt jetzt das Gespräch, sondern was gesagt wird, muß vom Text ausgehen oder auf ihn zurückgehen.
Bei der praktischen Durchführung, über die hier berichtet wird, war den Schülern von der Shakespeare-Lektüre einiges über die Rolle der *stage directions* bekannt. Es stellte sich die Frage, was Minton mit den sehr detaillierten Angaben bezweckt. Die im Unterrichtsgespräch gefundenen Antworten wurden stichwortartig an der Tafel festgehalten.
Die Bühnenanweisungen haben offenbar einmal die Aufgabe, das trostlose soziale Umfeld zu kennzeichnen:

living in wretched conditions and poverty:
− shabbily furnished
− battered easy chairs
− worn suitcases
− no efforts to dress the room
− throwing paper into the wardrobe

provocative attitude towards society:
− nude pin-ups
− German helmet and flag
− picture of Hitler
− Skinhead fashion

Das Tafelbild verdeutlicht dem Schüler die Milieubedingtheit des Verhaltens von Vic und Terry, zugleich aber auch, wie sich im *setting* die besondere visuelle Dimension des Dramas manifestiert.
Darüber hinaus enthalten die einführenden Regieanweisungen auch eine Pantomime, mit der das Stück beginnt. Die Pantomime erschließt dem Schüler eine weitere Dimension des Dramas: nicht der Dialog ist dort das Kommunikationsmittel, sondern Mimik und Gestik treten an seine Stelle. Interessant ist, daß diese Pantomime nicht dekoratives Beiwerk ist, sondern in ihrer dramatischen Strukturiertheit die Handlung zielstrebig vorantreibt. Man erkennt drei Schritte:

- *the "meal"*: eating chips from paper wrappers
- *the provocation*: stamping up and down the room, banging the broom handles on the floor, crashing the boots
- *the change for pretended respectability*: making the bed, hiding the radio under the floorboard, spreading the carpet, reversing the picture of Hitler (with Queen Elizabeth instead)

Entnimmt man noch die Angaben zur Person von Vic und Terry, wie sie in den Regieanweisungen gegeben werden, so entstehen die beiden Charaktere vor den Augen der Schüler zu vollem Leben, ohne daß im Stück ein einziges Wort gesprochen wird. Unter den Leitbegriffen *setting*, *characters* und *dumb show* hat der Schüler zugleich erste Hilfen für ein Feinverständnis des Textes erhalten.

In dem nächsten Schritt geht es darum, die weitere Entwicklung der dramatischen Handlung genauer zu untersuchen, dabei vor allem die Aktionen von Vic und Terry zu verdeutlichen und Pauls Reaktionen in ihrer schrittweisen Entwicklung verständlich zu machen. Die uns schon vorher beschäftigende Frage: „Wie wird der Pazifist zum Radikalen?" kann beim Nachvollziehen dieser Entwicklung beantwortet und diskutiert werden. Das Ergebnis dieses Teilschritts wurde in folgendem Strukturdiagramm zusammengefaßt:

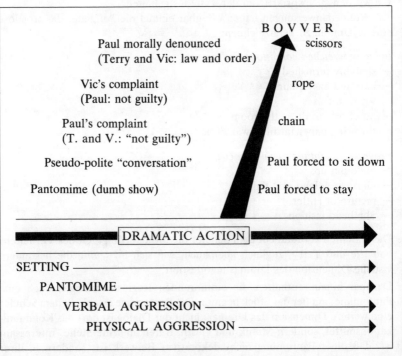

Die in dem Strukturdiagramm dargestellte Entwicklung ist in den wesentlichen Zügen auch dann verständlich, wenn man über keine weiteren Informationen landeskundlicher Art verfügt. Welchen Stellenwert das Hitlerbild und andere Attribute des Nazireiches haben, bedarf sicher keiner Erklärung. Ob dagegen über das besondere Problem des Faschismus in Großbritannien zu sprechen ist, hängt von der konkreten Unterrichtssituation ab. Bei der hier vorgestellten Unterrichtsreihe hatten die Schüler anläßlich eines Austauschbesuches in der englischen Partnerschule erlebt, wie dort eine Schülergruppe eine Aktion gegen die *National Front* vorbereitete. Unbedingt notwendig sind jedoch Erläuterungen zum Begriff *Skinheads*, da diese inzwischen bereits eine historische Form jugendlicher Subkultur geworden sind. Immerhin sind die *Punks* zur Zeit noch in der Vorstellung unserer Schüler präsent. Trotz gewisser Gemeinsamkeiten zwischen *Skinheads* und *Punks* sind die Unterschiede gravierend. George Melly stellt im Zusammenhang mit einem Pop-Konzert fest:[12]

> An interesting side-effect of the intellectualising of pop and its middle-class takeover is the resentment it has provoked among the working-class young. At the open-air concerts gangs of C-stream fifteen-year-old drop-outs stalked aggressively round the fringe of the enormous hairy crowds. They were surgically clean, wore their hair cropped, brown boots and jeans at half-mast with braces. They were looking for bother, and seemed to sense that pop, once a music cutting across class barriers, was now the property of intelligentsia (however embryonic), a potential "them".

Die Ablehnung der pseudo-revolutionären und pseudo-proletarischen Studenten mit weitgehend mittelständischem Hintergrund war jedoch nur die eine Stoßrichtung der aggressiven *Skinheads*. Die andere war rassistischer Natur: in den sechziger Jahren machten in zunehmendem Maße Immigranten aus dem Commonwealth, besonders aus Jamaika und Pakistan, den ungelernten weißen Briten die Arbeitsplätze streitig. Statt proletarischer Solidarität entstand eine ausgeprägte, bis heute vorhandene Xenophobie. *Pakistanibashing* war eine Lieblingsbeschäftigung der *Skinheads*. Vic erzählt:

> Terry here does his fair whack. Does his best. Puts in his stint of Paki-bashing regular as clockwork, yes. Somebody's got to. Country's going to the dogs, – be falling in the bloody seas soon, tipping off the cliffs. Flaming country's chock full of'em. Jews, Irish, Pakis, Jocks, Poles, – what's happening to the English, I ask myself. Where's the Empire?

Diese Worte in Vics Mund lassen die Schüler schlaglichtartig die vielschichtige Problematik Großbritanniens, ja eigentlich aller westlichen Industriegesellschaften erkennen und vielleicht auch nachempfinden.

Der sozio-kulturelle Hintergrund wird dem Leser noch nähergebracht, wenn man sich gezielt dem Dialog zuwendet. *Bovver* ist ein Musterbeispiel in praktischer Soziolinguistik. Vic beherrscht die Klaviatur der verschiedenen *social variations* der englischen Sprache. Er kann sich im elaborierten Code der Mittelschicht ebenso sicher bewegen wie im restringierten der Unterschicht (um die in Deutschland so arg mißbrauchten Bernsteinschen Begriffe nochmals zu verwenden). Er kann sich im Standard- wie im Substandard-Englisch ausdrücken. Paul, auf der anderen Seite, verläßt durch den äußeren Druck und durch die in ihm sich anstauende Aggressivität die Ebene der Mittelklassensprache. Dies Spielen mit der Sprachebene sei an einem Beispiel aufgezeigt:

> VIC: Good. So there was hardly time for us to ... stamp, was it? And as for the radio ... well, to put it in a nutshell, we haven't got one. So what do we make of that, eh?
> PAUL: You know damned well what was going on!
> VIC: Oh, language, please, please. Unless ... Terry, a distressing thought occurs to me. Burglars. Yes. Suppose Mister Whatsit heard burglars and, being a good neighbour, a responsible member of society, came up here to investigate on our behalf. Do you think we've had burglars? Is that possible? Here, Terry, have a butchers. Check if any property's been misappropriated.

Um die sprachlichen Nuancen für die Schüler erfahrbar zu machen, wurde an dieser Stelle ein soziolinguistischer Exkurs eingeschoben, der auf das Verhältnis von Sprache und sozialer Schicht zielte und ein Instrumentarium zum Erfassen der Nuancen bieten sollte. Unterstützend konnte die Lexikonarbeit herangezogen werden. Zahlreiche Wörter, die im einsprachigen Wörterbuch nachgeschlagen werden mußten, waren dort bezeichnet als "*colloquial*", "*slang*", "*vulgar*", "*taboo*" u.ä.

War bis hierher die Beschäftigung mit dem Stück überwiegend problemorientiert oder auf den sozio-kulturellen Kontext bezogen, so soll die abschließende Vertiefung gattungsspezifischen Aspekten vorbehalten bleiben. Es hängt sicher von den Lernzielen und dem Stellenwert des Textes innerhalb einer Lernsequenz ab, ob man eine Gattungsbeschreibung des Kurzdramas anstrebt. Der eingangs referierte Merkmalskatalog nach Kosok ist ohne Schwierigkeiten von dem Stück ableitbar. Weiterhin bieten sich Vergleiche mit der modernen Kurzgeschichte an, was sich bei der beherrschenden Rolle, die diese Gattung im Englischunterricht hat, durchaus empfiehlt.[13]

Es soll hier noch einmal die Entwicklung verfolgt werden, die Paul in dem Stück durchmacht, diesmal jedoch weniger unter psychologisch-soziologischen, als unter gattungsspezifischen Aspekten. Was als Ergebnis der Aktionen von Vic und den Reaktionen von Paul zustande kommt, läßt sich mit dem Begriff *role reversal* beschreiben. Der friedlich-affirmative Paul wird zum gewalttätigen Radikalen, der sogar in seiner Sprache gegen etablierte Normen verstößt. Der provokativ-aggressive Vic dagegen wacht nicht nur über die Einhaltung der Sprachnormen ("Oh, language, please, please"), sondern gibt sich als Vertreter von *law and order*:

> But if there's something that really drives him (i.e. Terry), and me, potty it's your bleeding queers. Gives 'em a bashing, Terry does. Yes. Say "Thank you" to Mister Breedon (i.e. Terry). Government-backed, we are now. Good old Enoch (i.e. Enoch Powell) behind us. Say "thank you" for saving England.

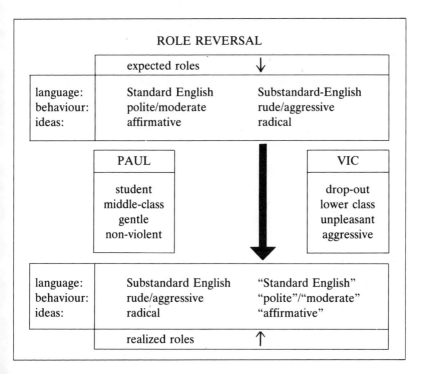

Das Diagramm enthält die Zusammenfassung der Überlegungen dieses Besprechungsabschnitts. Wir gingen davon aus, daß nach der groben sozialen Zuordnung der handelnden Personen auch ein bestimmtes Rollenverhalten zu erwarten ist. Die Erwartungen sind in den drei oberen Spalten aufgeführt. Dem erwarteten Verhalten entsprechen die sozialen Fixierungen, wie sie für Paul und Vic in den mittleren Kästen noch einmal aufgelistet sind. Im Verlauf des Dramas erfolgt dann der Rollentausch, bei Vic intendiert als Mittel der Provokation, zugleich dem dramatischen Vortrieb dienend, bei Paul unabsichtlich, als Ergebnis von Reaktionen, die mehr und mehr zu Reflexhandlungen werden. Endergebnis dieses Rollentausches sind dann die tatsächlich ausgefüllten Rollen, die in dem Diagramm seitenverkehrt zu der Ausgangssituation des Spiels stehen.

Der Vorgang des Rollentausches wurde zusätzlich mit dem Begriff *dramatic irony* verdeutlicht: "Reversal of intention is a form of dramatic irony, in which a character attempts to accomplish one thing and actually accomplishes the opposite."[14] Paul kommt aus einer angenehmen, rational geordneten und aufgeklärten Welt und erfährt sein *atavistic urge* als Enthüllung seines wahren Selbst. Im Spiegel blickt er in seine irrationalen Abgründe und greift nun selber zur Gewalt als Mittel der Konfliktlösung. Die Struktur des Dramas stellt uns all dies in mehrfacher Brechung vor.

Die Heranziehung gattungsspezifischer Begriffe verdeutlicht dem Schüler, daß der Text kein Tatsachenbericht, keine *case history* ist, sondern daß es fiktionale Wirklichkeit ist, dargestellt und strukturiert in Form des Dramas, also eigentlich des „Spiels". Um den Gedanken des „Spiels" dem Schüler noch greifbarer zu machen, wurde in einem zweiten Exkurs die Gattung des *morality play* an einigen Beispielen aus *The Sommonynge of Every-Man* vorgestellt. Gewiß trennen die beiden Spiele Jahrhunderte; das Jedermann-Spiel ist wohl in der Regierungszeit Edwards IV (1461-1483) entstanden. Zudem steht es fest in der christlichen Tradition und ist angelegt auf letztendliche Erlösung des Menschen. Aber im Spiel von *"Fellowship", "Knowledge", "Beauty", "Strength"* und anderen Personifikationen von Kräften, die den Menschen und sein Tun bestimmen, erkennt der Schüler, daß dramatisches Geschehen auf der Bühne nicht dasselbe wie ein filmischer Tatsachenbericht ist, sondern Wirklichkeit, die „verdichtet" wurde. Paul ist – und damit sind wir bei den Eingangsüberlegungen wieder angelangt – „Jedermann, der – durch Kräfte, Konstellationen und Situationen bestimmt – sich selber gegenübertreten muß." Diese Begegnung mit sich selbst bedeutet sowohl für *Everyman* als auch für *Paul* existentielle Erschütterung.

Wenn Literatur im Englischunterricht von dieser Erschütterung zumindest ein ganz leises Zittern an den jugendlichen Leser weiterzugeben vermag, so wäre das schon Legitimation genug.

Anmerkungen

1. B. Cerf, *Good for a Laugh* (London, 1953), 23.
2. W. Domann, „One Act Plays of To-Day für den englischen Schulgebrauch", *Zeitschrift für den französischen und englischen Unterricht* (1927), 33 – 42.
3. H. Kosok, „Englische und amerikanische Kurzdramen im Englischunterricht der Oberstufe", *Die Neueren Sprachen* (1965), 520 – 531.
   Ders., „Das moderne englische Kurzdrama", *Neusprachliche Mitteilungen* (3/1970), 141 – 147.
4. H. Weber (Hrsg.), *Aufforderungen zum literaturdidaktischen Dialog* (Paderborn, 1979); H. Mainusch (Hrsg.), *Literatur im Unterricht* (München, 1979).
5. Vgl. dazu: G. Lukács, *Von Nietzsche zu Hitler oder: Der Irrationalismus und die deutsche Politik* (Neuwied, 1962).
6. Vgl. für den Bereich des Deutschunterrichts: S. Lohr/O. Ludwig, „Gefühle – ein Thema für den Deutschunterricht", *Praxis Deutsch,* H. 43 (1980), 11 – 21.
7. J. M. Lotman, *Die Struktur literarischer Texte* (München, 1972), 420.
8. Der Text von *Bovver* liegt vor in: A. Durband (ed.), *Prompt Three – Five short modern plays* (London: Hutchinson, 1976), 65 – 84. In den von A. Durband herausgegebenen Reihen *Playbill* und *Prompt* sind *graded short plays* zusammengestellt, von denen der Herausgeber sagt, sie seien „lively contemporary plays which can be used and enjoyed by schools, colleges and youth groups." Innerhalb der Reihen wird versucht, nach dem Schwierigkeitsgrad zu staffeln, wobei dieser Grad auch weitgehend von der Eignung für jugendliche Amateurbühnen bestimmt ist. Die Bände stellen einen interessanten Querschnitt durch das englische Gegenwartsdrama dar, enthalten sie doch neben in Deutschland weitgehend unbekannten Namen auch solche von internationaler Reputation, wie Ann Jellicoe, Tom Stoppard, John Mortimer, um nur einige zu nennen.
   Roy Minton ist sicher zu den *minor playwrights* zu rechnen. Er wurde 1933 in Nottingham

in einer kinderreichen Familie geboren, verließ das Elternhaus mit 15 Jahren, kam dann zum Wehrdienst, "working against, rather than for, the Royal Air Force" (A. Durband in der genannten Textausgabe, 10). Es folgten Tätigkeiten als Kellner, Arbeiter, Büroangestellter. Schließlich entdeckte Minton sein Interesse am Theater. Er studierte an der *Guildhall School of Music and Drama*. Unter seinen dramatischen Arbeiten sind zu nennen: *Gentleman Caller, You've got a lucky face, Good Times, The Gold Medallist*. Das hier ausgewählte Stück *Bovver* wurde für das *Liverpool Everyman Theatre* geschrieben.

9 *Dictionary of Contemporary English* (London/München, 1978), 115.
10 M. Bludau, *Life and Lyrics – Understanding Poetry* (Dortmund, 1978).
11 Ausführlichere Auszüge der Texte finden sich im Anhang.
12 G. Melly, "Pop and class", in: G. Green (ed.), *Pop-texts and analysis* (Dortmund, 1977), 45.
13 R. Schreyer, „Englische Oberstufenlektüre in Nordrhein-Westfalen", *Neusprachliche Mitteilungen* (2/1978), 82 – 90.
14 C. C. Colwell, *A Student's Guide to Literature* (New York, 1968), 148.

Anhang

In der Unterrichtsreihe wurde mit den ungekürzten Artikeln gearbeitet. Die folgenden Auszüge enthalten jedoch, auch in sprachlicher Hinsicht, die wesentlichen Passagen.

1. *Battle Over Patty's Mind*

   Lecturing the jury like an amiable college professor, West emphasized the traumatic effects of Patty's kidnaping. At one time, said West, Patty was a girl "whose most important preoccupations" were minor doubts about her upcoming marriage and worries about selecting a silver pattern. Then she was abducted from her own apartment and confined in tiny closets for 57 days. The change, said West, "was about as violent a transition as I have ever seen."
   The psychiatrist drew a close analogy between Patty's experience and that of the Air Force officers he had examined. Not only did she live in constant fear, but she was isolated for long stretches and harangued with polemics. Her personality, said West, "became acutely regressed," and she "developed a childlike dependency upon her captors."
   West characterized Patty's reaction as the "survivor syndrome", saying that she felt her only hope of living "lay in winning acceptance by or becoming part of the S.L.A." Patty was forced to adopt in part the psychological defense mechanism of "dissociation" – separating her acts from her true personality. West said he found no evidence that Patty actually believed any of the S.L.A. views she advocated – "the phrases she mouthed" were simply things she had to say. As "Tania," said West, Patty did what the S.L.A. asked. (...)
   After Patty was captured, her signing into jail as an "urban guerrilla" and giving a clenched-fist salute were symptomatic of her condition. There is, said West, a kind of "hanging on for a few days until you're really sure you are not in dangerous territory."

   TIME, March 8, 1976

2. *How P.O.W.s Judge "TANIA"*

   "Anyone can be terrified if it is done the right way," said a retired Navy officer. The man should know. He is former Commander Lloyd ("Pete") Bucher, skipper of the U.S.S. *Pueblo*, the intelligence ship taken by North Koreans in 1968. Said Bucher, who had confessed to espionage activities but recanted after he was freed, "I signed things in North Korean captivity that I would not have signed unless I had been terrified for myself or for the people who were with me."

Like many other Americans, Bucher has been wondering whether Patty Hearst could convincingly plead that she was psychologically coerced into bank robbery. Bucher does not presume to know what her state of mind was, he told TIME Correspondent David Lee, but he argues that "no one is immune. A person can be made to do damned near anything under threat if he is determined to remain alive." (...)

Virginia Pasley, a former newspaper correspondent and author of *21 Stayed*, a book about brainwashed American prisoners in Korea, believes that Patty Hearst's experiences as a captive − if her account is true − coincide with those of the P.O.W.s. They were humiliated, stripped naked, confined in narrow spaces, forced to write life histories that often revealed disastrous childhoods. Most of the P.O.W.s who broke down were very young, Pasley says, and poorly educated − a characteristic, she believes, that Patty shares with them despite her finishing-school background. (...)

In the courtroom last week, U.C.L.A. Psychiatrist Dr. Louis J. West argued that making a captive feel "debility, dependency and dread" is the key to controlling his behavior. And, added West, Patty was a victim of "persuasive coercion" − another description for gradually breaking down a P.O.W.

TIME, March 8, 1976

3. *My Lai: An American Tragedy*

„North Viet Nam cannot defeat or humiliate the United States. Only Americans can do that."
Presidential address, Nov.3

In a terrible way that he did not mean or likely imagine, those words of Richard Nixon's came true last week as the nation grappled with the enormity of the massacre at My Lai. A young Army first lieutenant, William Laws Calley Jr., stood accused of slaying at least 109 Vietnamese civilians in the rural village in South Viet Nam, and at least 25 of his comrades in arms on that day in March 1968 are also being investigated. (...)

Only a shadow of a doubt now remains that the massacre at My Lai was an atrocity, barbaric in execution. Yet almost as chilling to the American mind is the character of the alleged perpetrators. The deed was not performed by patently demented men. Instead, according to the ample testimony of their friends and relatives, the men of C Company who swept through My Lai were for the most part almost depressingly normal. They were Everymen, decent in their daily lives, who at home in Ohio or Vermont would regard it as unthinkable to maliciously strike a child, much less kill one. Yet men in American uniforms slaughtered the civilians of My Lai, and in so doing humiliated the U.S. and called in question the U.S. mission in Viet Nam in a way that all the antiwar protesters could never have done.

TIME, Dec. 5, 1969

4. *The Inner Circle*

Kinzel believes that such a circle exists, and that merely to invade it can induce, in violent men, a panic that swiftly expands into irrational assault. In the room at Springfield, he has tested his theory on a group of prisoners, some known to be violent, others tractable. On the average, the violent subjects stopped him at a distance of three feet, and showed markedly increasing tension and hostility as the circle shrank. The nonviolent subjects let him approach to half that distance. Moreover, the two areas of insulating space differed radically in shape. That of the violent prisoners bulged to the rear − an avenue of approach that they regarded as unusually menacing. The nonviolent subjects' personal zones were nearly cylindrical.

TIME, June 6, 1969

Albert-Reiner Glaap

Brian Clark: *Can you hear me at the back?*

I

Die Titelfrage von *Can you hear me at the back?*[1], das am 23. Mai 1979 im Londoner Piccadilly Theatre uraufgeführt wurde, ist auch der erste und letzte Satz des Stücks. Er wird beide Male vom Hauptdarsteller gesprochen, allerdings mit unterschiedlichen Implikationen und daher auch mit unterschiedlicher Intonation. Zu Beginn bedeutet die Titelfrage: *"I am talking to you directly. Can you understand me?"*. Philip, die Hauptfigur, wendet sich an die Theaterbesucher und will zu ihnen − wie in einer öffentlichen Versammlung − sprechen. Am Schluß tritt er wieder vor das Publikum, stellt dieselbe Frage, dann aber mit fallender Intonation im Sinne von: *"Do you understand what I'm getting at?"*. Zu Beginn will sich Philip Gehör verschaffen, am Ende will sich der Schauspieler Peter Barkworth − alias Philip − vergewissern, ob die Anliegen, Probleme, Konflikte des Stücks verstanden wurden.
Was spielt sich im Stück zwischen diesen beiden Fragen ab? Philip Turner, ein bekannter Architekt und Stadtbauplaner, vor Jahren noch begeistert von der Idee, *New Towns* bauen zu können, ist trotz oder gerade wegen seiner bisherigen Erfolge völlig in Resignation verfallen. Er erkennt immer deutlicher, daß die von ihm geplanten und gebauten neuen Städte nichts als seelenlose Arrangements von „Pappkartons" sind, Wohnsilos, in denen menschliche Beziehungen veröden. Sein Nachkriegstraum von einer neuen visionären Architektur ist zum Alptraum geworden: *"Architecture is the art of spoiling fields"* (9). Seine Frau, eine in den neuen Wohngebieten praktizierende Ärztin, wird tagtäglich mit den Produkten des Wohnsilo-Lebens, mit einer großen Zahl seelisch kranker Menschen, konfrontiert. Auch Philips Identitätskrise spielt sich nicht nur im beruflichen Leben ab, sie findet als Ehekrise ihre Parallele im Privatleben. Er, der große *De*-signer, *r*esigniert, gibt seine Position auf und zieht sich ins Seebad Scarborough in Yorkshire zurück, um Ruhe zu finden und nachzudenken.
Can you hear me at the back? wurde im Londoner Piccadilly Theatre zehn Monate lang Abend für Abend gespielt. Sicherlich verdankt es seinen Erfolg auch der Tatsache, daß sich die drei Hauptdarsteller − Peter Barkworth, Hannah Gordon und Michael Maloney − in der zehnteiligen Fernsehserie *Telford's Change*, deren Autor ebenfalls Brian Clark ist, einen Namen gemacht hatten. Nun wollte man die drei Schauspieler leibhaftig auf der Bühne sehen.[2]
Wie in vielen anderen Stücken, die in den letzten Jahren geschrieben wurden, treten auch in *Can you hear me at the back?* nur wenige Personen auf − fünf in diesem Fall: neben Philip (45 Jahre) und seiner Frau Sarah (41) deren

siebzehnjähriger Sohn, der sich auf die 'A' levels vorbereitet. Er heißt Colin und ist ein wandelndes Marx-Engels-Kompendium, ein „Salon-Revoluzzer", der King Lear ebenso selbstverständlich "Comrade King Lear" nennt wie Julius Caesar für ihn "Comrade Caesar" ist. Die Schule, die er besucht, wird von Jack Hartnoll (43) geleitet, dessen Frau Margery (39) – sie ist Dress-Designer – den Architekten liebt, ohne in ihren Annäherungen von Philip ernst genommen zu werden. Alle fünf haben ihre Probleme, die im Laufe des Stücks aufgezeigt, aus verschiedenen Blickwinkeln erörtert, aber keinen fixen Lösungen zugeführt werden. Gerade seine Offenheit macht dieses Stück zu einem für den Unterricht besonders lohnenden zeitgenössischen Drama.

II

Can you hear me at the back? ist das neueste unter den in diesem Sammelband vorgestellten Stücken. Nun ist ganz gewiß Aktualität noch keine hinreichende Begründung für die Behandlung eines Dramas im Unterricht. Es gibt bewährte literarische Kunstwerke, die nach wie vor besser als zeitgenössische auch zu den *neu* formulierten Lernzielen des Fremdsprachenunterrichts führen können. Aus dieser Feststellung einen Freibrief für grundsätzliche Skepsis gegenüber zeitgenössischen Dramen abzuleiten, wäre aber nicht gerechtfertigt. Die Beschäftigung und Auseinandersetzung mit Fragen der Gegenwart gehört zu den Aufgaben des Theaters. In *Can you hear me at the back?*[3] stehen Probleme des menschlichen bzw. *un*menschlichen Zusammenseins in den modernen Großstädten, Fragen der Ökologie sowie die Diskussion für und gegen den Bau von Kernkraftwerken im Mittelpunkt.

Was spricht für die Behandlung von Clarks *Can you hear me at the back?* im Englischunterricht der Sekundarstufe II?

1. *Can you hear me at the back?* eignet sich für eine Auseinandersetzung mit Fragen der Lebenswirklichkeit und Lebensqualität. Eine der notwendigen Voraussetzungen für das Gelingen fremdsprachlicher Kommunikation im Unterricht ist die Auswahl geeigneter Gesprächsinhalte. Engagement ist von Schülern nur dann zu erwarten, wenn das zur Diskussion stehende Thema für sie interessant ist und ernst genommen werden kann. Und da der Text in der Regel Bezugspunkt für das Unterrichtsgespräch ist, kommt dem Motivationspotential des Textes hohe Bedeutung zu. Dies gilt in besonderer Weise für den literarischen Text. Selbstverständlich ist nicht gemeint, daß ein literarischer Text – hier ein Drama – als direkte Quelle für landeskundliche Informationen und als unmittelbare Lebenshilfe verstanden wird. Wohl aber kann Literatur, weil sie eine Verfremdung der Wirklichkeit leistet, motivationaler Einstieg, Anlaß zur eigenen Auseinandersetzung mit der gesellschaftlichen Realität sein. Sie kann helfen, Gegebenheiten und Vorgänge in der Wirklichkeit besser zu erkennen, neu zu bedenken. Der Lehrer muß davon ausgehen, daß Schüler „in Texten und durch Texte Vorstellungen aktiviert, Wünsche benannt, Normen bestätigt oder verletzt finden" und daß sie „Elemente der

fiktionalen Welt auf ihre Lebenswirklichkeit projizieren."[4] Angesichts solcher Überlegungen eignet sich *Can you hear me at the back?* für den Unterricht besonders gut. Es ist ein soziopolitisches Stück. Technischer Fortschritt, Umweltschutz, das *Zusammen*leben der Menschen in Hochhäusern und ihr *Auseinander*leben in der Familie, der Konflikt zwischen Vater und Sohn: all dies wird offen diskutiert, kaum etwas tabuisiert. In einem Interview sagte Brian Clark:[5]

> We have to be considerate of the people around us and of our environment when we change things. We don't know the consequences of our actions. My play is a plea for greater sensitivity to other people and to our environment. It is also a plea for modesty. The fact that we *can* build cities like Brasilia (or Feltonly, in my play) doesn't mean that we *should*.

2. An *Can you hear me at the back?* läßt sich deutlich das Zusammenwirken von Strukturprinzipien, Formelementen und sprachlichen Mitteln im Drama erkennen.

Titelfrage und Eingangsszene des Stücks *Can you hear me at the back?* deuten bereits ein dramentechnisches Mittel an, das Brian Clark in seinem Stück mehr als andere einsetzt. Gemeint ist der Monolog. Im Interview wies er auf die großen Monologe in Shakespeares Dramen hin und stellte im Hinblick auf die zeitgenössischen Dramatiker fest: "I don't know why, but we just can't do soliloquies." In *Can you hear me at the back?* unternimmt er selbst den Versuch, dem Monolog neue Geltung zu verschaffen. Die einzelnen Figuren nutzen alle möglichen Gelegenheiten, Monologe zu halten: *addressing public meetings, talking on the telephone, dictating notes to a secretary, addressing groups and seminars, reading a letter, speaking in church.* Zum Teil haben die Monologe die Funktion traditioneller Monologe, z.B. als Planungsmonologe, als Selbstenthüllungsmonologe. Die meisten wollen aber vor allem den Zuschauer zum Mitdenken und zum Widerspruch wenn nicht auffordern, so doch einladen. Das Publikum bleibt während der gesamten Aufführung *roped in*, eingebunden; seine Stellungnahme wird durch die verschiedenen Ansprachen immer wieder gefordert. "I evolved a subtle didactic form – the monologue – to make direct statements to the audience about important things", führte Clark aus. Da in *Can you hear me at the back?* die verschiedenen Figuren, jeweils von ihrer Warte, Monologe halten, wird das zentrale Problem des Stücks von mehreren Seiten zur Diskussion gestellt. Je mehr Probleme der einzelne hat, umso einsamer ist er, um so mehr ist er auf sich gestellt, um so mehr spricht er *zu* sich und *mit* sich. Es ist bezeichnend, daß Margery, des Schulleiters Frau, recht eigentlich keine Probleme hat, auch keine Probleme sieht und daher – als einzige – keinen Monolog hält.

Die Monologe in *Can you hear me at the back?* sind also die Kernstellen im Stück; sie bedingen den episodischen Aufbau und den Wechsel von *domestic scenes, public meetings* und *school lectures*, sie sind Schlüssel zum Verständnis der entscheidenden Aussagen des Dramas, sie helfen, die Mittel der Publikumslenkung zu erkennen.

3. *Can you hear me at the back?* bietet Anlässe zu Kommentar- bzw. Interpretationsgesprächen und garantiert damit die erforderliche Rückkopplung an die vorgeordneten Lernziele des Englischunterrichts. Ohne diese Rückkopplung würde der Literaturunterricht *neben* – aber nicht *im* – Fremdsprachenunterricht stattfinden. Allein der *sprachliche* Gewinn dürfte groß sein: etymologische Wortableitungen (*design/resign*; *courage*/cor = Herz), paradoxe Formulierungen (*planned spontaneity; to pervert the future*), Anspielungen und Referenzen (Lego, Ian Paisley, Lisenko, St. Marx und All Engels, Stonehenge, Germaine Greer, Scandinavian architecture) gibt es in Fülle. Die Beschäftigung mit *Can you hear me at the back?* kann aber vor allem die Diskursfähigkeit der Schüler fördern. Und das nicht nur wegen der aktuellen Thematik, die jeden Jugendlichen – gerade in der augenblicklichen Diskussion um die Grünen und um Kernkraftwerke – besonders interessiert, sondern auch deshalb, weil keiner der Charaktere eigentlich „fertig" ist: Philip ist erfolgreich, aber ihm kommen erhebliche Zweifel im Hinblick auf das, was er getan hat; Sarah ist treu und loyal, dennoch ungeduldig und unduldsam; Colin trägt seine Schuluniform und möchte sie doch rebellisch von sich streifen – man kann sie alle drei verstehen. Sie tragen Konflikte mit sich selbst und miteinander aus, eine fixe Lösung bietet das Stück – wie gesagt – nicht an. Es stellt noch am Ende eine Frage: *Can you hear me at the back?*

4. *Can you hear me at the back?* eignet sich als Kerntext für eine Unterrichtssequenz zum Thema *The Urban Dilemma*.[6] Kürzere themenverwandte Texte und Textstellen lassen sich zuordnen, so das Gedicht "The Planster's Vision"[7] von John Betjeman oder/und "The Planner's Vision"[8], ein Auszug aus einem Roman von Margaret Drabble. Wegen der Assoziationen an den Turmbau zu Babel könnte auch eine geeignete Textstelle aus William Goldings Roman *The Spire*[9] sinnvoll in die Unterrichtsreihe einbezogen werden. Zwei *topic books* aus der Serie *connexions*[10], *Fit to live in?* und *Living Tomorrow*, enthalten nicht-fiktionale Texte, mit deren Hilfe sich die erforderlichen Hintergrundinformationen bereitstellen lassen. Für die Erörterung des Generationenproblems eignet sich der Pop Song "Father and Son"[11] von Cat Stevens. Zur Einführung in die Unterrichtssequenz bietet sich ein anderer seiner Pop Songs an, weil er das zentrale Problem von *Can you hear me at the back?* zum Gegenstand hat: "Where do the children play?".[12] Der Einstieg kann aber auch über Bildmaterial erfolgen. Leicht zugänglich sind beispielsweise die Cartoons unter dem Stichwort CITY im Lehrwerksystem *Mainline*.[13]

III

Unter Berücksichtigung der genannten Aspekte werden nachfolgend vier mögliche Schwerpunkte für Interpretationsgespräche über *Can you hear me at the back?* erörtert:
1. Philip und die *New Towns*: die Krise im Berufsleben.
2. Philip und Sarah: die Krise im Privatleben.

3. Philip und Colin: der Generationenkonflikt.
4. Philip und der Turm zu Babel: die alte Geschichte in moderner Sicht.

Die Ausführungen nehmen in englischer Sprache teils paraphrasierend, teils kommentierend, teils interpretierend auf Szenen des Dramas[14] konkret Bezug.

1. *Philip and the New Towns*

The play opens with a town meeting. Philip Turner manipulates the audience into playing the roles of Feltonly locals.

> PHILIP: Can you hear me at the back ...? Good ... Well now ... It seemed a good idea to us at the Development Corporation to call this town meeting to ... review progress, if you like, to see where we've got to − and to look forward to where we're going. It's now fifteen years since that first meeting in the old village, when I introduced myself to the original inhabitants of Feltonly, to explain how we were all going to grow together into a large New Town. Well, we're more than two-thirds the way through now, and though we've all had our disappointments, the postponement of the theatre, for example, and the difficulties we've had in a period of economic recession, in persuading industry to move into the excellent industrial area we've provided − nevertheless, I think we can fairly claim that we have laid the foundations for a well-planned, balanced town that our children will be proud to grow up in.
> [*Spot out.*] (9)

After this the lights fade up to show Philip looking out of the window of the living room of a Georgian house. Sarah, his wife, is with him.

> PHILIP: Sometimes, I think architecture is the art of spoiling fields.
> SARAH: It's not your fault. You never wanted it to be like that.
> PHILIP: So what? The thing that really worries me is that I don't know one person who could stand here, look at that view, and say: "That's entirely what I wanted".
> SARAH: I should think not.
> PHILIP: Then how did it happen? Nobody wanted it. We spent years, thinking, drawing plans, listening to experts, visiting Scandinavia, and in the end, we built that. (9 − 10)

Looking at the monstrosities into which he has turned the town centre in the name of progress, Philip realizes that he failed to see that what he was doing was absurd. He spent years drawing plans, listening to experts building living units. And now there is not one person who could look at Feltonly and say: "That's entirely what I wanted." From his vantage point in the town's only private estate he surveys the colourless results of his work and realizes that what he has done will affect tens of thousands of people for a hundred years. Philip's outbursts of disillusion and dissatisfaction are instantly appreciated by anyone who has laid eyes on, say Stevenage, Milton Keynes or Rowan Point, some of the well-known *New Towns* in England. Philip remembers what things were like in 1947. "We had hope. Vision. (...) People cared. 'Welfare' was a term of praise, of pride, not a term of abuse", he says in the dialogue with Margery.

MARGERY: Impossible or not, the job had to be done. Millions of people needed houses.

PHILIP: They didn't need those houses. God almighty, look at them. They don't make a town. We planned it on the principle that *everyone* would have a car. Well, they don't. And if they did, they won't be able to afford the petrol in a few years' time. It was just one of our arrogant long-term decisions affecting tens of thousands of people for a hundred years. It wasn't organic growth, just inorganic accretion. Piles and piles of bricks.

MARGERY: Words, Philip. Just words. Just because something's 'organic' doesn't make it good. Cancer is 'organic' . . . and the shanty towns of Johannesburg are 'organic' spontaneous towns.

PHILIP: . . . But not a planned spontaneity . . . Do you remember the beginning of the new towns?

MARGERY: After the War, 1940 . . .

PHILIP: 1947 . . . the Labour Government, the Town and Country Planning Act. So we still had rationing and a cold war and all that but we had hope. Vision. We'd come through against the odds. We could do anything! I was only a boy then really, but you could feel it in the air. People cared. 'Welfare' was a term of praise, of pride, not a term of abuse. I wasn't interested in private practice, in building Tudorbethan houses for stockbrokers. I've always been in public building; it was the exciting place to be. We were going to build towns and cities where the people could live free and happy lives. And we were so certain we *knew* how to do it. And we didn't. We blew it.

MARGERY: You're exaggerating.

PHILIP: I'm not . . . I'm not! Look at it . . . Don't try to tell me it's not too bad. At least let's learn. Let me tell you something. Before I came here I was with Local Authority Housing. I don't know one man who was keener than I was on high-rise development. There are tens of thousands of people all over London *now*, who are living boring and lonely and often vandalised lives, stacked up on top of each other, because I thought that a 'visually exciting environment' was more important than being able to chat to your neighbour over the garden fence.

MARGERY: But we have known that for ten years.

PHILIP: Yes, but have we learnt the real lesson? What are we doing now, that in fifteen or twenty years' time will not seem just as idiotic? (19 – 20)

The keywords in this dialogue are: "inorganic accretion", "planned spontaneity", "visually exciting environment". Philip's criticism is that Feltonly is *not* the result of organic growth. When Margery tells him that "because something's 'organic' doesn't make it good" and when she mentions cancer and refers to the shanty towns of Johannesburg as "organic" spontaneous towns, he rejoins by using the term: "planned spontaneity" – which is a contradiction in terms, because the moment you start planning you stop being spontaneous. The dilemma presented here has not been seen from the point of view of those living *in* the new town development. The question is, if it was a deliberate decision on the part of the playwright to leave out the dissenting voices of public opinion. Indeed, the indirect impression we get is that the public is much less anti-Philip than Philip himself is. In the interview, Brian Clark saw it this way:

> In England there is a tremendous pressure of public opinion against high-rise developments. People say that we should have renovated the little terraces. The

garden fence is more important than a visually exciting environment. Philip, the architect, is, to a certain extent, the spokesman for this opposition, but he is no direct speaker for an anti-nuclear party. You feel this voice in Philip's attitude, and maybe he has joined them in a second act.

Trying to convey his message to the audience, Philip coins new words, plays on well-known ones and indulges in what could be termed "linguistic gymnastics". When he speaks about *Art and the Community* to open the Sixth Form Conference, he refers to the living units as "machines for living in":

> You can stack flats one on top of the other, and the prestressed concrete can stand the pressure. But, until someone discovers a way of pre-stressing people, the strain breaks them down. (38)

"Prestressed concrete" is concrete strengthened by having stretched wires set inside. It helps to solidify a building, but the people living *in* the building will be *under stress*, because they cannot be *pre-stressed*. Philip tries to anticipate the argument of some planners who may say: "Why do people have to have their feet on the ground. We don't." – and rejoins: "As if we didn't know!", thereby giving the argument an ironical twist. "Living on one of the higher floors of a block of flats" can be one meaning of "not having one's feet on the ground", "planning towns without adequate discussion and without taking any notice of the needs of the people" could be another.

The end of this monologue, which marks the end of the first act, is certainly one of the key passages of the play. Philip Turner, at this point in his lecture, flicks his slide changer, and on the screen appears a picture of the factory estate in Feltonly.

> PHILIP: Which brings us to this twentieth-century shrine. The plastics factory, the transistor assembly plant, the glossy printing works, the potato crisp factory, and the place where they make moulds to press the cases which will hold the clips that will fasten the wires forming the harness of the output side of the distributor, which is part of the ignition system that sparks the engine, which drives a car – nowhere at all worth going. So, what price Art in this community? At a rough guess: your body; your soul; your past; your future. And for this, you receive a box to live in, a box to move about in, a box to work in, a box to look into, and a box to die in. Three farces, two revivals of classical plays, ten folk concerts, a Gilbert and Sullivan, three exhibitions of Sunday paintings, a string quartet, and a damp squib on carnival night. If you think it's worth it – that's up to you. Me? I've had enough. (40)

There are, first of all, some unusual collocations of words: "twentieth century shrine", "transistor assembly plant", "glossy printing works". The mechanical process of producing technical gadgets and gimmicks is underlined by the hypotactic sentence structure: "the place where they make moulds to press . . . which will hold . . . that will fasten . . .".

After this Philip comes forward from the screen, turns to the audience and tells them why he is "fed up" with Feltonly. He is disgusted with his labours in the "Lego Land" of a *New Town*.

147

> PHILIP: And I'll tell you why. I am fed up with Lego. That's what this town is — Lego Land. A group of us, all middle-class — and, incidentally, living up on the hill, in the only private estate — we draw plans, and rearrange the groups of houses and roads and schools and factories. Of course, we ask questions about your welfare, but we don't ask *you*. We ask the psychologists and sociologists at the Ministry of Housing and the County Council. We make a whole town *for* you, not *with* you. We have enormous energy at our disposal, and we use it to play toy towns, and the only thing left to the toy people to do in it to make it their own, is to squirt aerosol obscenities on the walls. There is nothing in this town that's crazy. Plenty that's stupid — but nothing that's just crazy — human, ridiculous. It hasn't grown out of the landscape, it's been plonked on it. Christopher Wren's memorial in St. Paul's reads: "If you want his memorial — look around you". But he didn't want that to apply to just the church, but to the whole of London. Thank God he didn't get his way. London grew up crazily and today there is still left some of the little streets and tiny shops and theatres, and all the other absurd and uneconomic use of space that makes a real city. Even though the Lego Land builders are trying to destroy that too. Don't let them do it. (40 – 41)

There are at least two implications of the word "Lego Land" as used in this monologue: The first is that houses, roads, schools and factories are built to clear-cut plans and can be rearranged, the second that building Lego Land is building *toy* towns. Lego Land is made *for* the people, not *with* the people who are more or less considered to be toy people in the same way as the buildings and the roads are toy buildings and toy roads. The only possibility for the people to make this town their own is "to squirt aerosol obscenities on the wall." And here Philip plays on words again: *crazy/stupid*; *grown out of the landscape/plonked on it*. Nothing is "crazy" (i.e. "human", "ridiculous"), plenty is "stupid" in the Lego Land of this new town. Philip has come to the conclusion that cities either grow themselves or they don't exist at all. And when he says that he is glad that Christopher Wren didn't get his way, he is Brian Clark's spokesman who — in the interview — had this to say:

> It's *conventional* wisdom in England that it was a terrible shame that Sir Christopher Wren never got his London built. I am glad he didn't get his way. Otherwise we'd have the centre of Paris here. And I don't like the centre of Paris. For me Paris makes the most coherent statement of any centre of any city in the world — the thing is I don't like what it is saying. It's making an arrogant statement, it is saying: *We are the centre of the universe. We are the centre of civilization* — and all the other things the French really believe in their heart of hearts. But there is no human scale in the centre of Paris. What is wonderful about Paris is where there isn't the massive plan: the little squares with the beautiful houses, like the Place des Vosges or Montmartre, those wonderful little areas which were *not* part of a master plan. They just grew in response to the needs of people. And cities should reflect — in their shape and development — the needs of the people of the time, and if they do that, they have an organic growth. To walk around London is a wonderful example of this: next to a theatre there is a pub, next there is a Thai restaurant, then there is a little printing-office, someone is selling buttons: a whole mélange!

And to preserve this mélange, Philip, at the end of the monologue, asks the audience not to allow the Lego Land builders to destroy the absurd, ridiculous, crazy and uneconomic spaces that make a real city.

2. *Philip and Sarah*

Philip Turner is not only confronted with a crisis of identity in his professional life; the lack of organic growth is also to be found in his private life. His wife, Sarah, to whom he has been married for twenty years, loves him still, but cannot tell him. Their relationship has been reduced to meaningless habit. "Marriage can be a terrible mess", Sarah says when speaking to the marriage counsellors whose task it is to help couples facing difficulties. Her own marriage mirrors the town of Feltonly: both have become institutions without personal organic growth, both are the results of arid planning. In her farewell letter to Philip, Sarah points out that they have built their lives consciously, step by step, but that the "pleasure of discovery" is gone.

> SARAH: 'Dear Philip, It's strange writing to you when we share the same house but I want to talk to you and when I try it all disappears behind a cloud of words – usually yours. I suppose what I want to say is that I love you, but why don't I just say that to you instead of having to resort to a letter like an eighteenth–century heroine? Or, better still, why don't I just show you? I don't know. We have lived together so long that we are strangers. We have built our lives consciously, step by step, but somehow the steps behind us have disappeared and there is no way back to that pleasure of discovery. That wouldn't matter so much but I don't see any steps ahead. There seems to be nowhere to go, at least for me. And what I fear is that there will be some steps for you and you will go on without me. It's as though we had with our lives demonstrated that marriage is an institution and our voices echo down corridors, bouncing from the unyielding walls. In an institution there are only professional relationships. The house-mother is paid to mother, and ours has become a professional marriage. I know you think I'm cold and clinical but I want you to know that I know the spontaneity is gone and I want you to know I miss it as much as you. If you find some steps, please try to find room on them for me too. Yours, literally, Sarah.'
> *[She looks at the letter, thinks, then tears it up. She drops it in the waste-paper basket, and goes out.]* (53 – 54)

The word that occurs most often in this monologue is the word "step": *have built our lives, step by step; the steps behind us; I don't see any steps ahead; there will be some steps for you; if you find some steps, please try to find room on them for me too.* They have come up the same steps, but Sarah feels that there is no chance to move on together, while there is no way back either. Their marriage has become a professional institution, and in an institution there are only professional relationships. Their marriage is a sort of parallel of what has happened in the town. It is not to do with organic growth and development. The two have drifted further and further apart, or rather: they have not even drifted apart, they are going on parallel lines, they never meet. Brian Clark, in the interview, put it this way:

> The statement the play makes about this marriage is that it is not organic. It has ceased to have a life of its own. And the play also states that cities either grow themselves or they don't exist at all.

When Sarah reads the letter, the link between the crisis in Philip's professional life and his private life is made concrete. Sarah knows that Philip, who has been planning all his life, will find some steps ahead – and she asks him to find room on them for her too. This is certainly not to be interpreted as a sign of subservient humility and cringing modesty. She means it: "Yours, literally, Sarah."

The adverb "literally" can be understood in different ways: 'literal' in the sense of 'exact' – a 'literal account' is an exact account – or 'literal' as opposed to 'figurative', i.e. 'without any additional meanings'. "Literally" may also refer to the biblical Sarah, the Sarah in the *Old Testament*, half-sister and wife of Abraham (*Genesis*, XX: 12), who accompanied her husband in all his wanderings, even as far as Canaan. (Philip is leaving for Scarborough unaccompanied by his wife!). Sarah gave Abraham her Egyptian maid, Hagar, as a concubine. Jealousy developed between the two women (comparable to the jealous feelings of the women in *Can you hear me at the back?*). The word "literally" may finally be a reference to the etymology of the name "Sarah" (Hebrew word for 'princess').

Having read the letter, the Sarah of the play thinks, then tears the letter up and drops it in the waste-paper basket. The next words she says – in the following scene, when arranging some flowers for the farewell party – are these: "There's some consolation in Margery not coming" (55).

The glamorous Margery, wife of Jack, their schoolmaster neighbour, repeatedly offers herself to Philip, but never quite reaches the point of dragging him into bed. The local headmaster himself wrings his hands about the whole matter and takes refuge in linguistics.

3. *Philip and Colin*

At the beginning of the second act Colin learns from his mother that his parents might be splitting up. They have drifted apart, as his mother puts it, and need time to think. His father will talk to the History Society on Saturday afternoon, read the lesson at the Civic Service on Sunday evening and leave for a few weeks first thing on Monday. His two or three weeks' holiday might be extended indefinitely. Colin is upset, but in a brief dialogue with his father he says that he understands him, which, however, does not prevent him from telling him his mind:

> You're amazing, Dad. You are one of the most violent men I know. You came here and you swept away a village and fifty farms, about 35 square miles, a good atom burst, and then you don't like the town you plonked in the ruins, so you'd like to level it. (46)

And shortly after there is this scene: Colin is lying on his bed, learning a speech from Shakespeare's *King Lear*:

> COLIN: 'Take physic, pomp;
> Expose thyself to feel what wretches feel,
> That thou mayst shake the superflux to them,
> And show the heavens more just . . .'
> *[He gives the clenched fist salute.]*
> Right on Comrade King Lear.

> *[He is bored and drops the book by the side of his bed. He whistles tunelessly.]*
> What are you saying, Chief Architect? Resign? You won't be able to keep your hundred assistant architects ... Ah, ingratitude, thy name is Feltonly ... I shall go mad ...
> 'They went to sea in a sieve they did
> In a sieve they went to sea
> In spite of all their friends could say
> On a winter's morn, on a stormy day
> In a sieve called Feltonly.'
> *[He gives the clenched fist salute.]*
> Right on Comrade Edward Lear.
> *[He smiles to himself, then whistles tunelessly.]*
> 'Gallia in tres partes divisa est.' Gaul is divided into three parts. Feltonly is divided into three neighbourhood districts. Right on Comrade Caesar. Architect is divided into two parts. *Archi-* and *-tect. [imitating* JACK*]* It's an interesting word 'architect'. Oh yes it is ... From the Greek *archi* meaning 'chief' and *tectus* meaning 'builder'. Chief Builder. So chief architect means Chief Chief Builder. Ha! Ha! The Chief Architect himself is divided into two parts. One who wants to build and one who doesn't want to build. The Architect and the Archi-non-tect, or even further, the Archi-un-tect. The chief taker-down of buildings. It's an interesting word archi-un-tect. Can you unbuild? You can destroy but can you unbuild? Isn't that a contradiction in terms? 'These whom God hath joined together ... Let no man put asunder.' *[He slumps.]* Oh God ...!
> *[He dissolves into tears.]* (48 − 49)

The introductory four lines are taken from the third act of *King Lear*[15] (III,4: 33 − 36). The King and his fool are out in the stormy night. Lear rages through it, the storm within him is more violent than the storm without. He asks the fool to go into the tent first: "In, boy; go first. − You houseless poverty, − Nay, get thee in (...)" (III,4: 25 − 26). He realizes that he has taken too little notice of the poor and their habitual miseries, which seem to him to accuse the gods of injustice. "Take physic, pomp (...)", i.e.: take medicine, you men who live in splendour. Whatever you have above your needs, give to the poor and thereby show that the heavens are more just. It is this idea that makes Colin give the clenched fist salute and makes him say: "Right on Comrade King Lear." But there is something else that ties in with Colin's thoughts and reflections at this point. The four lines from *King Lear* are part of a speech in which the imagery of building is of great importance. With reference to the "naked wretches" Lear asks the question (III, 4: 30 − 32):

> How shall your houseless heads and unfed sides,
> Your [loop'd] and window'd raggedness, defend you
> From seasons such as these?

Colin makes the lines from Lear's speech that he has to learn for 'A' levels tie in with his Marxist ideas. The imagery of building maintained throughout Lear's speech has a special meaning for him − now that he is confronted with the fact that his father is about to level the buildings that he himself has planned and built. Obviously, he is frightfully mixed up ("*He whistles tunelessly*"): The Chief Architect, the great *de*signer is about to *re*sign. He drops the book (i.e.

King Lear) by the side of his bed, but, at this point, remembers other details from Shakespeare's play: The ingratitude that Lear himself so often refers to ("Ingratitude, thou marble-hearted fiend"; "filial ingratitude") and the famous lines that clearly show Lear's rage after Goneril and Regan have revealed their heartless characters and turned him out of doors in a storm (II, 4: 283 − 286):

> No, I'll not weep.
> I have full cause of weeping, but this heart
> Shall break into a hundred thousand flaws
> Or ere I'll weep. O Fool, I shall go mad!

Colin's sentence: "Ah, ingratitude, thy name is Feltonly ..." is also a clear reference to the famous sentence in *Hamlet* (I,2: 146):

> Frailty, thy name is woman!

In this maze of quotations from Shakespearean plays and personal reflections, Colin recalls and recites another Lear, Edward Lear this time, famous for his nonsense poetry written in the nineteenth century, especially well-known for the limericks which he wrote for the children of Lord Derby in Knowsley. The lines here are the introductory lines of a ballad by Edward Lear entitled "The Jumblies" "They went to sea in a sieve they did (...)". The word *jumble* denotes a disorderly mixture of things. And the Jumblies live far away in a distant country. Going to sea in a sieve is a dangerous thing to do, and the people who went to sea in a sieve were warned: "You'll all be drowned!" But there was the lure of the lands in which the Jumblies live which was stronger than the warnings.

By changing the last line from: "In a sieve they went to sea" into: "In a sieve called Feltonly", Colin draws a parallel between the sieve and the town (Feltonly). In the same way as a sieve separates larger particles from finer bits, Feltonly has, in a figurative sense, 'sieved', i.e. sifted out the stones from the soil. And possibly even Philip's mind seems a sieve to Colin, his father has all too quickly forgotten what Feltonly meant to him when he plonked it in the ruins. And here − as before − he speaks the words: "Right on!" which are commonly used as an encouragement to a speaker: "Right on Comrade Edward Lear". What follows is the first sentence of the first Book of Caesar's *Gallic Wars* ("Gallia est omnis divisa in partes tres"), which Colin, however, quotes wrongly and incompletely: "Gallia in tres partes divisa est." The word order in the original text is indicative of what Caesar wanted to convey to his readers. He wanted to point out that what looked like a whole, like a self-contained unit (*omnis*), was in reality a cluster of diverse and different tribes (*diversa*). This is underlined by the verbs − *divisa*, (*inter se*) *differunt* and *dividit* − in the three introductory sentences of the *Gallic Wars*. The juxtaposition of *omnis* and *divisa*[16] ("Gallia est omnis divisa") denotes what could be termed a leitmotif of *De Bello Gallico*. Colin, however, drops the word *omnis* altogether and compares Gaul with Feltonly. Earlier in the play (29), he even claims that Caesar's *Gallic Wars* should be related to twentieth-century

Europe. To him the conquest of Gaul "was part of a dialectical historical process, leading us inevitably, towards Socialism." His father's opinion: "But first you have to understand first-century Rome" (29) does not mean anything to him. He rather takes up the idea of partition, and applies it to the word "architect", which means "chief builder", so that "Chief Architect" means "Chief Chief Builder". With reference to the etymology of the word "architect", Colin points out that his father, the Chief Architect, is divided into two parts: "one who wants to build and one who doesn't want to build". He is therefore a builder on the one hand, but is a taker-down of buildings on the other. He is not only the "Archi-non-tect", which would be contrary to being an architect, but the "Archi-un-tect", which is even contradictory to being an architect. One can destroy but one cannot unbuild. This would be a contradiction in terms! And what his father is doing is a contradiction in terms — at least in Colin's eyes. The words that come to his mind as an answer to the question are the biblical words that are spoken by the priest on the occasion of the wedding ceremony: "These whom God hath joined together ... Let no man put asunder". Then he slumps, i.e. sinks down and dissolves into tears. The idea of his parents separating upsets him so much that he cannot go on arguing in a rational way. To put it in a nutshell: He started off learning a speech from *King Lear* by heart, dropped the book, got lost in thoughts about his father's profession and about the town he built, Feltonly, made very subtle remarks about the word "architect" and, at the very end of the scene, cannot but show how much he is involved and how upset he is. *He* has exposed himself "to feel what wretches feel".

4. *Philip and the Tower of Babel*

The key to an understanding of the play is, as Brian Clark himself pointed out in the interview, the biblical story of the Tower of Babel (*Genesis*, XI). On the stage Philip turns his drawing board round to become a lectern. There is the sound of a church organ and Philip starts reading:

> PHILIP: 'And the whole earth was of one language, and of one speech. And it came to pass, as they journeyed from the east, that they found a plain in the land of Shinar; and they dwelt there. And they said one to another, Go to, let us make brick, and burn them thoroughly. And they had brick for stone, and slime had they for mortar. And they said, Go to, let us build a city and a tower, whose top may reach unto heaven; and let us make us a name, lest we be scattered abroad upon the face of the whole earth. And the Lord came down to see the city and the tower, which the children of men builded. And the Lord said, Behold, the people is one, and they have all one language; and this they begin to do: and now nothing will be restrained from them, which they have imagined to do. Go to, let us go down, and there confound their language, that they may not understand one another's speech. So the Lord scattered them abroad from thence upon the face of all the earth; and they left off to build the city'. Here endeth the first lesson. [*Fade.*] (58)

Immediately after this there is a farewell party. Jack is present and Margery joins them. There is no comment on Philip's reading until much later when Jack asks Colin: "What did you think of your father's reading tonight?" (70). Colin thinks it was marvellous, and he gives *his* interpretation of the biblical story: God was "an arrogant bugger", an "old chap with a beard" who prevents people from "taking their lives into their own hands . . . pulls down their tower, and mixes up their speech". Adam and Eve driven out of the Garden of Eden, the people drowned in the Deluge, the collapse of the Tower of Babel: these events show that "the old bugger" did not want the people to get really independent. He was not going to stand for that. Before he had had it all his own way. And thus he didn't allow the gnomes to get really independent (a gnome is a little man who lives under the ground and guards stores of gold). Colin's father has a different interpretation of the story:

> PHILIP: But what if that tower they were building was a plutonium reactor? We know how to make one, we know how to use it, but there's hardly a leading politician in the world who doesn't wish the whole thing would just go away. In our pride and ignorance, we've already built ourselves towers, to the heaven, of unlimited power. Unfortunately, for us, your 'old chap with the beard' seems to have washed his hands of us, and won't come down any more to destroy the towers and confuse the scientific language so that the mistake can't be repeated.
> (71)

Whereas to Colin the story of the Tower of Babel is a story about pride in being a man, a pride which doesn't harm anybody, which isn't dangerous, which only God cannot endure, Philip believes that this pride cannot but lead into disaster.

Brian Clark, in the interview, pointed out that Colin's interpretation had been his own view when he was twenty-five years old. In those days he wrote a blank verse tragedy in five acts about the Tower of Babel, "a sub-sub-sub-Shakespearean tragedy, a radio-play which every student in England tries to do sometime". Clark wrote this tragedy with all the symbols reversed, similar to the way Colin understands the story in *Can you hear me at the back?*. But in the meantime the dramatist has changed his opinion. "I now see the Tower of Babel as a nuclear reactor and I approve of what God did", he says. This is certainly a 180 degree change from what his opinion 20 years ago was. The Tower of Babel is an image, an evocative personal myth; it deals with hope, aspiration, building, creation, communication. But, to quote Brian Clark again:

> We have to be considerate of people and the environment when we change things. We mustn't be arrogant. The possibility of an operation is not an indication for doing it, and the fact that we *can* build large New Towns doesn't mean that we should or must build them.

Philip, the architect, sees his town as an example of arrogance which, unfortunately, the "old chap", as he puts it, washes "his hands of" and doesn't destroy any more. And he should really come down to earth and confuse scientific language as he mixed up the speech of the people in the City of Babel.

The story of the Tower of Babel is closely connected with the story told to the audience at the very end of the play. Philip Turner has replaced the telephone receiver. A taxi is about to come and take him to the railway station. He looks around the room and then catches sight of the audience. He moves downstage. As he does so, the house lights come up, and Philip is now Peter Barkworth — the actor — talking to the audience:

> PETER: Our play is over. I say 'our' because you've been quite a few characters — New Townsfolk, parents, teachers, pupils, members of an Historical Society, a congregation. And you've played them splendidly. To thank you, let me drop my character, and become again Peter Barkworth, to tell you, the audience in this theatre, a true story, found by our playwright who, somewhat ruefully, thinks it says just about as much as all his play put together. In 1492 the Borgia family celebrated the election of a Borgia pope by a marvellous pageant in Florence. One of the tableaux was of a fallen warrior in iron armour, and out of his back emerged a beautiful boy as Cupid, gilded to represent the new Golden Age arising out of the Iron ... It was most impressive and the innocence of the shining boy moved onlookers to tears. Two days later, the boy died from the effect of the gilding ...
> Can you hear me at the back? (75)

The concluding image of this final address to the audience expresses the irony of the man who wishes to do most good, doing, however, most harm. We don't know the consequences of our actions. The results of what we do are incalculable. Clark found the story about the tableaux in *A History of the Renaissance* and it seemed to fit in well with the central idea of his play: We must be more considerate and more sensitive and more modest. In the interview, Clark quoted Albert Einstein: "If I had known what was going to become of my work, I would have chosen to be a locksmith". Once more: this play is a plea for modesty and greater sensitivity.

Anmerkungen

1 Die Textausgabe von *Can you hear me at the back?* ist erschienen bei: Amber Lane Press, The Slack, Ashover, Derbyshire S45 0EB, 1979 (Preis: £ 2.00). Die Seitenangaben zu den Zitaten beziehen sich auf diese Ausgabe.

2 Brian Clark hat *Can you hear me at the back?* dem Schauspieler Peter Barkworth gewidmet.

3 Am Anfang des Dramas erinnert manches an Peter Shaffer, *Equus*. Einige Monologe in *Can you hear me at the back?* legen einen Vergleich mit den Monologen in Osbornes Stücken nahe. Probleme der *midlife crisis* (Philip) behandeln Simon Gray in *Butley* und Roger Hall in *Middle Age Spread*.

4 H. Weber, „Sprechhandlungen im Literaturunterricht", in: H. Christ/ H.-E. Piepho (Hrsg.), *Kongreßdokumentation der 7. Arbeitstagung der Fremdsprachendidaktiker Gießen 1976* (Limburg, 1977), 230.

5 Diese und alle folgenden Interview-Zitate beziehen sich auf ein Gespräch, das ich am 15. Februar 1980 in London mit Brian Clark geführt habe. Für seine bereitwilligen und detaillierten Auskünfte sage ich auch an dieser Stelle herzlichen Dank.

6 Reichhaltige Sachinformationen finden sich in G. Burke, *Townscapes* (Harmondsworth, 1976, reprinted 1980). Für die Behandlung des Themas im Unterricht vgl. P. Stummer, „Urbanismus und modernes Drama in England", *Anglistik & Englischunterricht*, 7 (1979),

9 – 25. Weitere Materialien in: V. Rieger/K. Späth/G. Ulmer, "The Urban Dilemma. A Programmed Course on Life in the City, based on Authentic Texts", in: D. Langendorf (Hrsg.), *Modelle für den neusprachlichen Unterricht Englisch* (Frankfurt/Main, 1974).

7 Das Gedicht findet sich in *John Betjeman's Collected Poems*. Compiled and with an introduction by The Earl of Birkenhead (London, 1968):

    The Planster's Vision

Cut down that timber! Bells, too many and strong,
  Pouring their music through the branches bare,
  From moon-white church-towers down the windy air
Have pealed the centuries out with Evensong.
Remove those cottages, a huddled throng!
  Too many babies have been born in there,
  Too many coffins, bumping down the stair,
Carried the old their garden paths along.
I have a Vision of The Future, chum,
  The workers' flats in fields of soya beans
    Tower up like silver pencils, score on score:
And Surging Millions hear the Challenge come
  From microphones in communal canteens
  "No Right! No Wrong! All's perfect, evermore."

8 Vgl. *Sammlung Lensing 2*, 10. Jahrgang (1980), 3. Lieferung, Text 195.

9 Vgl. B. Kahrmann, „William Golding", in: H. W. Drescher (Hrsg.), *Englische Literatur der Gegenwart in Einzeldarstellungen* (Stuttgart, 1970), 306 – 326.

10 *connexions* (Penguin Education). Vgl. auch den zugehörigen *Teachers' Guide* von Colin Bulman, in dem Unterrichtsvorschläge zu allen bisher erschienenen Heften enthalten sind.

11 "Father and son", in: *Modelle für den neusprachlichen Unterricht Englisch – Pop Songs* (Frankfurt/Berlin/München, 1975), 31 – 32. – Langspielplatte: "Tea for the Tillerman" (Island IT 85678).

12 "Father and son", in: *Modelle*, 31 – 32.

13 L. G. Alexander, *Mainline. Skills A. Students' Book* (München, 1975), 97.

14 Auch im folgenden englischen Text wird nach der Amber Lane Press-Ausgabe zitiert.

15 Die Textstellen aus *King Lear* und *Hamlet* sind zitiert nach: *The Riverside Shakespeare* (Boston, 1974).

16 Vgl. hierzu: N. Wilsing, *Die Praxis des Lateinunterrichts*, Teil II: Probleme der Lektüre (Stuttgart, 1957), 61.

Verzeichnis der Mitarbeiter

Michael Bludau, Oberstudiendirektor, König-Wilhelm-Gymnasium Höxter; Referent für Englisch im Vorstand des Fachverbandes Moderne Fremdsprachen (FMF)

Albert-Reiner Glaap, Dr. phil., Professor für Didaktik der englischen Sprache und Literatur an der Universität Düsseldorf

Wilhelm Hortmann, Dr. phil., Professor für Anglistik an der Universität – Gesamthochschule – Duisburg

Heinz Kosok, Dr. phil., Professor für Anglistik und Amerikanistik an der Universität – Gesamthochschule – Wuppertal

Rudolf Nissen, Studiendirektor, Fachseminarleiter für Englisch am Studienseminar Hamburg

Bernfried Nugel, Dr. phil., Universitätsdozent am Fachbereich Anglistik der Universität Münster

Horst Prießnitz, Dr. phil., Professor für Anglistik an der Universität – Gesamthochschule – Wuppertal

Hans Weber, Dr. phil., Professor für Didaktik der englischen Sprache und Literatur an der Universität – Gesamthochschule – Wuppertal

Schule und Forschung
Eine Schriftenreihe für Studium und Praxis.
Neusprachliche Abteilung.

Kommunikation in Europa
Probleme der Fremdsprachendidaktik in Geschichte und Gegenwart.
Hrsg. von Franz Josef Zapp, Albert Raasch und Werner Hüllen. 235 S. (4202)

Tempus – Modus – Aspekt
Die systembildenden Ausdruckskategorien beim deutschen Verbalkomplex.
Von Werner Bartsch. 135 S. (4210)

Transformationsgrammatik in der englischen Unterrichtspraxis
Von Elmar Roth. 160 S. (4211)

Aspekte der Fremdsprachendidaktik
Von Konrad Schröder. In Vorbereitung (4212)

Zwei Klassiker der amerikanischen Kurzgeschichte
Interpretationen zu Edgar Allan Poe und Ernest Hemingway.
Von Hans Galinsky und Klaus Lubbers. 2. Auflage, 84 S. (4213)

Studien und Materialien zur Short Story
Hrsg. von Paul Goetsch, 3. Auflage, 173 S. (4215)

Übersetzen und Fremdsprachenunterricht
Hrsg. von Karl-Richard Bausch und Franz-Rudolf Weller. XII + 349 S. (4216)

Fremdsprachenbegabung und Fremdsprachenleistung
Ein Beitrag zum Problem der prognostischen Gültigkeit
von Fremdsprachenbegabungstests.
Von Hermann Schütt. 100 S. (4217)

**Strukturelle Grammatik, generative Transformationsgrammatik
und englische Schulgrammatik**
Von Dieter Mindt. 221 S. (4218)

**Die Behandlung grammatischer Probleme in Lehrwerken
für den Englischunterricht**
Von Wolf-Dietrich Bald, Broder Carstensen und Marlis Hellinger. 151 S. (4219)

Gesammelte Aufsätze zum Transfer
Einige Beiträge zur Fremdsprachendidaktik.
Hrsg. von Jürgen Olbert und Bruno Schneider. 125 S. (4220)

Code oral und code écrit im Französischunterricht
Von Eckhard Rattunde. 60 S. (4221)

Grammatik im Fremdsprachenunterricht
Von Günther Zimmermann. 189 S. (4222)

Landeskunde im Russischunterricht
Hrsg. von Rupprecht S. Baur. In Vorbereitung (4223)

Linguistische Grammatik und Didaktische Grammatik
Von Lothar Jung. 174 S. (4224)

Der informelle Test im Französischunterricht
Planung, Konstruktion und Auswertung.
Von Henning Düwell, Klaus Gerhold und Klaus Lindemann. 150 S. (4225)

**Lernzielbestimmung und Leistungsmessung
im modernen Fremdsprachenunterricht**
Hrsg. von Werner Hüllen, Albert Raasch und Franz Josef Zapp. 118 S. (4226)

Diesterweg

Schule und Forschung
Eine Schriftenreihe für Studium und Praxis.
Neusprachliche Abteilung.

Elemente einer Didaktik des Fremdsprachenunterrichts in der Sekundarstufe II
Didaktische Reflexionen, Entwürfe und Modelle.
Von Ulrich Bliesener und Konrad Schröder. VIII + 298 S. (4227)

Innovationen des audio-visuellen Fremdsprachenunterrichts
Bestandsaufnahme und Kritik.
Hrsg. von Jean Firges und Manfred Pelz. 186 S. (4228)

Gesammelte Aufsätze zur Frankreichkunde
Hrsg. von Jürgen Olbert. VI + 327 S. (4229)

Sprachminima und Abschlußprofile
Beiträge zur Erarbeitung von Sprachinventaren
für den modernen Fremdsprachenunterricht.
Hrsg. von Werner Hüllen, Albert Raasch und Franz Josef Zapp. 134 S. (4230)

Literatur im Fremdsprachenunterricht
Beiträge zur Theorie des Literaturunterrichts und zur Praxis
der Literaturvermittlung im Fremdsprachenunterricht.
Hrsg. von Konrad Schröder und Franz-Rudolf Weller. X + 272 S. (4231)

Landeskunde und Fremdsprachenunterricht
Hrsg. von Horst Arndt und Franz-Rudolf Weller. IV + 206 S. (4232)

Perspektiven des Fremdsprachenunterrichts in der Bundesrepublik Deutschland
Hrsg. von Winfried Kleine. VI + 183 S. (4233)

La Chanson française commentée
Etude de Poèmes des grands Poètes – Compositeurs –
Interprètes de la Chanson française.
Von Hans Puls und Edmond Jung. 2. Aufl., VI + 127 S. (4234)

Le colloque de Strasbourg 1977
Die erste Begegnung deutscher Französischlehrer
und französischer Deutschlehrer.
Kongreßberichte und Kongreßakten.
Hrsg. von Jürgen Olbert unter Mitwirkung von Antoine Beck
und Josef Fuckerieder. 216 S. (4235)

Sprachnorm(en) im Fremdsprachenunterricht
Hrsg. von Eckhard Rattunde. 156 S. (4236)

Zum gegenwärtigen Stand der Diskussion um Sprachwissenschaft und Sprachunterricht
Von Jutta Bender. 126 S. (4238)

Fremdsprachenunterricht: allgemeinbildend – berufsbildend
Hrsg. von Werner Hüllen, Albert Raasch und Franz Josef Zapp. 150 S. (4239)

Typologie von Übungen im Sprachlabor
Zur Entmythologisierung eines umstrittenen Sachfelds.
Von Werner Beile. VI + 217 S. (4240)

Diesterweg